CB049527

GLOBALIZAÇÃO E MERCADO DE TRABALHO

UM ESTUDO SOBRE A SITUAÇÃO DOS BRASILEIROS EM PORTUGAL

MARCO AURÉLIO AGUIAR BARRETO
Advogado, Consultor Jurídico Adjunto da Diretoria Jurídica do Banco do Brasil S/A-.
Professor das disciplinas Direito do Trabalho I e II (orientador de Trabalhos
de Conclusão de Curso – Monografias), nas Faculdades de Direito da Universidade
Católica de Brasília e no IESB – Centro de Ensino Superior de Brasília.
Mestre em Direito Internacional Econômico, pela Universidade Católica de Brasília.

GLOBALIZAÇÃO E MERCADO DE TRABALHO

UM ESTUDO SOBRE A SITUAÇÃO DOS BRASILEIROS EM PORTUGAL

Dissertação apresentada ao programa de Pós-Graduação Stricto Sensu *em Direito da Universidade Católica de Brasília como parte dos requisitos necessários à obtenção do título de Mestre em Direito*

Orientador: Prof. Dr. ARNALDO S. GODOY

ALMEDINA

GLOBALIZAÇÃO E MERCADO DE TRABALHO
UM ESTUDO SOBRE A SITUAÇÃO DOS BRASILEIROS EM PORTUGAL

AUTOR
MARCO AURÉLIO AGUIAR BARRETO

EDITOR
EDIÇÕES ALMEDINA. SA
Av. Fernão Magalhães, n.º 584, 5.º Andar
3000-174 Coimbra
Tel.: 239 851 904
Fax: 239 851 901
www.almedina.net
editora@almedina.net

PRÉ-IMPRESSÃO | IMPRESSÃO | ACABAMENTO
G.C. GRÁFICA DE COIMBRA, LDA.
Palheira – Assafarge
3001-453 Coimbra
producao@graficadecoimbra.pt

Maio, 2008

DEPÓSITO LEGAL
275699/08

Os dados e as opiniões inseridos na presente publicação
são da exclusiva responsabilidade do(s) seu(s) autor(es).

Toda a reprodução desta obra, por fotocópia ou outro qualquer
processo, sem prévia autorização escrita do Editor, é ilícita
e passível de procedimento judicial contra o infractor.

Biblioteca Nacional de Portugal – Catalogação na Publicação

BARRETO, Marco Aurélio Aguiar

Globalização e mercado de trabalho : um estudo sobre
a situação dos brasileiros em Portugal. – (Teses de
mestrado)
ISBN 978-972-40-3489-8

CDU 341
331
349

Dedico o trabalho às minhas filhas Larissa e Camila, e a Claudia Pitanga Barreto, minha mulher, pelo apoio e estímulo constantes. E o meu pedido de desculpas pelas limitações e pelo prejuízo em nossas horas de convivência plena e lazer.

A Renee e Valda, meus pais, *in memoriam*, meu carinho e eterna gratidão.

AGRADECIMENTO

Saúde e paz agradeço a Deus, sempre presente em minha vida, a iluminar os meus caminhos.

Ao meu orientador Prof. Dr. Arnaldo Godoy por ter sido presente e motivador desde a definição do tema. Meu muito obrigado!

Grato ao aluno Silvério Pereira, pela generosidade e ajuda na composição da bibliografia.

Ao Alexandre, Jonas, Luzimar e Eiji que me socorreram em alguns momentos difíceis para conciliar trabalho e estudos. E a Helvécio Rosa, pela compreensão e ajuda, mais do que um amigo.

RESUMO

O processo de globalização da economia tem provocado mudanças de paradigmas com reflexos políticos, sociais e jurídicos. No mercado global o comércio passou a exigir fronteiras cada vez menos rígidas para a livre circulação de bens, serviços e pessoas, flexibilização de conceitos e direitos, redução de custos e menos intervenção do Estado na economia. Entretanto, não se pode dizer que o mercado de trabalho funciona globalizado, haja vista que apenas à mão-de-obra qualificada as fronteiras encontram-se transponíveis. Neste contexto, a mão-de-obra não especializada, geralmente originária de países em desenvolvimento, incrementam os fluxos migratórios, em busca de melhores condições de vida, a exemplo dos brasileiros que imigram para Portugal, motivados pela facilidade do idioma, por ser não amiga e portão de entrada da União Européia. Os governos de Brasil e Portugal assinaram o denominado Acordo de Contratação Recíproca, a fim de facilitar a regularização de seus nacionais que imigrem para o território do outro. Apesar do Acordo, milhares de brasileiros encontram-se em situação irregular, apesar de atenderem os requisitos de residência e trabalho, devido a entraves legislativos e burocráticos. Assim, pelo fato de estarem indocumentados, tornam-se vulneráveis a abusos, exploração de mão-de-obra, as mulheres sujeitas a assédio sexual, atitudes discriminatórias, ações policiais e expulsão. A situação requer atitude positiva dos governantes dos dois países e respeito aos direitos humanos. Vale ressaltar que estas pessoas com seu trabalho e suas remessas em dinheiro, alimentam a economia dos dois países.

Palavras-chave: Globalização, imigração, Direitos humanos, mercado de trabalho, normas comunitárias, indocumentados, integração, exclusão social, deportação, tráfico de pessoas.

ABSTRACT

The process of globalization of the economy has provoked changes of paradigms with consequences politicians, social and legal. In the global market the commerce started to demand less rigid borders each time for the free circulation of good, services and people, flexibility of concepts and rights, reduction of costs and little intervention of the State in the economy. However, if it cannot say that the work market functions globalized, has seen that only to the qualified man power the borders meet not capable of being transposed. In this context, the man power not specialized, generally originary of developing countries, develops the migratory flows, in search of better conditions of life, the example of the Brazilians who immigrate for Portugal, motivated for the easiness of the language, for being not friend and gate of entrance of the European Union. The governments of Brazil and Portugal had signed the called Agreement of Reciprocal Act of contract, in order to facilitate the regularization of its national ones that they immigrate for the territory of the other. Despite the Agreement, thousands of Brazilians meet in illegal situation, although to take care of to the requirements of residence and work, which had the legislative and bureaucratic impediments. Thus, for the fact to be without documents, the abuses, exploration of man power, the discriminatory women become vulnerable citizens the sexual siege, attitudes, police actions and expulsion. The situation requires positive attitude of the governing of the two countries and respect to the human rights. Valley to stand out that these people with its work and its remittances in money, feed the economy of the two countries.

Keywords: globalization, immigration, human rights, market of work, communitarian norms, not registered, integration, social exclusion, deportation, traffic of people.

INTRODUÇÃO

A doutrina neoliberal sob o rótulo de globalização tem provocado discussões sobre os horizontes mundiais e as novas fronteiras, ou sendo mais exato, o novo conceito e limites destas.

Diante desse novo cenário de conotação comunitária, muitos estão sendo os conceitos em processo de revisão, especialmente no que tange às relações internacionais, na medida em que há um prevalecimento dos imperativos do sistema econômico, se esvanece um antigo padrão político e moral que até então subordinava a concepção de ordem constitucional.

Esse fenômeno implica em um novo sentido para a responsabilidade normativa face a esse Direito Comunitário, que exigirá um constante aperfeiçoamento da juridificação internacional, tendo como pressuposto a construção de uma efetiva comunidade internacional. É uma realidade que está coagindo o direito nacional a percorrer, isto é, a assunção de responsabilidade, até mesmo competências pela via supranacional.

A nova face do capitalismo, notadamente no último quartel do Século XX, tem como característica acentuadas mudanças não apenas nas empresas, mas nas economias dos países que foram conduzidos à abertura para a livre concorrência, num mundo cada vez mais sem fronteiras e tendente ao estabelecimento de economias de escala redirecionadas para segmentos de âmbito global.

O grande desafio para as organizações e para o próprio sistema econômico, em resumo, tem consistido na abertura de novos mercados a fim de absorver a crescente capacidade de produção de bens e serviços. Não há dúvidas que os reflexos também se manifestam na redução de postos de trabalho, novas formas de contrato de trabalho, flexibilização das normas trabalhistas, desregulamentação e achatamentos salariais.

A mudança de paradigmas exigiu e tem exigido, equilíbrio e habilidade das autoridades dos Estados. Em oportuna análise salientou Manuel Castells que:

> a crise real dos anos 70 não foi a dos preços do petróleo. Foi a da inabilidade do setor público para continuar a expansão de seus mercados e, dessa forma, a geração de empregos sem aumentar os impostos sobre o capital nem alimentar a inflação, mediante a oferta adicional de dinheiro e o endividamento público.[1]

Para adequação à nova realidade as empresas, por questão de sobrevivência, e o Estado, a fim de cumprir sua missão como gerador de bem estar da sua população, precisam aumentar suas capacidades de informação e atrair capitais e investimentos estrangeiros, a fim de propiciar a abertura de novos mercados, conectando-se a valiosos segmentos de mercado a uma rede global, na qual o capital exige extrema mobilidade.

O fato é que no debate sobre a globalização da economia é importante o papel das instituições internacionais envolvidas nesse processo e dos governos e suas instituições no patrocínio, nas restrições e na formação do livre comércio, com medidas de apoio aos agentes econômicos.

No cenário da globalização, como agente propulsor da economia encontra-se a mão-de-obra, que passou a conviver com a transformação do trabalho e do emprego na sociedade em rede.

A globalização requisita a mão-de-obra especializada, nem sempre seguindo as regras normais de imigração, do salário e das condições de trabalho, destacando-se nesse segmento os administradores de nível superior, os biotecnólogos, os cientistas, engenheiros, dentre outros profissionais de alto nível.

A mão-de-obra mais especializada de fato torna-se global e ganha a importância decisiva no desempenho das redes empresariais e políticas.

O segmento especializado goza da oportunidade de escolher o emprego em qualquer parte do mundo, face o atributo da capacidade

---

[1] CASTELLS, M. *A sociedade em rede*. 7. ed. São Paulo: Paz e Terra, 2003. p. 137. (A era da informação: economia, sociedade e cultura, v. 1).

de gerar valor agregado em qualquer mercado, o que o faz ser cobiçado e rapidamente integrado pelo mercado global de mão-de-obra. E isto significa dizer que a economia global não insere todas as atividades das pessoas, embora as afete direta ou indiretamente.

Por outro lado, existe a realidade daqueles que não têm habilidades excepcionais, mas são dotados de energia e, em muitos casos, de desespero por melhores condições de vida. Esta mão-de-obra sofre sérias restrições impostas pelas barreiras nacionais dos estados receptores.

Noticia-se que é expressivo o contingente de imigrantes não legalizados, especialmente para os Estados Unidos, Canadá, Japão, Austrália e Europa Ocidental, estimulados por vários fatores, a exemplo da guerra, dos graves problemas sociais e pela falta de perspectivas em seus países de origem. As transformações econômicas, políticas e sociais têm exposto graves desigualdades regionais que justificam a mobilidade espacial transnacional de pessoas.

Nesse contexto, convém destacar que, historicamente, o Brasil sempre foi reconhecido como país receptor de mão-de-obra, porém, notadamente tem se transformado em exportador.

A emigração é fenômeno recente na realidade brasileira e precisa ser melhor assimilado pelo Estado e pela sociedade em geral, especialmente porque já representam alguns milhões de brasileiros que se submetem a uma infinidade de problemas para adaptação e legalização no exterior, mas que já são responsáveis pela remessa de elevadas divisas, alimentando a economia nacional e contribuindo para a inclusão social de milhões de brasileiros.

Além da novidade dos fluxos emigratórios verificados no Brasil, outro fato novo é o crescimento do fluxo destinado a Portugal, considerando que já ocupa a 5ª posição dentre os principais destinos preferidos pelos brasileiros. E tem funcionado como portão de entrada desses emigrantes na União Européia, com o atrativo de ser considerada nação amiga, pela facilidade do idioma, bem como pelas maiores possibilidades de encontrar postos de trabalho, especialmente, considerando a deficiente qualificação do trabalhador português em alguns segmentos.

O fato é que mesmo em Portugal, país com o qual o Brasil mantém laços históricos de amizade, os brasileiros não são tratados com dignidade, sofrem perseguições e, mesmo quando já inseridos no mercado de trabalho, apesar de contribuírem para o sistema de seguridade social, enfrentam enormes dificuldades para obter a legalização da permanência em território português. E é uma característica do fenômeno das migrações internacionais, no qual as pessoas são tratadas como coisas produtoras de trabalho ou como problemas.

Apesar do tratamento supostamente desrespeitoso dirigido aos brasileiros, importa salientar que estes imigrantes não representam apenas um problema, mas parte das soluções do projeto estratégico europeu, haja vista que influenciam positivamente em aspectos como a falta de mão-de-obra, em vários níveis de qualificação em setores econômicos ou regiões da Europa; no déficit demográfico, no desequilíbrio financeiro dos sistemas públicos de seguridade social, haja vista o envelhecimento da população local, dentre outros.

Há uma face da emigração que interessa ao Brasil, porque alivia problemas sociais internos, em especial porque gera remessas para o país de elevadas quantias de dólares por ano; promove os produtos e a cultura brasileira. Além disso, ainda em relação ao volume de remessas para o Brasil, evidencia-se a importância e a extensão das redes sociais, considerando que os emigrantes internalizam suas economias investindo em suas regiões de origem, mediante aquisições de imóveis e outros bens de consumo.

No intuito de eliminar os focos de tensões e pressões contra os brasileiros não documentados que vivem em território português, em 11/07/2003, foi assinado pelos governantes dos dois países o "Acordo entre a República Portuguesa e a República Federativa do Brasil sobre contratação recíproca de nacionais".[2]

A intenção do Acordo de Reciprocidade entre Brasil e Portugal é possibilitar a regularização de trabalhadores dos dois países que se encontram em seus territórios com situações irregulares de permanência, apesar de, em muitos dos casos, preencherem os requisitos, como residência e trabalho.

Inúmeras são as reclamações em relação aos entraves criados pela burocracia e pela legislação portuguesa, além de atitudes discriminatórias de funcionários dos órgãos governamentais portugueses

---

[2] ACORDO entre a República Portuguesa e a República Federativa do Brasil sobre contratação recíproca de nacionais. *Diário Oficial*, Brasília, DF, nº 141, 24 jul. 2003.

relacionados com as questões de imigração e trabalho, contraditórias ao espírito do Acordo e aos discursos das autoridades.

A Casa do Brasil de Lisboa, associação de imigrantes legalmente reconhecida, no seu dinâmico apoio moral, social e jurídico aos imigrantes brasileiros, tem protestado junto às autoridades dos dois países contra os entraves à efetivação do Acordo, e que, diante da não legalização dos trabalhadores brasileiros, verificam-se crescentes números de demissões, ações policiais de identificação e detenção, processos de afastamento, condução à fronteira e expulsão.

Que fatores influenciam direta ou indiretamente como dificultadores à concretização da legalização dos trabalhadores brasileiros em território português, com base no Acordo entre a República Portuguesa e a República Federativa do Brasil sobre contratação recíproca de nacionais?

O problema é constatar que entraves de ordem legal e/ou administrativa têm dificultado a regularização de brasileiros que se encontram trabalhando em território português.

Supõe-se que dentre as hipóteses relacionadas ao problema suscitado encontra-se a averiguação sobre se o Tratado da União Européia estabelece limitações aos Estados-membros no que diz respeito à legalização de trabalhadores oriundos de países não-membros; se o trabalhador brasileiro de melhor qualificação tem ocupado postos de trabalho, em razão da inferior qualificação do similar trabalhador português e, ainda, se, no momento, a manutenção da situação irregular dos trabalhadores brasileiros em território português não provoca desgastes diplomáticos entre Brasil e Portugal, países signatários do Acordo de reciprocidade na contratação de nacionais.

Parece cômoda a situação para os países signatários do Acordo, haja vista ser expressivo o montante das remessas de divisas ao Brasil pelos trabalhadores brasileiros em território português, assim como as espécies de impostos e contribuições e seus montantes, que os mesmos trabalhadores recolhem ao erário português, que também desfruta da produtividade desta mão-de-obra, sem ter gasto nada em sua educação. É certo o recolhimento para o sistema previdenciário português alimentando a receita para pagamentos dos benefícios ao cidadão português, embora o brasileiro em nada usufrua em razão de sua contribuição.

O tema foi especialmente delimitado tendo em conta ser o direito um instrumento a serviço da regulação social, devendo ajustar-se à evolução observada na sociedade, para não cair numa espécie de vácuo que prejudicaria a transformação que a própria sociedade está a impulsionar.

Inevitável a curiosidade no sentido de instigar a análise do Acordo de Amizade e, especialmente, do Acordo entre a República Federativa do Brasil e a República Portuguesa sobre contratação recíproca de nacionais, bem como a legislação constitucional da União Européia, a Constituição de Portugal, no que diz respeito à legalização de trabalhadores originários de Estados Não-Membros do bloco comunitário. Há interesse em entender os fundamentos das denúncias de que a estrutura administrativa do governo português estaria criando entraves burocráticos, além da elevação de despesas nos processos em que brasileiros postulam as legalizações em território português.

Os fluxos migratórios envolvem discussões de natureza sócio-econômica. E a harmonização de políticas de inserção dos imigrantes no mercado de trabalho e proteção social destaca-se entre os grandes desafios a serem enfrentados pelos países acolhedores.

A escolha de Portugal como foco do trabalho deve-se ao crescente fluxo migratório de brasileiros para aquele país, com o qual o Brasil mantém históricos laços fraternos de amizade, mas onde os brasileiros enfrentam problemas relativos à legalização da permanência no território, em contradição aos termos do Acordo Bilateral em vigor, formalizado com base no Tratado de Amizade, Cooperação e Consulta entre a República Federativa do Brasil e a Republica Portuguesa, assinado em Porto Seguro, em 22 de Abril de 2000.[3]

E, especialmente em relação ao âmago da questão a pesquisa se desenvolverá no sentido de investigar e debater que fatores estariam influenciando contra a executividade do Acordo de reciprocidade de tratamento formalizado entre o Brasil e Portugal.

O referencial teórico do trabalho está pautado em Manuel Castells, especialmente no conjunto da obra, em 3 volumes, "A sociedade em

---

[3] TRATADO de amizade, cooperação e consulta entre a República Federativa do Brasil e a República Portuguesa. Porto Seguro, 22 abr. 2000. Disponível em: < http://www.gddc.pt/cooperacao/instrumentos-bilaterais/rar-83-dr-287-2000.html>. Acesso em: 20 out. 2006.

rede"[4], "O poder da identidade"[5] e "Fim de milênio"[6], publicados pela Editora Paz e Terra.

A pesquisa realizar-se-á mediante o exame bibliográfico das obras doutrinárias que tratam da matéria sobre fluxos migratórios e os regulamentos de regularização da situação do estrangeiro, tanto no ordenamento jurídico português como no brasileiro. Os autores estrangeiros serão pesquisados – considerando a repercussão internacional do tema – especialmente no contexto do direito comunitário, bem assim da legislação interna e das Convenções Internacionais referentes ao assunto.

Nesse ponto vale registrar que a bibliografia inicial selecionada contempla estudiosos do direito internacional na doutrina nacional, também importantes obras que tratam do chamado Direito Comunitário, bem como daqueles que cuidam da juridificação internacional, pois os novos conceitos trazidos por essas obras serão importantes para qualquer definição acerca das concepções doutrinárias e inovações legislativas.

Serão também pesquisados artigos e teses publicadas em revistas jurídicas, a exemplo das editadas pelo Instituto Brasileiro de Direito Internacional, pelo Instituto Rio Branco e Fundação Alexandre de Gusmão, especialmente, na Coleção Cursos de Altos Estudos do Instituto Rio Branco, periódicos e anais de congressos. E, pela maior especificidade, artigos em revistas especializadas e boletins informativos a exemplo dos divulgados pelo Observatório da Imigração e pela ACIME – Alto-Comissariado para a Imigração e Minorias Étnicas – Lisboa/PT.

Utilização do método comparativo, tendo como base os resultados alcançados pelo Acordo de Contratações Recíprocas entre Brasil e Portugal, especialmente, no que se refere à quantidade de migrantes entre os dois países que obtiveram a legalização da permanência, a partir da vigência do Acordo.

---

[4] CASTELLS, M. *A sociedade em rede*. 7. ed. São Paulo: Paz e Terra, 2003. p. 137. (A era da informação:economia, sociedade e cultura, v. 1).

[5] CASTELLS, M. *O poder da identidade*. 7. ed. São Paulo: Paz e Terra, 2003. 550 p. (A era da informação:economia, sociedade e cultura, v. 2).

[6] CASTELLS, M. *O fim do milênio*. 7. ed. São Paulo: Paz e Terra, 2003. 559 p. (A era da informação:economia, sociedade e cultura, v. 3).

A investigação será baseada em pesquisa quantitativa e qualitativa, a fim de mensurar a quantidade de brasileiros que encontram-se em território português ainda sem legalização, apesar da vigência do Acordo de Contratações Recíprocas, bem como o nível de qualificação dessas pessoas que emigraram em busca de trabalho e melhores condições de vida.

CAPÍTULO 1

A Globalização do mercado de trabalho

Há uma suposição de que a uma economia global, corresponde um mercado de trabalho e uma força de trabalho global.

A dialética capital e trabalho figuram como elementos fundamentais dos debates sobre questões sociais desde o momento que o trabalho passou a ser considerado valor econômico. E no processo de globalização a situação repete-se, haja vista que enquanto a economia tornou-se global, não se verificou a correspondente globalização do mercado de trabalho, por força de fatores influentes de ordem política, econômica e cultural.

Destaca Manuel Castells que:

> havendo uma economia global, também devem existir um mercado de trabalho e uma força de trabalho real. Entretanto, como acontece com muitas declarações óbvias, considerada em seu sentido literal, essa é empiricamente incorreta e analiticamente enganosa, embora o capital flua com liberdade nos círculos eletrônicos das redes financeiras globais, o trabalho ainda é muito delimitado (e continuará assim no futuro previsível) por instituições, culturas, fronteiras, políticas e xenofobia. Contudo, as migrações internacionais estão aumentando, numa tendência de longo prazo que contribui para a transformação da força de trabalho, embora de maneira mais complexa do que a apresentada pela idéia de um mercado de trabalho global.[7]

Castells salienta que os relatórios sobre desenvolvimento humano do PNDU estimam que são crescentes no mundo inteiro os contingentes de trabalhadores imigrantes tanto legalizados como não-legalizados,

---

[7] Castells, M. *A sociedade em rede*. 7. ed. São Paulo: Paz e Terra, 2003. p. 137. (A era da informação:economia, sociedade e cultura, v. 1).

estes, normalmente, considerados não globalizados. Entretanto, estes representam pequena parcela da força de trabalho global, apesar de sua importância no mercado de trabalho dos Estados Unidos, do Canadá e da União Européia.

Na Europa, em especial, o grupamento dos imigrantes não legalizados enfrenta um ambiente de acentuada competitividade, haja vista que, em decorrência das novas estratégias empresariais, transformação tecnológica, o perfil das qualificações exigidas pelos novos empregos, além dos impactos das tecnologias de informação, a sociedade vive sob a ameaça do desemprego.

Nesse contexto encontra-se o trabalhador brasileiro que diante das dificuldades enfrentadas no Brasil, opta pela emigração para outros países, a exemplo de Portugal que tem se destacado como destino preferido, seja pela facilidade do idioma e identidade cultural, como pelas supostas oportunidades de emprego, face a inserção do país na União Européia.

1.1. A Economia Global e seus reflexos nas relações de trabalho

Critica-se a globalização que, utilizando do instrumento político da liberalização comercial, no fundo representa numa ideologia camuflando na realidade, os interesses das economias dos países mais poderosos que pretendem a abertura comercial em outros países, no geral em desenvolvimento, a fim de garantir mercado para seus produtos. O que se observa é que estes países economicamente mais fortes pretendem a abertura comercial de outros países às importações, entretanto, não oferecem reciprocidade de tratamento, pois fazem reserva de mercado limitando a livre circulação de trabalhadores, como também elevam a tributação para a importação em alguns setores a fim de evitar a concorrência, especialmente de produtos de maior potencial de exportação na pauta dos países em desenvolvimento.

Para o embaixador Rubens Ricupero, a versão mais corriqueira da globalização "é a de considerá-la como transformação puramente econômica".[8] Sob esse ângulo de visão, ela seria quase sinônimo da

---

[8] RICUPERO, R. *O Brasil e o dilema da globalização*. 2. ed. São Paulo: SENAC, 2001. p. 29.

intensificação do intercâmbio econômico e da interdependência como fruto da liberalização da economia mundial nas últimas décadas, por meio da eliminação ou redução das barreiras à circulação de mercadorias, financiamentos e inversões.

O receituário recomendado pelas economias mais ricas aos demais países para que obtivessem êxito no cenário da economia globalizada, inclui a redução da intervenção do estado na economia deixando-a livre aos cuidados das forças do mercado, com um mínimo de interferência; introdução de políticas de desregulamentação da economia; abertura estabelecendo o livre comércio; a redução do estado mediante processo de privatização; reforma da legislação trabalhista de modo a tornar o país atraente a investimentos externos e mais competitivo com a redução dos custos de seus produtos e serviços.

O atendimento a estas recomendações não assegura aos países o mesmo sucesso noticiado pelos britânicos, haja vista que cada país tem suas peculiaridades não apenas econômicas, mas políticas e sociais.

E o embaixador Ricupero destaca ainda que "não se contesta que algumas, ou muitas, dessas recomendações possam ser vantajosas, desde que empreendidas no tempo oportuno, de maneira progressiva e prudente, com instituições e quadros prontos para administrar os nossos desafios".[9] O principal é que isso se faça na seqüência adequada e que o país seja o sujeito e não objeto da própria estratégia de desenvolvimento.

É ilusório acreditar que a globalização da economia conduz à redução das dificuldades e diferenças entre os países e, até mesmo dentro dos países; ou melhor, a almejada redução não é impossível, mas difícil de concretizar enquanto os fatores de produção, como a terra e o capital, se mantiverem concentrados nas mãos de poucos, afetando uma melhor distribuição de renda. Soma-se a isto o fato de que a estagnação da economia, o desemprego e a falta de especialização também afetam a distribuição de renda.

A globalização econômica é parte de um processo que ainda tem as vertentes social e política, embora caracterizada acentuadamente pela vertente econômica, haja vista a fácil visibilidade dos

---

[9] RICUPERO, R. *O Brasil e o dilema da globalização*. 2. ed. São Paulo: SENAC, 2001. p. 265-66.

seus efeitos no livre fluxo financeiro entre os países, o aumento de volume dos negócios e comércio internacional, o aumento no trânsito de investidores e trabalhadores estrangeiros.

O aspecto cultural é marcado pelo incremento da comunicação cada vez mais massificada, resultante dos avanços da tecnologia da informação que tem organizado a sociedade em rede.

A vertente política é visível porque as decisões adotadas pelos governantes, mesmo no âmbito de suas fronteiras, não se dá de forma isolada, individualista, haja vista a necessidade de levar em consideração o cenário internacional e suas implicações. E sem desconsiderar que muitas medidas internas são tomadas sob influência de fatores externos notadamente de natureza econômica.

Após a Segunda Guerra Mundial o mundo passou a equilibrar-se em duas teorias sócio-econômicas, ou seja, a bipolarização entre o capitalismo e o comunismo. Com o esfacelamento do comunismo, o capitalismo torna-se agonizante e, por questão de sobrevivência, necessitou transformar-se.

A partir da década de 70, o capitalismo passa a apresentar sinais de crise. Entretanto, os momentos de crise na história da humanidade provocaram na sociedade a reflexão sobre as causas e as dificuldades, adotando atitude em busca de novos rumos.

A produtividade como fonte de riqueza das nações, constantemente requer revisão de métodos, no intuito de alcançá-la com custos mais reduzidos e conseqüentemente, a obtenção de maior lucratividade.

Os setores da economia nas 3 últimas décadas do século XX já apresentavam sinais de estagnação, embora a demanda por produtos e serviços estivesse crescente, até mesmo por força do crescimento demográfico.

Alternativa encontrada na reação ao declínio das margens de lucros nos negócios foi a inovação tecnológica e a descentralização organizacional, compreendendo a adoção de medidas a partir da redução de custos, inclusive com a mão-de-obra; incremento na produtividade; ampliação do mercado consumidor, além da aceleração no giro do capital com o auxílio da mídia no sentido de criar necessidades e estímulos ao consumo.

A nova onda do capitalismo trouxe como conseqüência o aumento da competitividade e a redução das barreiras entre as nações. O mercado passou, cada vez mais, ser dominado por quem alcança maior produtividade com menores custos, o que favorece a conquista de mais parcelas do mercado, inclusive tomar dos concorrentes que não se adaptam e não têm como suportar e resistir à concorrência.

As principais transformações observadas no decorrer do Século XX tiveram como vetor a globalização econômica, estabelecendo novos paradigmas porque aqueles sobre os quais se estruturou a sociedade industrial – estado singular com limites nacionais-territoriais bem definidos; sistema de acumulação econômica; provedor de serviços básicos – tornaram-se inadequados para o desenvolvimento da sociedade global.

O processo não é apenas econômico. Saliente-se que a economia é um dos seus aspectos que se soma ao político, social, cultural, tecnológico e o jurídico. Os estados tornaram-se mais interdependentes, desterritorializados, especialmente, em razão dos avanços tecnológicos.

O Direito tem sofrido muitas modificações por força da globalização, a exemplo do que vem acontecendo em todas as áreas onde se processam conhecimento e desenvolvimento humano.

No processo de globalização é marcante a redução da estrutura do Estado, que passa a terceirizar parte de suas atividades com o deslocamento para a esfera privada. A terceirização também é verificada no setor privado.

O conhecimento é firmado fora das fronteiras do Estado, com influência nos sistemas normativos, fazendo crer que o direito positivo estatal não mais representa como absoluto o sistema jurídico central, com ensejo para uma nova realidade jurídica. O fato econômico tem influenciado o pensamento jurídico.

Com o mercado mundial desterritorializado não apenas para as empresas, mas também para as pessoas, surgem novos padrões sociais e jurídicos, haja vista que a internacionalização dos mercados trouxe como conseqüência a competitividade, com reflexos no aumento da exploração, da degradação da condição humana e do meio-ambiente, crescimento da miséria e exclusão social, com crescimento dos fluxos migratórios nesse contexto.

O momento é o da revolução da tecnologia da informação e, de fato, quem detém a informação e o domínio da tecnologia tem o poder nas mãos.

Manuel Castells denomina a nova economia de informacional, global e em rede, porque são marcantes tais características fundamentais, conforme explica o autor:

> [...] É **informacional** porque a produtividade e a competitividade de unidades ou agentes nessa economia (sejam empresas, regiões ou nações) dependem basicamente de sua capacidade de gerar, processar e aplicar de forma eficiente a informação baseada em conhecimentos. É **global** porque as principais atividades produtivas, o consumo e a circulação, assim como seus componentes (capital, trabalho, matéria-prima, administração, informação, tecnologia e mercados) estão organizados em escala global, diretamente ou mediante uma rede de conexões entre agentes econômicos. É **rede** porque, nas novas condições históricas, a produtividade é gerada, e a concorrência é feita em uma rede global de interação entre redes empresariais. Essa nova economia surgiu no último quartel do século XX porque a revolução da tecnologia da informação forneceu a base material indispensável para sua criação. É a conexão histórica entre a base de informações/conhecimentos da economia, seu alcance global, sua forma de organização em rede e a revolução da tecnologia da informação que cria um novo sistema econômico distinto[10]. [...] (grifo nosso).

O domínio da informação e do saber ganham importância fundamental que, em conjunto com o domínio das novas tecnologias supervaloriza a competitividade, reduz a oferta de empregos na produção, desvaloriza-se o trabalho e o trabalhador de um modo geral, mas enaltece-se a mão-de-obra qualificada e, portanto, globalizada porque é requerida em qualquer parte do mundo.

Saliente-se que a economia não tornou tudo global, considerando que a maior parte dos empregos, das empresas e suas produções são e continuarão a ser locais e regionais.

Existem diferenças quanto ao nível de integração, desenvolvimento econômico e potencialidades entre regiões do mundo e entre regiões de um mesmo país, o que induz a uma maior segmentação da população, o que acentua a desigualdade e a exclusão social.

---

[10] CASTELLS, M. *A sociedade em rede*. 7. ed. São Paulo: Paz e Terra, 2003. p. 119. (A era da informação:economia, sociedade e cultura, v. 1).

O cenário perde em termos de solidariedade. Com o objetivo de modernizar suas economias, a fim de adaptá-las à nova onda fomentada pela competitividade internacional, os Estados adotam medidas de ajustes visando atrair investimentos, especialmente, porque ocorre o fenômeno da desterritorialização dos processos produtivos.

As medidas de ajustes compreendem concessões de ordem fiscal e absorção de novas formas de pensar e agir, bem adequados aos padrões sócio-culturais originários da Europa e dos Estados Unidos, especialmente.

O processo de reestruturação, como mencionado, reduz a presença do Estado na economia mediante um acelerado processo de privatização, envolvendo investimentos em tecnologia, a desregulamentação da economia e a flexibilização e supressão de direitos trabalhistas.

Há um esfacelamento das conquistas dos movimentos participativos. E, com o desemprego estrutural, a redução dos quadros das entidades sindicais, provoca não apenas a perda de receitas, mas, sobretudo, o poder de mobilização e força para enfrentar negociações por melhores condições sociais.

Castells aponta, ainda, que os sindicatos de trabalhadores por representarem obstáculo importante à estratégia unilateral de reestruturação, tornaram-se mais enfraquecidos em razão do despreparo para atuar nos novos locais de trabalho e de sua incapacidade de representação dos novos tipos de trabalhadores, como as mulheres, jovens e imigrantes.

À agressividade neoliberal marcadas pelos governos Reagan e Thatcher com suas estratégias políticas ofensivas, somadas às tendências históricas e estruturais contrárias aos sindicatos, tiveram ressonância até em governos socialistas como na França e Espanha que, na observação de Castells, "continuaram a mudança das condições do mercado de trabalho, conseqüentemente enfraquecendo os sindicatos, quando as pressões da concorrência dificultavam o total afastamento das novas regras administrativas da economia global."[11]

---

[11] Castells, M. *A sociedade em rede*. 7. ed. São Paulo: Paz e Terra, 2003. p. 350. (A era da informação: economia, sociedade e cultura, v. 1).

Como conseqüência reforça-se a exclusão social, notadamente dos trabalhadores menos qualificados ou sem qualificação, que passam a ser apartados da sociedade em razão do desemprego, marginalizados e até mesmo desterritorializados quando deixam suas raízes e aventuram-se em busca de melhores condições de vida em outras partes do mundo.

1.2. A transformação do trabalho e do mercado de trabalho

A história do trabalho está sempre sendo revista, pois com o avanço tecnológico vivencia-se, atualmente, um outro momento da Revolução Industrial do Século XVIII, provocando transformações nas relações de trabalho e no seu mercado de aproveitamento.

A Revolução Industrial alterou a relação de trabalho atribuindo-lhe a feição de emprego, haja vista o reconhecimento do trabalho como força produtiva, entretanto, acentuou-se o desequilíbrio do relacionamento entre patrões e empregados, isto é, entre o capital e o trabalho.

De um lado intensificou-se a produção e a ambição por maior lucratividade e, em paralelo, acentua-se a exploração da mão-de--obra, marcada pela baixa remuneração do que é produzido e pela desproteção em termos de condições mínimas de trabalho.

O trabalhador vive sob opressão e sem qualquer proteção legislativa que lhe assegure condições mínimas de trabalho e respeito a sua dignidade. Tais condições foram objeto de freqüentes conflitos, que, por sua vez, provocaram a morte de muitos trabalhadores.

O intervencionismo do Estado foi necessário para minimizar os conflitos, estabelecendo um complexo de normas tutelares, compensando juridicamente o desequilíbrio econômico entre empregadores e empregados, reconhecidos como hipossuficientes, fazendo despontar o Direito do Trabalho.

Constitui-se como uma das forças modeladoras do direito do trabalho a associação dos trabalhadores para a defesa de interesses comuns, pela conquista ou manutenção de melhores condições de vida. As normas trabalhistas, porém, também foram fruto da presença do Estado intervindo na economia, adotando nova postura perante as relações sociais, tanto nos sistemas políticos de esquerda como de direita.

O desequilíbrio foi combatido pela atuação do pensamento humanista como forma de retificação de históricas distorções causadas pelo liberalismo econômico. Assim o Estado passa a regulamentar o mínimo de condições de trabalho a serem respeitadas pela parte economicamente mais forte. E o Estado passa a adotar medidas econômicas no intuito de melhorar as condições sociais.

Este modelo tomou força pelo avanço das idéias revolucionárias que conduziram, inclusive, o proletariado ao poder. Entretanto, o Século XX foi cenário de apogeu e declínio dos modelos econômicos do comunismo e do capitalismo. Pode-se concluir que o socialismo sucumbiu junto com o comunismo, enquanto que o capitalismo para escapar à crise procura reafirmar-se como modelo econômico, adotando novos contornos na esteira da globalização e de políticas econômicas liberalizantes.

O trabalho no passado foi símbolo de condição menor da sociedade, especialmente porque antes da Revolução Industrial, não lhe era atribuído valor econômico. Cada vez mais, o trabalho dá ao homem sua dignidade, considerando a evolução da função do trabalho como meio de inserção social e de realização pessoal. Por isso, o mais sensato e politicamente correto é a referência não restrita Direito do Trabalho, mas Direito ao Trabalho.

A inserção social está cada vez mais problemática diante da evolução demográfica que afeta não apenas a oferta, mas, também, a demanda, especialmente no cenário de economia global.

Com a globalização intensifica-se a interdependência das economias e no que diz respeito às relações de trabalho, haverá o cenário de concorrência a ser sofrida pela mão-de-obra menos qualificada dos países desenvolvidos pela mão-de-obra dos países em desenvolvimento.

Quando um país em desenvolvimento ingressa na denominada economia de mercado, passa a relacionar-se com o mundo todo, significando a abertura de novos mercados para produtos e serviços originários de países mais avançados.

A competitividade das empresas em uma economia global intensifica-se e na busca pela lucratividade são levadas à redução de custos e, em especial, despesas com salários e encargos sociais.

As mudanças na economia impulsionando uma nova realidade mundial, afeta as relações de trabalho provocando muita ansiedade, pois as empresas no processo de adequação para manter-se no mercado e, sobretudo, rentável, adotaram medidas, desde a reengenharia reduzindo suas estruturas burocráticas, com a terceirização de atividades a fim de maximizar os resultados de seus processos de produção, até a eliminação ou redução de benefícios aos empregados.

Por seu turno, os estados que mantinham seu papel interventor na economia assegurando por meio legislativo direitos mínimos aos trabalhadores, em consonância com o princípio da proteção, em tutela jurídica ao hipossuficiente para compensar a desigualdade econômica das partes, atendendo a razão de ser do Direito do Trabalho, passam a estimular a livre negociação.

É incontestável o fato de que o Direito deve sempre acompanhar a realidade e, em especial, o Direito do Trabalho por ser o segmento mais sensível às questões sociais.

No Brasil, a Justiça do Trabalho desempenha importante função na conciliação dos interesses das atividades econômicas e as relações de trabalho, mas que requer muito esforço e equilíbrio dos seus principais operadores, no cenário nem sempre tranqüilo da histórica relação entre o capital e o trabalho.

Considerando os avanços e exigências da realidade pós-capitalista, marcado pelo processo de globalização, com notáveis reflexos nas relações econômicas e sociais, o Direito precisa sempre a ela adequar-se, sob pena de ser atropelado sem possibilidades de defesa ou ainda ser acusado de prejudicar o desenvolvimento do país.

A adequação não diz respeito apenas à atuação do Judiciário, mas, sobretudo, ao legislador com a função de modernizar e, sempre que necessário, fazer os devidos ajustes requeridos na legislação.

Na realidade nacional, na busca do Estado por ocupação de espaço no cenário internacional, inclusive apresentando-se como país viável a investimentos, há quem faça referências à Consolidação das Leis do Trabalho como uma senhora sexagenária que precisa ser submetida a uma cirurgia plástica para poder acompanhar a modernidade. Entretanto, sob pena de provocar deformações na paciente, tal intervenção não pode ser feita de forma açodada, nem por pessoas desconhecedoras da razão de ser do Direito do Trabalho.

A Consolidação das Leis do Trabalho – C.L.T.[12] tem sido muito acusada de atrapalhar o desenvolvimento do país e, conseqüentemente, dificultar a geração de empregos, por ser detalhista no elenco dos direitos assegurados aos trabalhadores e agravar os custos da mão-de-obra, em razão dos custos diretos e dos encargos sociais.

Merece um rápido comentário a respeito desse despropósito! Que a legislação trabalhista necessita de ajustes não é novidade. E isto não é prerrogativa do Direito do Trabalho, mas de toda e qualquer atividade que precisa atualizar-se para não perder o rumo da história. Entretanto, da forma como se tem noticiado pelos veículos de comunicação, bons ventos têm soprado a favor da economia, tanto que a rentabilidade das empresas e muito especialmente os Bancos, têm divulgado lucros históricos.

A legislação trabalhista, apesar de necessitar de adequação à nova realidade mundial, não impediu que o Brasil se inserisse no contexto das economias mais fortes do mundo, tampouco tenha contribuído para que este mesmo país esteja, lamentavelmente, figurando entre aqueles onde há as piores proporções de distribuição de rendas.

O fato é que em um mercado de acirrada competitividade, cada vez mais empresas procuram alcançar resultados positivos com a equação: mais rentabilidade, com menos custos.

Nesse contexto ganha ênfase a flexibilização dos direitos trabalhistas e a terceirização, como ícones dessa inexorável realidade, contudo, carentes de regulamentação.

O Estado passa a admitir a flexibilização de direitos, mediante negociação coletiva, como no caso do Brasil em que a inserção desse mecanismo encontra-se no art. 7º, inciso XXVI, da CF/1988 – "reconhecimento das convenções e acordos coletivos de trabalho"[13]. E a própria Constituição, expressamente, passou a admitir a flexibilização, como por exemplo no inciso VI, do mesmo artigo, onde mediante acordo ou convenção coletiva de trabalho admite-se a redução salarial, mesmo diante do princípio da irredutibilidade salarial. E o mesmo

[12] BRASIL. Decreto-lei nº 5.452, de 1 de maio de 1943. Aprova a consolidação das leis do trabalho. *Diário Oficial da União*, Poder Executivo, Brasília, DF, 09 ago. 1943.

[13] BRASIL. Constituição Federal (1988), de 5 de outubro de 1988. *Diário Oficial da União*, Poder Legislativo. Brasília, DF, 5 dez. 1988. Anexo, p. 1.

ocorre em relação à jornada de trabalho como previsto nos incisos XIII e XIV do mesmo dispositivo[14].

A angústia do trabalhador é motivada pela elevação dos índices de desemprego, pela precarização das relações de trabalho e pela desregulamentação.

O mercado torna-se cada vez mais seletivo exigindo mais escolaridade e especialização.

O Papa João XXIII parece que já antevia o futuro quando editou a Carta Encíclica *Pacem in Terris*, em 11 de abril de 1963, demonstrando preocupação com a relação entre o capital e o trabalho, ao enfatizar os direitos inerentes ao campo econômico.

> Direitos inerentes ao campo econômico
>
> 18. No que diz respeito às atividades econômicas, é claro que, por exigência natural, cabe à pessoa não só a liberdade de iniciativa, senão também o direito ao trabalho.[15]

As mudanças políticas e econômicas verificadas especialmente a partir do último quartel do século XX, foram influenciadas por fatos históricos marcantes ocorridos entre o final da década de 1980 e o início da de 1990, que surpreenderam até os mais atentos cientistas políticos. Foram acontecimentos como:

- A queda do Muro de Berlim, em 1989;
- fim da Guerra Fria;
- fim do socialismo real;
- A desintegração da União Soviética, em 1991, bem como o seu desmembramento em novos Estados Soberanos (Rússia, Ucrânia, Letônia, Lituânia, por exemplo);
- A explosão étnica ou de nacionalidades em várias localidades, acompanhada de guerra civil, a exemplo da antiga Iugoslávia, Geórgia, Chechênia;
- fim do apartheid e a conseqüente eleição de Nelson Mandela para presidente da África do Sul;
- acordo de paz entre Israel, OLP (Organização para Libertação da Palestina) e Jordânia, embora a região do Oriente Médio ainda represente área de constantes conflitos;

---

[14] Ibid.

- A formação de blocos econômicos regionais (União Européia, Nafta, Mercosul, e o ensaio da ALCA, como por exemplo)
- destacado crescimento econômico de alguns países asiáticos, os chamados tigres asiáticos, como:Japão, Taiwan, China, Hong Kong, Cingapura, Vietnã, a ponto de empolgar os analistas, que propagandearam tratar-se de um fenômeno, cujo grupamento de países constituiria a região mais rica do Século XXI;
- reerguimento do capitalismo em sua atual forma, ou seja, o neoliberalismo;
- grande desenvolvimento científico e tecnológico verificado, representando uma nova Revolução Industrial ou Tecnológica.

O fato é que o Estado que foi levado a intervir com o objetivo de buscar o equilíbrio na relação entre empregado e empregador, entre suas necessidades e possibilidades, porém, atualmente, diante das exigências do bem comum e das conseqüências da globalização, tem reavaliado a extensão da tutela dirigida em favor do hipossuficiente, que significa a própria revisão do Direito do Trabalho e da atuação judiciário trabalhista.

E Amauri Mascaro Nascimento atento a esta questão expressou que:

> daí não ser possível, ao Direito do Trabalho, ter eficácia sem considerar os fatores desencadeados dos impactos que vem sofrendo, as transformações decorrentes do avanço da tecnologia, a internacionalização dos mercados, a competitividade entre as empresas, a necessidade de redução dos custos com o trabalho e as modificações do papel do estado na ordem econômica e social.[16]

A adequação ao novo modelo econômico requer cautela, especialmente porque o Estado Liberal e o Estado Democrático não têm o mesmo compasso, haja vista que o segundo tem como característica

---

[15] Papa João XXIII. *Carta encíclica do Papa João XXIII*: pacem in terris. 1963. Disponível em: <http://www.vatican.va/holy_father/john_xxiii/encyclicals/documents/hf_j-xxiii_enc_110>. Acesso em: 07 ago. 2006.

[16] Nascimento, A. M. [Coord.]. *A transição do direito do trabalho no Brasil*: estudos em homenagem a Eduardo Gabriel Saad. São Paulo: LTr, 1999. p. 15.

a submissão ao princípio da legalidade. Entretanto, como o Texto Constitucional valoriza a livre negociação e possibilita a flexibilização de direitos trabalhistas, é importante que os sindicatos estejam atentos e atuantes no exercício da representatividade dos interesses da categoria.

O fato é que o novo modelo econômico global vem transformando as relações de trabalho no mundo, onde há o avanço tecnológico favorecendo o aumento da produção com menos mão-de-obra. A introdução de programas de informatização e da robotização no processo produtivo representaram excelentes fatores no aumento dos ganhos de produtividade das empresas, entretanto, traz conseqüências como a redução de postos de trabalho e aumento na precarização da relação de trabalho com as novas formas de subcontratação.

Em conseqüência da redução dos postos de trabalho os sindicatos perderam em termos de mobilização e receita, o que alterou, inclusive, as pautas de negociações e reivindicações, passando à defesa dos empregos. Além disso, as categorias foram enfraquecidas, ainda em razão da descentralização das atividades da empresa, especialmente com a terceirização das atividades – meio.

Arnaldo Süssekind ao referir-se ao fenômeno da automação enfatizou que o mundo está a viver nova Revolução Industrial com incalculável dimensão, quando sugeriu alertando para a Assembléia Nacional Constituinte que "as normas constitucionais devem atender, seja por sua flexibilidade, seja por óbvias previsões, às exigências do mundo do trabalho adaptado aos fantásticos progressos da informática"[17].

Com muita luta foram constituídas as garantias do trabalho, que surgiram gradativamente, desde os primeiros conflitos na seqüência da Revolução Industrial, até o apogeu da intervenção do Estado na economia em meados do século XX.

O Estado como fonte da norma trabalhista, com sua intervenção arraigou garantias ao trabalho, a ponto de constitucionalizá-los como forma de fazer respeitar um mínimo em termos de direitos e condições de trabalho.

---

[17] SÜSSEKIND, A. *Direito constitucional do trabalho*. 3. ed. ampl. Atual. Rio de Janeiro: Renovar, 2004. p. 311.

A plataforma neoliberal tem gerado a necessidade dos empresários pela busca por novos mercados, mas, também, como já comentado, por locais onde a mão-de-obra seja produtiva com menos custos, visando alcançar maior lucratividade. Nesse contexto, os direitos trabalhistas representam um obstáculo à ascensão do pensamento neoliberal.

Considerando os avanços e exigências da realidade pós-capitalista, marcado pelo processo de globalização, com notáveis reflexos nas relações econômicas e sociais, o Direito precisa sempre a ela adequar-se, sob pena de ser atropelado sem possibilidades de defesa ou ainda ser acusado de prejudicar o desenvolvimento do país.

A adequação não diz respeito apenas à atuação do Judiciário, mas, sobretudo, ao legislador com a função de modernizar e, sempre que necessário, fazer os devidos ajustes requeridos na legislação.

A tendência é a redução das normas de produção heterônoma e o aumento daquelas de produção autônoma, como fenômeno normativo com a participação das entidades sindicais, mediante negociação coletiva, como previsto na legislação brasileira no art. 7º, inciso XXVI, da CF/1988, "reconhecimento das convenções e acordos coletivos de trabalho"[18], dentre os direitos dos trabalhadores urbanos e rurais que visem à melhoria de sua condição social. Assim, o próprio Direito do Trabalho é matriz, face o reconhecimento dos acordos e convenções coletivas de trabalho, como fontes de produção do direito positivo do trabalho.

Para José Martins Catharino, verifica-se uma desregulação, não no sentido absoluto do verbo que conduz à desordem, ao desregramento, porém, no sentido estrito que "de acordo com o pensamento liberal quer dizer reduzir ao máximo as regras ditadas pelo Estado e aumentar a privatização normativa"[19].

A desregulação tem sentido jurídico e o autor, citando Américo Plá Rodriguez estabelece o vínculo entre o pensamento neoliberal e a desregulação:

---

[18] BRASIL. Constituição Federal (1988), de 5 de outubro de 1988. *Diário Oficial da União*, Poder Legislativo. Brasília, DF, 5 dez. 1988. Anexo, p. 1.

[19] CATHARINO, J. M. *Neoliberalismo e seqüela*. São Paulo: LTr, 1997. p. 42.

Compondo o triplo caminho originado do questionamento dos princípios do Direito do Trabalho, ao falar de sua decadência ou de sua perda de atualidade, coloca 'a difusão das idéias neoliberais'.

O fenômeno de ter o pensamento neoliberal atingido o auge 'tem diversas explicações, porém mais além delas, constitui um fato indiscutível.

O núcleo principal deste pensamento é a luta pela maior liberdade no mundo econômico e pela redução da intervenção do Estado em todas as ordens'.

. Acrescenta que esse pensamento neoliberal 'pode ter distintos níveis de profundidade, de dinamismo, de projeção, de transcendência e de militância.

Pode limitar-se a resistir a nova legislação, a diminuir o ritmo da intervenção do Estado ou pode chegar a tentar reduzir o nível da proteção outorgada ao trabalhador'.

Resumo todo esse fenômeno em uma palavra: 'desregulação', e, conclui: nem 'a globalização da economia', nem 'o impulso para integração regional' e nem 'a difusão das idéias neoliberais justificam 'o abandono dos princípios do direito laboral, e sim sua ratificação e revigoração[20].

Enfim, como efeito da globalização observa-se transformação no universo das relações de trabalho e do próprio mercado de trabalho, considerando as novas formas de contratação como, trabalho a domicílio, trabalho remunerado por produtividade, terceirização, além, de processos de desburocratização e reengenharia na estrutura organizacional.

As transformações operaram não apenas sobre as relações de trabalho, mas, também, sobre as organizações sindicais.

Como anotado, no cenário da economia mais competitiva, as empresas foram levadas a proceder reestruturações, especialmente, na esteira da chamada revolução tecnológica, a fim de alcançar a lucratividade com a equação de maior e melhor produção, com menos mão-de-obra.

Os sindicatos sofreram com a redução de suas receitas, em decorrência da eliminação de muitos postos de trabalho, ocasionando, ainda, a perda em termos de mobilização e força de pressão.

A pauta de discussões e reivindicações dos sindicatos assumiu novos rumos porque passou a atuar em outra dimensão mais ampla,

---

[20] CATHARINO, J. M. *Neoliberalismo e seqüela*. São Paulo: LTr, 1997. p. 42.

procurando participar na formulação de projetos de políticas públicas e sociais, haja vista passar a conviver com cenário de baixa proteção ao trabalho, onde ficam acentuadas as desigualdades.

Não é tarefa fácil a mudança de atitude das organizações sindicais, haja vista que a sociedade em que estão inseridos historicamente sempre associou a própria idéia de sociabilidade ao trabalho, e agora assistem o trabalho ser colocado em um papel secundário.

1.3. **Há uma força de trabalho global?**

A produção e a distribuição, notadamente no cenário de economia globalizada estão cada vez mais organizadas no sentido de proporcionar a sobrevivência das empresas e, conseqüentemente, em conjunto a obtenção de rentabilidade e equilíbrio em suas cotas e pautas comerciais.

E mencionando no contexto da sociedade em rede de Manuel Castells, enfatiza o quanto é complicado administrar a questão social, face o paralelo processo de globalização da mão-de-obra[21].

São milhões de pessoas fora de seus países originários e espalhados pelo mundo a fora em busca de melhores condições de vida para si e suas famílias.

A tônica desse fluxo apresenta um processo crescente de globalização da mão-de-obra, entretanto, não é o trabalhador comum o ator principal, mas aquele detentor de especialização e mais ainda aqueles considerados profissionais de alto nível que, normalmente não procuram, porém são requisitados pelas grandes organizações como os analistas financeiros, astros dos esportes e das artes, administradores de empresas, consultores altamente especializados, cientistas, projetistas e programadores, por exemplo.

Profissionais enquadrados no restrito segmento do padrão super especializado, sequer se submetem às regras e burocracia impostas pelas leis de imigração, tampouco às limitações de padrões salariais e condições gerais de trabalho.

---

[21] CASTELLS, M. *A sociedade em rede*. 7. ed. São Paulo: Paz e Terra, 2003. p. 350. (A era da informação: economia, sociedade e cultura, v. 1).

Essa mão-de-obra sim, é que está globalizada e disputada, gozando de oportunidades de emprego em qualquer região do mundo, haja vista que sua elevada capacitação agrega valor às grandes redes empresariais que têm nesses profissionais apoio decisivo ao sucesso no desempenho de suas atividades.

Manuel Castels destaca que:

> qualquer pessoa com capacidade de gerar um valor agregado excepcional em qualquer mercado goza da oportunidade de escolher emprego em qualquer lugar no mundo – e de ser convidado também. Essa fração de mão-de-obra especializada não chega a dezenas de milhões de pessoas, mas é decisiva para o desempenho das redes empresariais, das redes de notícias e das suas políticas e, em geral, o mercado da mão-de-obra mais valorizada está de fato se tornando globalizado.[22]

Exemplo corriqueiro se verifica no universo dos esportes onde o atleta considerado astro, torna-se disputado pelas principais organizações do setor, em negociações milionárias em termos financeiros, e envolvendo elevados valores agregados, inclusive patrocínios publicitários muito acima dos padrões normais. É um nível relacionado a poucos, mesmo em comparação a outros atletas também especializados, mas que desses se destacam com o atributo de altamente especializados ou, especializadíssimos, como prefere Castells.

Em contrapartida, como anteriormente mencionado, existem milhões de pessoas fora de suas origens e vivendo espalhados pelo mundo em busca de melhores condições de vida ou na ilusão, principalmente nos países que aparentam possibilitar melhores oportunidades de trabalho, por apresentarem resultados econômicos e sociais acima da média no conjunto das nações. É a movimentação em fluxo de imigração característico do cenário de desequilíbrio entre países ricos e pobres.

Assim, milhões de pessoas não dotadas de especialização aventuram-se em outros países na expectativa de encontrar oportunidades de trabalho, boas condições de vida em geral, inclusive com mais dignidade.

---

[22] Ibid.

A situação é muito difícil não apenas pela necessidade de adaptação a uma nova cultura, mas porque muitas vezes as pessoas deixam para trás a família e seus valores sociais e culturais.

Dentre as primeiras dificuldades enfrentadas, além da barreira do idioma e da falta de especialização, está a burocracia e as limitações impostas pela legislação dos países de destino no que se diz respeito à imigração.

Apesar da falta de especialização esse contingente que se aventura na imigração, tem energia para trabalhar e muita ansiedade para alcançar a almejada melhor condição de vida.

A realidade enfrentada pelos imigrantes ainda desenvolve-se em um contexto onde se verifica a exploração da mão-de-obra, em especial pela ação de grupos que se aproveitam da situação irregular das pessoas que ultrapassam as fronteiras e passam a viver na clandestinidade porque fora da conformidade das leis de imigração.

Os fluxos migratórios são agravados pelos refugiados decorrentes de guerras e catástrofes, que se deslocam movidos pelo sofrimento, pela perda de referenciais e necessidade de reconstrução de suas vidas em outros países. É bem verdade que este tipo de migrante não está inserido na denominada mão-de-obra globalizada, mas que, somada ao contingente de pessoas excluídas que se desloca pelo mundo em busca de melhores condições de vida, passa a alimentar a globalização da miséria humana.

A globalização da economia caracterizada pela segmentação e integração das redes produtivas concentrando recursos e investimentos em determinadas regiões faz acentuar as desigualdades regionais e agravando a exclusão social.

E é na segmentação da economia, num cenário de constante competitividade que a mão-de-obra especializada torna-se globalizada, auferindo as vantagens de sua importância e oportunidade de requisição. Por outro lado, face a exclusão social, a mão-de-obra menos especializada ou apenas braçal, desprovida de melhor qualificação profissional, sente os percalços dos processos migratórios, além de discriminação, ainda enfrentam as muitas restrições das barreiras impostas pela legislação de cada país.

Conclui-se que o capital encontrou o caminho da globalização e esse mercado de elevado valor econômico, também globalizou a mão-de-obra, porém, o mercado global integra cada vez mais os profissionais de elevada capacitação. A mão-de-obra sem qualificação está a disputar as oportunidades onde o capital tem concentrado a movimentação dos seus recursos. Isto é, trabalhador especializado, com destaque para os superespecializados, está globalizado e disputado, enquanto os trabalhadores sem especialização não estão globalizados e encontram-se centrados na disputa local por oportunidade de trabalho.

E Castells oportunamente destaca que:

> uma parte significativa da migração internacional é conseqüência de guerras e catástrofes, que deslocaram cerca de 24 milhões de refugiados na década de 1990, especialmente na África. Embora essa tendência não esteja obrigatoriamente ligada à globalização da mão-de-obra, movimenta milhões de pessoas ao redor do mundo, no rastro da globalização da miséria humana. Assim, conforme o Relatório de Desenvolvimento Humano de 1999 das Nações Unidas, 'o mercado global da mão-de-obra integra-se cada vez mais para os capacitadíssimos – executivos de empresas, cientistas, artistas e muitos outros que formam a elite profissional global – com alta mobilidade e altos salários. Mas o mercado da mão-de-obra não-especializada sofre muitas restrições das barreiras nacionais'. Embora o capital seja global, e as principais redes de produção sejam cada vez mais globalizadas, o maior contingente da mão-de-obra é local. Só a elite dos especializados, de grande importância estratégica, é realmente globalizada[23].

A relação entre o capital e o trabalho sempre foi e ainda será conflituosa e, no cenário da sociedade ou rede, a coordenação do capital dá-se de forma global especialmente com o poder da informação com fortes ingredientes sociais, políticos e culturais, afetando forças como a cultura e a geração e o exercício do poder nos países.

Numa visão mais crítica e até pessimista estes novos tempos, com essa nova dinâmica do capitalismo, a tendência é a de maior concentração da riqueza, o acirramento da competitividade levando as empresas a se ajustarem com a modernização tecnológica, redução de custos, inclusive em relação a simplificação de processos, redução de quadro de pessoal e benefícios concedidos, no intuito de maximizar seus resultados. Fala-se na mudança de relação, ou seja,

---

[23] CASTELLS, M. *A sociedade em rede*. 7. ed. São Paulo: Paz e Terra, 2003. p. 172. (A era da informação: economia, sociedade e cultura, v. 1).

desaparecimento da relação de emprego e prevalência da relação de trabalho. Nessa linha de pensamento, o Estado, pressionado tende a alterar a legislação trabalhista a fim de desregulamentar direitos até então constitucionalizados, com o objetivo de dar suporte às empresas e tornar-se mais atrativo ao capital globalizado.

Para os pensadores e adeptos desse novo modelo econômico, a sociedade tende a ganhar, haja vista o resultante crescimento econômico, com incremento empresarial, valorização da mão-de-obra especializada, avanço tecnológico com benefício no aumento da produtividade, abertura de novos mercados tanto gerador de riquezas e oportunidades, como consumidor, e que o campo de trabalho não sofre prejuízos, haja vista o remanejamento da mão-de-obra para outros setores incrementados pelo próprio avanço tecnológico e informacional, favorecendo trabalhos em equipe, trabalho em domicílio, terceirização e subcontratações.

Quanto ao rumo da mão-de-obra e das relações sociais de produção sob efeito da nova dinâmica do capitalismo informacional global, conclui Manuel Castells que:

> trabalhadores não desaparecem no espaço de fluxos e, do ponto de vista prático, há muito trabalho. Na verdade, contradizendo profecias apocalípticas de análise simplistas, há mais empregos e uma proporção maior de pessoas com idade para o trabalho empregadas que em qualquer outra época da história. Isso ocorre principalmente por causa da incorporação maciça das mulheres no mercado de trabalho remunerado em todas as sociedades industrializadas, incorporação que, em geral, tem sido absorvida e, em grande medida, induzida pelo mercado de trabalho sem maiores rupturas. <u>Portanto, a difusão das tecnologias da informação, embora, sem dúvida, dispense trabalhadores e elimine alguns postos de trabalho, não resultou e provavelmente não resultará em desemprego em massa no futuro previsível</u>. Isto, apesar do aumento de desemprego nas economias européias, tendência mais relacionada com as instituições sociais que com novo sistema produtivo. Mas, se trabalho, trabalhadores e classes trabalhadoras existem e até se expandem em todo o mundo, as relações sociais entre capital e trabalho sofreram uma transformação profunda. <u>Na essência, o capital é global. Via de regra, o trabalho é local</u>. O informacionalismo, em sua realidade histórica, leva à concentração e globalização do capital exatamente pelo emprego do poder descentralizador das redes.

A mão-de-obra está desagregada em seu desempenho, fragmentada em sua organização, diversificada em sua existência, dividida em sua ação coletiva[24]. (grifo nosso)

Bastante oportuna a entrevista concedida pelo Presidente Luiz Inácio Lula da Silva, publicada no jornal argentino La Nación, em 13/11/2006, sob o título "Migrações, o desafio global", muito apropriada ao sentido deste trabalho, notadamente pela expressão de respeito aos direitos humanos e luta pela proteção dos direitos fundamentais, em especial, dos migrantes. Eis o conteúdo do artigo que sintetiza o objetivo do trabalho e oxalá pudesse influenciar no pensamento de outros líderes mundiais:

> Os migrantes também são essenciais para a sustentabilidade do sistema de previdência social e do dinamismo econômico em sociedades envelhecidas.
>
> Os países em vias de desenvolvimento se beneficiam com este movimento de pessoas. Remessas financeiras de 180 bilhões de dólares por ano favorecem diretamente a milhões de familiares nos países de origem dos migrantes. Estes recursos têm um poderoso efeito macroeconômico que representa, muitas vezes, um ingresso superior aos investimentos diretos estrangeiros e à ajuda oficial para o desenvolvimento.
>
> Para alguns países mais pobres, estas transferências constituem hoje a principal fonte de divisas estrangeiras e alcançam em alguns casos 25% do PIB, o que tem ajudado no esforço destes países a cumprir com as Metas de Desenvolvimento do Milênio.
>
> A migração é, portanto, um fenômeno global que beneficia a todos os paises, tanto os de origem como os de destino.
>
> Sabemos, não obstante, que as causas principais desta migração são as desigualdades entre as nações e a falta de oportunidades nos países em vias de desenvolvimento. Como a própria globalização, as migrações internacionais são um fenômeno complexo e controverso, que gera efeitos às vezes contraditórios.
>
> Por isto, é importante o tratamento integrado de suas múltiplas dimensões: promoção e proteção dos direitos humanos e do trabalho de todos os migrantes, responsabilidade compartilhada entre os países de origem, trânsito e destino, tratamento das causas das migrações, em suas vertentes econômica, social e política.

---

[24] Castells, M. *A sociedade em rede*. 7. ed. São Paulo: Paz e Terra, 2003. p. 570. (A era da informação: economia, sociedade e cultura, v. 1).

A globalização derruba barreiras e fronteiras, mas também pode atiçá-los. Nosso principal objetivo deve ser promover o respeito dos direitos humanos e do trabalho dos migrantes, independentemente de estarem ou não documentados. Temos o desafio coletivo de assegurar a implementação das leis e compromissos internacionais que protegem os direitos fundamentais dos migrantes.

Questionamos noções simplistas que estimulem o retorno em massa de migrantes irregulares e rechaçamos medidas unilaterais que apontam a restringir a imigração.

Cremos que um processo de liberalização comercial equilibrado, que atenda aos interesses dos países mais pobres, tenderá, por si mesmo, a atenuar o fenômeno da migração por motivos econômicos e sociais. É por isso que o Brasil, junto com seus sócios do G-20, tem defendido a abertura do setor agrícola dos países ricos e a eliminação de seus subsídios e apoios internos que distorcem o comércio internacional.

Não deixa de ser contraditório, por outro lado, que os mesmos países que defendem a liberalização da maioria dos setores de serviços sejam os que aumentem as restrições do movimento dos trabalhadores migrantes, que prestam uma mão de obra indispensável nos países de destino.

Estou convencido de que a Declaração de Salamanca, que adotamos em 2005, durante a XV Cúpula Ibero-Americana, sinaliza o caminho a seguir.

Temos o desafio de propor políticas públicas de migração e desenvolvimento inspiradas em nossa história de intercâmbio de idéias e mestiçagem de culturas. Nesta tradição de tolerância, encontramos um campo fértil para buscar respostas criativas e, sobretudo, humanas ao impacto do deslocamento massivo de pessoas.

A experiência pioneira que o Brasil vem desenvolvendo com os brasileiros de origem nissei, no Japão, pode servir de modelo. O programa oferece serviços, cursos e identificação de oportunidades de negócios para que estes migrantes se capacitem e possam abrir micro e pequenas empresas competitivas quando retornem ao Brasil.

Estamos dando respostas a um dos principais desafios da migração: a tendência dos países desenvolvidos de privilegiar cada vez mais trabalhadores qualificados, com o objetivo de deslocar força de trabalho ativa e bem formada dos países em vias de desenvolvimento, onde são tão necessários.

Mais além, com o objetivo de aumentar os efeitos positivos da migração para os países de origem, meu governo vem desenvolvendo um programa para facilitar e baratear o envio de remessas para familiares. Mais de 80% das transferências são feitas a um custo quase zero, por canais oficiais e contabilizados, com a vantagem adicional de favorecer a inclusão de cidadãos no sistema bancário.

Estas são algumas das idéias e propostas que o Brasil defendeu no Diálogo de Alto Nível sobre Migração e Desenvolvimento, em Nova Iorque, em setembro. Queremos construir associações e compartilhar as melhores práticas. A institucionalização de um fórum de diálogo seria uma importante contribuição para que, também no campo da migração internacional, caminhássemos em direção a um governo verdadeiramente global.

Por meio de uma política consistente e clara para as migrações internacionais, temos a oportunidade de demonstrar nosso compromisso com outro tipo de globalização, centrado na pessoa humana e na solidariedade.

A luta pela justiça no trato dos migrantes é parte da luta por uma ordem internacional mais justa e por um desenvolvimento sustentável e equilibrado para todos[25].

O capital e o trabalho continuarão coexistindo, se relacionando, mas de forma diferente. O capital dependendo mais da mão-de-obra globalizada detentora de informação, com capacidades de pensar e criar e, por outro lado, dependendo menos da mão-de-obra comum. O trabalho torna-se mais individualizado. Inevitável a transformação das relações sociais e, neste contexto, enfraquecimento das entidades sindicais.

Manuel Castells argumenta que:

> embora não haja um mercado de trabalho global unificado e, conseqüentemente, não exista uma força de trabalho global, há, na verdade, interdependência global da força de trabalho na economia informacional. Essa interdependência caracteriza-se pela segmentação hierárquica da mão-de-obra não entre países, mas entre as fronteiras[26].

Saliente-se que no processo de colonização, a totalidade dos países colonizados, uns menos enquanto outros muito mais, foram saqueados pelos colonizadores, a exemplo do Brasil que, historicamente produziu riquezas para alimentar e ornamentar as cortes européias.

---

[25] Silva, L. I. L. da. Migrações, o desafio global. *Lá Nación*, Buenos Aires, 13 nov. 2006. Disponível em: <http://www.migrante.org.br/migracoesdesafioglobal.doc>. Acesso em: 26 jan. 2007.

[26] Castells, M. *A sociedade em rede*. 7. ed. São Paulo: Paz e Terra, 2003. p. 304. (A era da informação: economia, sociedade e cultura, v. 1).

E a colonização acentuou as diferenças entre pobres e ricos, entre hemisfério norte e hemisfério sul.

Hoje o processo colonizatório permanece com outros matizes, mas de maneira a não reduzir a distância entre os hemisférios sob os aspectos econômicos e sociais, pois a tendência dos países desenvolvidos é de privilegiar cada vez mais trabalhadores qualificados, com o objetivo de seduzir e utilizar a força de trabalho ativa e bem formada dos países em vias de desenvolvimento, onde são tão necessárias. E diga-se de passagem, desfrutar de uma especialização para a qual não investiram um único centavo.

CAPÍTULO 2

O Direito do Trabalho e as normas sobre circulação de pessoas e imigração. Análise da legislação portuguesa

Os juízos de valor, de acordo com os quais uma conduta da realidade corresponde a uma norma objetivamente válida, pode ser valiosa ou não, em referência a uma norma fundamental como pressuposto, enunciam como algo é ou que algo é.

2.1. Normas da Organização Internacional do Trabalho

A Organização Internacional do Trabalho é um organismo internacional legitimado e competente para estabelecer Normas Internacionais do Trabalho com reconhecimento na promoção dos direitos fundamentais no trabalho.

Dentre as considerações da Declaração da Organização Internacional do Trabalho sobre os princípios e direitos fundamentais no trabalho, consta que deve prestar especial atenção aos problemas das pessoas com necessidades sociais especiais, em particular os desempregados e os trabalhadores migrantes, mobilizar e estimular os esforços nacionais, regionais e internacionais encaminhados à solução dos seus problemas[27].

A Declaração da O.I.T. foi adotada pela sua Conferência Geral, durante a 86ª Reunião, realizada em Genebra, com encerramento em 18/06/1998.

---

[27] ORGANIZAÇÃO INTERNACIONAL DO TRABALHO. Declaração da Organização Internacional do Trabalho. In: CONFERÊNCIA GERAL, 86, 1998, Genebra. *Declaração da...*Genebra: OIT, 1998.

Os princípios e direitos promovidos pela Organização Internacional do Trabalho guardam pertinência com a Carta Encíclica Pacem in Terris, do Papa João XXIII, dada em Roma, em 11/04/1963, que pretendia a paz de todos os povos na base da verdade, justiça, caridade e liberdade.

Em seu item 25, a Encíclica Pacem in Terris referiu-se ao direito de emigração e de imigração nos termos em que:

> deve-se também deixar a cada um o pleno direito de estabelecer ou mudar domicílio dentro da comunidade política de que é cidadão, e mesmo, quando legítimos interesses o aconselhem, deve ser-lhe permitido transferir-se a outras comunidades políticas e nelas domiciliar-se. Por ser alguém cidadão de um determinado país, não se lhe tolhe o direito de ser membro da família humana, ou cidadão da comunidade mundial que consiste na união de todos os seres humanos entre si[28].

O Papa, preocupado com a questão dos direitos humanos à época, teve visão de futuro ao expressar no item 60 da Encíclica, que o bem comum consiste, sobretudo, no respeito aos direitos e deveres da pessoa humana, notadamente, porque a função primordial de qualquer poder público é defender os direitos invioláveis da pessoa e tornar mais viável o cumprimento dos seus deveres. Ademais, as relações entre os Estados devem reger-se pelas normas da Justiça com o reconhecimento da reciprocidade de direitos e deveres.

A preocupação em relação ao problema da emigração no universo do trabalho encontra-se, mais recentemente, na Carta Encíclica *Laborem Exercens*, editada pelo Papa João Paulo II, em 14 de setembro de 1981. Eis o pensamento do Sumo Pontífice:

> 23. O trabalho e o problema da emigração
>
> É necessário, por fim, dedicar uma palavra, ao menos de maneira sumária, ao problema da emigração por motivos de trabalho. Trata-se de um fenómeno antigo, mas que se repete continuamente e que nos dias de hoje assume mesmo dimensões tão grandes que são de molde a complicar a vida contemporânea. O homem tem sempre o direito de deixar o próprio

---

[28] Papa João XXIII. *Carta encíclica do Papa João XXIII*: pacem in terris. 1963. Disponível em: <http://www.vatican.va/holy_father/john_xxiii/encyclicals/documents/hf_j-xxiii_enc_110>. Acesso em: 07 ago. 2006

país de origem por diversos motivos – como também de a ele voltar – e de procurar melhores condições de vida num outro país. Esta facto, certamente, não anda disjunto de dificuldades de natureza diversa; primeiro que tudo, ele constitui, em geral, uma perda para o país do qual se emigra.

[...]

E, no entanto, apesar de a emigração ser sob certos aspectos um mal, em determinadas circunstâncias é, como se costuma dizer, um mal necessário. Devem envidar-se todos os esforços – e certamente muito se faz com tal finalidade – para que este mal no sentido material não comporte danos de maior no sentido moral, e até para que, na medida em que é possível, ele traga uma melhoria na vida pessoal, familiar e social do emigrado; e isto diz respeito quer ao país de chegada quer à pátria de onde partiu.

[...]

A coisa mais importante é que o homem que trabalha fora do seu país natal, como emigrado permanente ou como trabalhador ocasional, não venha a encontrar-se desfavorecido pelo que se refere aos direitos relativos ao trabalho, em confronto com os trabalhadores dessa sociedade determinada. A emigração por motivo de trabalho não pode de maneira nenhuma tornar-se uma ocasião de exploração financeira ou social. No que diz respeito à relação de trabalho com o trabalhador imigrado devem ser válidos os mesmos critérios seguidos para todos os outros trabalhadores da mesma sociedade. O valor do trabalho deve ser medido com a mesma medida e não tendo em linha de conta a diferença de nacionalidade, de religião ou se raça. Com mais razão ainda, não pode ser explorada a situação de constrangimento em que se encontre o imigrado. Todas estas circunstâncias devem absolutamente ceder – naturalmente depois de terem sido tomadas em consideração as qualificações específicas – diante do valor fundamental do trabalho, valor que anda ligado com a dignidade da pessoa humana. E uma vez mais vem ao caso repetir o princípio fundamental: a hierarquia dos valores, o sentido profundo do trabalho exigem que o capital esteja em função do trabalho e não o trabalho em função do capital[29].

O sentido humanista está expresso na preocupação com o fato de que os trabalhadores emigrantes não sejam desfavorecidos pela proteção do Direito, a fim de que não se torne este tipo de trabalhador alvo de exploração financeira ou social. E, atualmente, alvo de

---

[29] Papa João Paulo II. *Carta Encíclica do Papa João Paulo II*: *laborem exercens*, 1981. Disponível em: <http://www.vatican.va/holy_father/john_paul_ii/encyclicals/documents/hf_jp-ii_enc_14091981_labore...>. Acesso em: 12 fev. 2007.

assédios moral e sexual. Da mesma forma, enfatiza-se a conflituosa relação capital e trabalho, que requer equilíbrio, haja vista que são interdependentes.

A Carta Encíclica foi divulgada em 1981, porém, com perspectiva de futuro, ainda no início do processo de globalização da economia.

Destaca o Sumo Pontífice que o conjunto dos direitos fundamentais da pessoa abriga os direitos decorrentes do trabalho, proclamados, especialmente, em várias instituições internacionais merecendo garantias dos mais diversos Estados.

Ao estudar a situação dos imigrantes e seus direitos é necessário separar as categorias de imigrantes refugiados, asilados e trabalhadores. A pesquisa tem como interesse esta terceira categoria referida em alguns instrumentos da Organização Internacional do Trabalho, que tratam da proteção aos trabalhadores e política de imigração.

A questão requer discussão sobre diversidade, cidadania e a integração do imigrante, em especial. Em palestra sobre o enquadramento jurídico da imigração, durante o I Congresso – Imigração em Portugal, realizado pelo Alto Comissariado para Imigração e Minorias Étnicas – ACIME, em 18 e 19 de dezembro de 2.003, o Prof. Gomes Canotilho, ao discorrer sobre o regime jurídico da imigração referiu-se atribuindo importância, em especial, a algumas Convenções da Organização Internacional do Trabalho. Vejamos:

> A própria distinção entre imigração legal (*documented migrants*) e imigração ilegal (*undocumented imigrants*), pressupõe que existe sempre uma determinação jurídico-política prévia de quem pode migrar para dentro de uma determinada comunidade jurídico-politicamente organizada.
>
> (...)
>
> O regime jurídico da imigração, sobretudo no que diz respeito aos *standards* dos trabalhadores imigrantes, incorpora, como se acaba de dizer, as Convenções nº 97 (1949), ratificada pela Lei 50/78, de 25 de Julho e nº 143 (1975), ratificada pela Lei 52/77, de 25 de Julho. São precisamente estes *standards* que vão servir de medidas de comportamentos limitativos e orientadora do poder discricionário dos Estados quanto à entrada e acolhimento de estrangeiros. Os *standards* convertem-se em medidas de referência e de comparação, permitindo valorar e apreciar a sensibilidade das pessoas, dos povos e dos Estados quanto à adopção de práticas, procedimentos e processos garantidores da efectivação dos direitos do homem e dos direitos fundamentais de todos os imigrantes, em especial dos trabalha-

dores (cfr. Art. 1º da Convenção nº 143 da OIT). A técnica dos *standards* internacionais permite, pois, estabelecer limites jurídicos e políticos à discricionariedade estadual na admissão de estrangeiros, desde logo porque o Estado não pode tratar o estrangeiro ou imigrante como lhe aprouver, estando antes obrigado a garantir-lhe um *standard* mínimo constituído por um feixe de direitos a que se fará referência nos desenvolvimentos subseqüentes. Note-se que a observância destes *standards* vale independentemente da fixação de direitos para os próprios nacionais. Isto porque o princípio da garantia do *standard* mínimo decorre da prática dos Estados consuetudinariamente aceite, envolvendo para estes: (1) obrigação de facto negativo (non facere), ou seja, as obrigações de não tratar o estrangeiro de modo arbitrário e desumano, e (2) obrigação da facto positivo (facere), expressas na adopção das medidas necessárias para prevenir os danos que os imigrantes previsivelmente possam sofrer por actos do estado ou dos seus nacionais (os imigrantes dispõem, pois, de um direito à segurança, com imposição de um dever de protecção aos poderes públicos de os defender contra outros sujeitos privados lesantes, nacionais ou estrangeiros, residentes no território desse Estado)[30].

A Organização Internacional do Trabalho como agência do Sistema das Nações Unidas, competente para o estabelecimento de Normas Internacionais do Trabalho, com reconhecimento universal na promoção dos direitos fundamentais do trabalho, procura disseminar a preocupação com a necessidade de se manter o equilíbrio no desenvolvimento econômico e social. Tem como objetivo, ainda, assegurar aos trabalhadores o exercício da liberdade de reivindicar a oportunidade de participar de uma justa distribuição das riquezas que com seus esforços ajudam a construir. E nesse sentido destaca o Prof. Canotilho:

III – A protecção internacional dos direitos econômicos, sociais e culturais

A Protecção internacional de alguns direitos econômicos, sociais e culturais advém também do cumprimento, através da ratificação pelos órgãos políticos competentes e posterior execução, das convenções da *Organização Internacional do Trabalho* (O.I.T.), sobretudo no que respeita à política

---

[30] CANOTILHO, J. J. G. Enquadramento jurídico da imigração. In: CONGRESSO IMIGRAÇÃO EM PORTUGAL: DIVERSIDADE, CIDADANIA, INTEGRAÇÃO, 1, 2003, Lisboa. *Anais...* Lisboa: ACIME, 2003. p. 159-160.

social, ao direito de trabalho, ao direito à segurança e à igualdade de tratamento. Além disso, é importante o **Pacto Internacional sobre direitos econômicos, sociais e culturais** (aprovado para ratificação pela Lei nº 45/78, de 11 de Julho), onde se garante o catálogo de direitos sociais, econômicos e culturais, impondo-se (artigo 16º) o dever de os Estados-Partes apresentarem relatórios sobre as medidas adoptadas com vistas a assegurar os direitos reconhecidos no Pacto[31]. (grifo do autor)

A Carta das Nações impõe aos Estados o respeito aos direitos e liberdades da pessoa humana, cabendo a todos, inclusive, os indivíduos a promoção e os direitos reconhecidos neste Pacto, que assegura aos povos o direito à autodeterminação a fim de garantir seu desenvolvimento econômico, social e cultural.

O povo não pode ser privado dos seus meios de subsistência, com livre disposição de suas riquezas e recursos naturais, com fundamento no princípio do proveito mútuo e do Direito Internacional, o que requer dos Estados a adoção de medidas, em particular, as legislativas. Presentes a assistência e a cooperação internacionais pelo progresso e pleno exercício dos direitos reconhecidos neste Pacto, sem discriminação alguma por motivos de raça, cor, sexo, língua, religião, opinião política ou de qualquer outra natureza, origem nacional ou social, situação econômica, nascimento ou qualquer outra situação.

O Pacto Internacional sobre Direitos Econômicos, Sociais e Culturais foi adotado pela Resolução nº 2.200-A (XXI) da Assembléia Geral das Nações Unidas, em 16 de dezembro de 1966[32]. No Brasil, o Pacto foi aprovado pelo Decreto Legislativo nº 226, de 12.12.1991, assinado em 24 de janeiro de 1992, tendo entrado em vigor em 24 de fevereiro de 1992 e promulgado pelo Decreto nº 591, de 6 de julho de 1992[33]. Assinado por Portugal em 07 de outubro de 1976, aprova-

---

[31] CANOTILHO, J. J. G. *Direito constitucional e teoria da constituição*. 7. ed. Coimbra: Almedina, 2003, p. 522.

[32] ASSEMBLÉIA GERAL DAS NAÇÕES UNIDAS. Resolução nº 2.200-A (XXI), de 16 dez. 1966. *Pacto internacional dos direitos econômicos, culturais e sociais*. Genebra, 1966. Disponível em: <http://www.direitoshumanos.usp.br/counter/Onu/Sist_glob_trat/texto/texto_2.html>. Acesso em: 25 jan. 2007.

[33] BRASIL. Decreto nº 591, de 6 de julho de 1992. Pacto internacional sobre direitos econômicos, sociais e culturais. Promulgação. Adotado pela XXI Sessão da Assembléia-Geral das Nações Unidas, em 19/12/1966. *Diário Oficial da União*, Poder Executivo,

do para ratificação pela Lei nº 45/78, de 11 de julho de 1978, publicada no Diário da República, I Série A, nº 157/78[34].

O exercício da liberdade, a efetividade da justiça e a conquista da paz no mundo, tem como fundamento o reconhecimento da dignidade inerente de todos os membros da família humana. E este ideal somente será alcançado na medida em que se estabeleçam condições que possibilitem ao ser humano o pleno exercício dos direitos econômicos, políticos, civis, sociais e culturais.

A promoção e o respeito a estes direitos não cabe apenas às Organizações Internacionais ou aos Estados, mas, sobretudo, ao próprio homem como dever perante a coletividade em que está inserido.

O artigo 2º do Pacto Internacional sobre Direitos Econômicos, Sociais e Culturais determina que:

> Artigo 2º
>
> § 1º. Cada Estado Membro no presente Pacto compromete-se a adotar medidas, tanto por esforço próprio como pela assistência e cooperação internacionais, principalmente nos planos econômico e técnico, até o máximo de seus recursos disponíveis, que visem a assegurar, progressivamente, por todos os meios apropriados, o pleno exercício dos direitos reconhecidos no presente Pacto, incluindo, em particular, a adoção de medidas legislativas.
>
> § 2º. Os Estados Membros no presente Pacto comprometem-se a garantir que os direitos nele enunciados se exercerão sem discriminação alguma por motivo de raça, cor, sexo, língua, religião, opinião política ou de qualquer outra natureza, origem nacional ou social, situação econômica, nascimento ou qualquer outra situação.
>
> § 3º. Os países em desenvolvimento, levando devidamente em consideração os direitos humanos e a situação econômica nacional, poderão determinar em que medida garantirão os direitos econômicos reconhecidos no presente Pacto àqueles que não sejam seus nacionais[35].

Brasília, DF, 07 jul. 1992. Disponível em: <http://www.planalto.gov.br/ccivil/decreto/1990-1994/D0591.htm>, Acesso em: 25 jan. 2007.

[34] PORTUGAL. Lei nº 45/78, de 11 de julho de 1978. *Diário Oficial da República*, 11 jul. 1978. Disponível em: http://www.gddc.pt/direitos-humanos/textos-internacionais-dh/tidhuniversais/cidh-dudh-psocial.html. Acesso em: 25 jan. 2007.

[35] NAÇÕES UNIDAS. Resolução nº 2.200-A (XXI), de 16 dez. 1966. *Pacto internacional dos direitos econômicos, culturais e sociais.* Genebra, 1966. Disponível em: <http://www.direitoshumanos.usp.br/counter/Onu/Sist_glob_trat/texto/texto_2.html>. Acesso em: 25 jan. 2007.

Na forma do artigo 3º "os Estados Membros no presente Pacto comprometem-se a assegurar a homens e mulheres igualdade no gozo dos direitos econômicos, sociais e culturais enumerados no presente Pacto"[36].

E neste contexto está inserida a necessidade de adequação à realidade e de regulamentar políticas em relação ao convívio com o fenômeno da imigração e inserção social dos imigrantes, com o objetivo de favorecer o bem-estar geral em uma sociedade democrática.

Além de assegurar a toda pessoa o direito de fundar como outras pessoas ou de filiar-se ao sindicato de sua escolha, o Pacto requer dos Estados o reconhecimento do direito a toda pessoa de ganhar a vida mediante trabalho livremente escolhido, ao qual assegura salvaguardas para o exercício deste direito.

O artigo 7º impõe aos Estados Membros a necessidade de reconhecimento de condições justas de trabalho às pessoas:

> Artigo 7º
>
> Os Estados Membros no presente Pacto reconhecem o direito de toda pessoa de gozar de condições de trabalho justas e favoráveis, que assegurem especialmente:
>
> Uma remuneração que proporcione, no mínimo, a todos os trabalhadores: um salário eqüitativo e uma remuneração igual por um trabalho de igual valor, sem qualquer distinção; em particular, as mulheres deverão ter a garantia de condições de trabalho não inferiores às dos homens e perceber a mesma remuneração que eles, por trabalho igual;
>
> Uma existência decente para eles e suas famílias, em conformidade com as disposições do presente Pacto;
>
> Condições de trabalho seguras e higiênicas;
>
> Igual oportunidade para todos de serem promovidos, em seu trabalho, à categoria superior que lhes corresponda, sem outras considerações que as de tempo, de trabalho e de capacidade;
>
> O descanso, o lazer, a limitação razoável das horas de trabalho e férias periódicas remuneradas, assim como a remuneração dos feriados[37].

Como medidas orientadoras pelo exercício do poder discricionário dos Estados em relação à entrada, permanência e acolhimento de

[36] Ibid.

[37] Ibid.

estrangeiros, existem algumas Convenções da Organização Internacional do Trabalho. Cite-se.

A Organização Internacional do Trabalho editou, em 1939, a Convenção nº 97 – Convenção sobre os trabalhadores migrantes[38], revisada em 1949, ratificada por Portugal, em 12 de dezembro de 1978.

Esta Convenção obriga a todo membro colocar à disposição da Repartição Internacional do Trabalho ou de qualquer outro membro informações sobre a política e a legislação nacionais relativas à emigração e imigração, e sobre o movimento de trabalhadores migrantes e suas condições de trabalho e de vida.

Obriga aos Estados-Membros a manterem serviços médicos apropriados a fim de certificar-se sobre as condições de saúde dos trabalhadores migrantes e de seus familiares, além de zelar pelas boas condições de higiene no momento de sua saída, durante a viagem e sua chegada ao país de destino.

No artigo 6º obriga a aplicação do princípio da igualdade de tratamento entre nacionais e imigrantes que se encontrem legalmente, sem discriminação de nacionalidade, raça, religião ou sexo.

Há no artigo 11 a ressalva de que a Convenção não se aplica a trabalhadores fronteiriços, a gente do mar e a entrada por curto período, de artistas e de pessoas que exerçam uma profissão liberal.

O Anexo I à Convenção sob comento esclarece que nenhuma das disposições deverá ser interpretada como se autorizasse alguém ou a algum organismo, que não seja autoridade competente do território de imigração, a permitir a entrada de um trabalhador migrante.

Se o Estado receptor da mão-de-obra migrante dispõe de sistema para controle dos contratos de trabalho celebrados entre um empregador, ou por uma pessoa que atua em seu nome, e um trabalhador migrante, estará obrigado a exigir que um exemplar do contrato de trabalho seja entregue ao migrante antes de sua saída, ou caso convenha aos governos interessados, um exemplar será entregue em um centro de recepção ao chegar ao território de imigração. Neste contrato

---

[38] ORGANIZAÇÃO INTERNACIONAL DO TRABALHO. Convenção nº 97: convenção sobre os trabalhadores migrantes. In: CONFERÊNCIA INTERNACIONAL DO TRABALHO, 14, 1930, Genebra. Disponível em: <http://www.ilo.org/public/portugue/region/ampro/brasilia/info/download/convencao29.pdf>. Acesso em: 07 ago. 2006.

deverá conter disposições que indiquem as condições de trabalho e, especialmente, a remuneração oferecida ao migrante.

No artigo 7º houve a preocupação com as situações em que se verificado elevado número de trabalhadores migrantes que se deslocam de um Estado-Membro para outro, as autoridades competentes dos territórios interessados deverão, cada vez que se torne necessário, celebrar acordos para regular as questões de interesse comum que possam surgir ao aplicar-se as disposições desse Anexo I.

Importante destacar que o artigo 8º desse Anexo à Convenção sob comento, determina a aplicação de sanções apropriadas a qualquer pessoa que fomente a imigração clandestina ou ilegal. Como se observa, a Convenção apesar de ter sido editada em 1939, e revisada nas discussões durante a 32ª Sessão da Conferência, em 08 de junho de 1949, permanece bastante atual, pois um dos maiores problemas que circundam a questão dos fluxos migratórios é a intermediação de pessoas ou grupos, normalmente integrados às redes do crime transnacional instigando e ludibriando as pessoas com falsas promessas e falsas oportunidades de trabalho em outras regiões do mundo.

O Anexo II trata do recrutamento, colocação e condições de trabalho dos trabalhadores migrantes que tenham sido contratados em virtude de acordos sobre migrações coletivas celebrados sob controle governamental.

No Anexo III consta a observação de que a importação de objetos, pessoas, ferramentas e equipamentos dos trabalhadores migrantes recrutados e de seus familiares que tenham sido autorizados a acompanhá-los ou a encontrá-los deverão estar isentos de impostos aduaneiros à entrada no território de imigração, assim como na ocasião do regresso das referidas pessoas ao seu país de origem e sempre que tenham conservado a nacionalidade deste país.

Apesar de não ter relação direta com a questão da imigração, vale mencionar a Convenção nº 29 da Organização Internacional do Trabalho sobre trabalho forçado, de 1930, ratificada por Portugal em 26/06/1956 e pelo Brasil em 25/04/1957, que obriga a todo membro da O.I.T. que a ratifique, a suprimir, o mais breve possível, o emprego de trabalho forçado obrigatório em todas as suas formas[39].

---

[39] ORGANIZAÇÃO INTERNACIONAL DO TRABALHO. Convenção nº 29: abolição do trabalho forçado.In: CONFERÊNCIA INTERNACIONAL DO TRABALHO, 32, 1949, Genebra. Disponível em: <http://www.ilo.org/ilolex/cgi-lex/convds.pl?C097>. Acesso em: 07 ago. 2006.

A oportunidade de se mencionar esta Convenção dá-se diante da realidade de que o imigrante ilegal, ao encontrar-se no território de algum país em situação de entrada e/ou permanência irregular perante a legislação local, torna-se vulnerável à exploração por empregadores inescrupulosos, que se aproveitam da fragilidade desse trabalhador, explorando do seu trabalho sem respeito aos seus direitos. A permanência clandestina fragiliza o trabalhador imigrante a ponto de levá-lo a trabalho forçado sob ameaça de ser denunciado às autoridades de imigração do país em que se encontra.

Eis o conteúdo do artigo 2º da Convenção:

> aos efeitos do presente Convênio, a expressão trabalho forçado ou obrigatório designa todo trabalho ou serviço exigido a um indivíduo debaixo de ameaça de uma pena qualquer e para o qual referido indivíduo não se oferece voluntariamente[40].

Esta Convenção, juntamente com a Carta das Nações Unidas e a Declaração Universal de Direitos Humanos, serviram de base para a edição da Convenção nº 105 da Organização Internacional do Trabalho relativa à abolição do trabalho forçado, de 1957, que foi ratificado por Portugal em 23/11/1959, enquanto pelo Brasil, em 18/06/1965[41].

A Convenção nº 105 da O.I.T. obriga a suprimir e a não fazer uso de nenhuma forma de trabalho forçado ou obrigatório, dentre outras formas, como método de mobilização e utilização de mão-de-obra com fins de desenvolvimento econômico ou como medida de discriminação racial, social, nacional ou religiosa.

Típico trabalho forçado que mobiliza mão-de-obra e a mantém à condição análoga à de escravo, ocorre quando o trabalhador em situação ilegal se submete a todo tipo de trabalho, mesmo contra a vontade e ainda tem os documentos – passaporte – apreendido pelo explorador a fim de mantê-lo cativo, bem como quando se trata de pessoa levada a trabalho por força de tráfico de pessoas, normalmente para a prostituição.

---

[40] Ibid.

[41] ORGANIZAÇÃO INTERNACIONAL DO TRABALHO. Convenção nº 105: abolição do trabalho forçado.In: CONFERÊNCIA NTERNACIONAL DO TRABALHO, 40, 1957, Genebra. Disponível em: <http://www.ilo.org/ilolex/portug/docs/C105.htm>. Acesso em: 07 ago. 2006.

Sobre o aspecto discriminação, a mais específica das convenções da Organização Internacional do Trabalho é a de nº 111 sobre a discriminação em matéria de emprego e ocupação, adotada na 42ª reunião da Assembléia Geral daquela Organização Internacional, em 04/06/1958, ratificada por Portugal em 19/11/1959 e, pelo Brasil, em 26/11/1965.

De conformidade com esta Convenção, o termo discriminação compreende:

a) qualquer distinção, exclusão ou preferência baseada em motivos de raça, cor, sexo, religião, opinião política, ascendência nacional ou origem social que tenha por efeito anular ou alterar a igualdade de oportunidades ou de tratamento no emprego ou na ocupação;
b) qualquer outra distinção, exclusão ou preferência que tenha por efeito anular ou alterar a igualdade de oportunidades ou de tratamento no emprego ou ocupação que poderá ser especificada pelo Membro interessado mediante prévia consulta com as organizações representativas de empregadores e de trabalhadores, quando referidas organizações existam, e com outros organismos apropriados[42].

Saliente-se que as distinções, exclusões ou preferências baseadas nas qualificações exigidas para um determinado emprego não são consideradas como discriminação.

A Organização Internacional do Trabalho atribui muita importância à Convenção nº 111 a ponto de obrigar os Estados que a ratificaram e que a mantêm em vigor, a formular política nacional que promova a igualdade de oportunidades e de tratamento em matéria de emprego e ocupação, com o objetivo de eliminar qualquer espécie de discriminação.

Destaca-se a observação de Arnaldo Süssekind acerca da Convenção nº 111 da O.I.T.:

> Os Estados que ratificaram essa Convenção contraíram a obrigação de 'revogar todas as disposições legislativas e modificar todas as disposições ou práticas administrativas' incompatíveis com suas normas; se for o

[42] Organização Internacional do Trabalho. Convenção nº 111: discriminação em matéria de emprego e ocupação. In: Conferência Nternacional do Trabalho, 42, 1958, Genebra. Disponível em: <http://www.ilo.org/public/portugue/region/ampro/brasilia/info/download/convencao111.pdf>. Acesso em: 18 jan. 2007.

caso, promulgar leis; fomentar programas educativos visando a não-discriminação e indicar à OIT, 'nos seus relatórios anuais sobre a aplicação da Convenção, as medidas tomadas em conformidade com esta política e os resultados obtidos' (art. 3º). A OIT empresta tanta importância ao problema que o Conselho de Administração instituiu um Comitê sobre Discriminação com o encargo de submeter-lhe, para as providências cabíveis, relatórios periódicos alusivos à questão.[43]

O princípio da igualdade consagrado nesta Convenção, em especial, foi proclamado pela Revolução Francesa na forma da Declaração dos Direitos do Homem e do Cidadão e revigorado na Declaração Universal dos Direitos do Homem, com aprovação da Assembléia Geral da Organização das Nações Unidas, em 1948, com ênfase no sentido de que:

> "art. II – Todo Homem tem capacidade para gozar os direitos e as liberdades estabelecidas nesta Declaração sem distinção de qualquer espécie, seja de raça, cor, sexo, língua, religião, opinião política ou de outra natureza, origem nacional ou social, riquezas, nascimento, ou qualquer outra condição.
>
> (...)
>
> Art. VII – Todos são iguais perante a lei e têm direito, sem qualquer distinção, a igual proteção da lei. Todos têm direito a igual proteção contra qualquer discriminação que viole a presente Declaração e contra qualquer incitamento a tal discriminação".

Importa ressaltar que a proteção contra qualquer discriminação refere-se a todas as pessoas e, no particular aos imigrantes, indistintamente da condição de serem documentados ou não documentados perante a legislação de imigração do país onde se encontrem. A Declaração não fez qualquer distinção.

É aceitável que em relação aos direitos sociais, apenas na retórica se afirme que todas as pessoas são iguais. Isto porque existem distinções específicas que são importantes na diferenciação de um indivíduo em relação ao outro, haja vista a existência de condições pessoais ponderáveis a exemplo de idade e sexo, no que se refere ao

---

[43] SÜSSEKIND, A. *Direito Constitucional do Trabalho.* 3. ed. ampl. atual. Rio de Janeiro: Renovar, 2004. p. 270.

exercício de alguns trabalhos. E a proteção desses direitos de ordem social requerem a efetiva intervenção do Estado para que se efetivem na prática.

Apesar das peculiaridades relativas às condições pessoais, devem ser excluídas todas as formas de discriminação específica entre os homens ou entre seus grupos, por uma questão de respeito à dignidade social.

Nesse sentido enfatiza Norberto Bobbio que:

> os direitos de liberdade evoluem paralelamente ao princípio do tratamento igual. Com relação aos direitos de liberdade, vale o princípio de que os homens são iguais. No estado de natureza de Locke, que foi o grande inspirador da Declaração de Direitos do Homem, os homens são todos iguais, onde por 'igualdade' se entende que são iguais no gozo da liberdade, no sentido de que nenhum indivíduo pode ter mais liberdade do que outro[44].

E de forma explícita o princípio encontra-se no art. 2º, I, da Declaração Universal, de modo que:

> cabe a cada indivíduo todos os direitos e todas as liberdades enunciadas na presente Declaração, sem nenhuma distinção por razões de cor, sexo, língua, religião, opinião política ou de outro tipo, por origem nacional ou social, riqueza, nascimento ou outra consideração[45].

Com a consideração de que o desenvolvimento econômico deve alicerçar o progresso social, durante a 46ª reunião da Assembléia Geral da Organização Internacional do Trabalho, realizada em 06/06/1962, em revisão à Convenção sobre política social de 1947, editou-se a **Convenção nº 117 sobre política social (normas e objetivos básicos)**.[46]

---

[44] Bobbio, N. *A era dos direitos*. Rio de Janeiro: Campus, 1992. p. 70.

[45] Assembléia Geral das Nações Unidas. *Declaração Universal dos Direitos do Homem.* Disponível em: <http://www.dhnet.org.br/direitos/deconu/textos/integra.htm>. Acesso em: 27 já. 2007.

[46] Organização Internacional do Trabalho. Convenção nº 117: sobre política social (normas e objetivos básicos). In: Conferência Internacional do Trabalho, 46, 1962, Genebra. Disponível em: <http://training.itcilo.it/actrav/ils_pt/guia&decl/guianitoit.pdf>. Acesso em: 18 jan. 2007

Objetiva a Convenção nº 117 que os países, sempre que for pertinente, adotem medidas de caráter internacional, regional ou nacional com o objetivo de criar condições para o comércio, que estimulem uma produção de rendimento elevado e garantir um nível de vida razoável.

A Convenção considera que os países que a ratificarem, devem fomentar o melhoramento da saúde pública, da habitação, da alimentação, da instrução pública, do bem estar das crianças, da situação das mulheres, das condições de trabalho, da remuneração dos assalariados e dos trabalhadores autônomos, **da proteção aos trabalhadores migrantes**, da segurança social e do funcionamento dos serviços públicos e da produção em geral.

Pretende a Convenção que os Estados envidem esforços para que se efetivem medidas de progresso social, como objetivo principal dos planos de desenvolvimento econômico. Inclusive, há preocupação quanto aos fluxos migratórios que requerem detidos estudos sobre as causas e efeitos desses movimentos, bem como, a adoção das medidas apropriadas quando for necessário.

O artigo 8º da Convenção faz importante referência aos trabalhadores migrantes e a formalização de acordos entre os países envolvidos, a fim de assegurar proteção a estes trabalhadores e suas famílias, bem como sobre a previsão de facilidades para que possam remeter parte de seus salários aos seus lugares de origem. Vejamos: (original consultado em espanhol)

Artigo 8º

1. Nos casos em que os recursos em mão-de-obra de um país se utilizem em uma região sujeita a uma administração diferente, as autoridades competentes dos países interessados deverão formalizar acordos, cada vez que for necessário ou desejável, com objetivo de regulamentar as questões de interesse comum que possam surgir em relação à aplicação das disposições desta Convenção.

2. Estes acordos deverão prever, para os trabalhadores migrantes, o benefício de uma proteção e de vantagens que não sejam menores que aquelas que beneficiem os trabalhadores residentes na região do emprego.

3. Estes acordos deverão prever facilidades para que os trabalhadores possam transferir parcialmente ao seu (hogar) seus salários e seus (ahorros)[47].

Convém destacar que nesse ponto enquadra-se o Acordo entre a República Federativa do Brasil e a República Portuguesa sobre a Contratação Recíproca de Nacionais, que pretende regulamentar as questões de interesse comum, ou seja, a regularização de documentação e bem estar dos trabalhadores migrantes dos dois países contratantes.

A Convenção ainda trata da remuneração dos trabalhadores, inclusive, sobre a necessidade de estimular-se a fixação de salários mínimos por meio de contratos de trabalho, bem como, sobre a proibição de descontos não autorizados e prática de usura.

Dos fins pretendidos em relação à política social destaca-se a observação de que haja a supressão de toda forma de discriminação, de modo que a legislação dos Estados que ratificaram a Convenção e os contratos de trabalho deverão oferecer um tratamento econômico eqüitativo a todos os que residam ou trabalhem legalmente no país.

A Convenção nº 143 da Organização Internacional do Trabalho sobre as Migrações em Condições Abusivas e à Promoção da Igualdade de Oportunidades e de Tratamento dos Trabalhadores Migrantes, foi adotada na 60ª Sessão da Conferência Geral da O.I.T., em 24/06/1975, tendo entrado em vigor na ordem internacional em 09/12/1978[48].

Em Portugal recebeu aprovação para ratificação pela Lei nº 52/78, de 25/07/1978, publicada no Diário da República, I Série, nº 169/78.[49] Para efeito de registro a comunicação de ratificação ao Diretor Geral da Repartição Internacional do Trabalho, em 12/12/1978. Assim, entrou em vigor no ordenamento jurídico português em 12/12/1979.

---

[47] ORGANIZAÇÃO INTERNACIONAL DO TRABALHO. Convenção nº 117: sobre política social (normas e objetivos básicos). In: CONFERÊNCIA INTERNACIONAL DO TRABALHO, 46, 1962, Genebra. Disponível em: <http://training.itcilo.it/actrav/ils_pt/guia&decl/guianitoit.pdf>. Acesso em: 18 jan. 2007

[48] ORGANIZAÇÃO INTERNACIONAL DO TRABALHO. Convenção nº 143: migrações em condições abusivas e à promoção da igualdade de oportunidades e de tratamento dos trabalhadores migrantes. In: CONFERÊNCIA INTERNACIONAL DO TRABALHO, 60, 1975, Genebra. Disponível em: <http://www.ilo.org/ilolex/portug/docs/C143.htm>. Acesso em: 18 jan. 2007.

[49] PORTUGAL. Lei nº 52/78, de 25 de julho de 1978. *Diário Oficial da República*, 12 dez. 1978. Disponível em: < http://www.dgert.msst.gov.pt/Conteudos%20de%20ambito%20geral/OIT/legislacao_oit/conv_143_lei_52_78.htm>. Acesso em: 25 jan. 2007.

A Convenção prevê medidas contra as migrações abusivas e em seu artigo 1º determina que "os membros para os quais a presente convenção esteja em vigor deverão comprometer-se a respeitar os direitos fundamentais do homem de todos os trabalhadores migrantes[50]."

A Constituição da Organização Internacional do Trabalho lhe confere a tarefa de defender os interesses dos trabalhadores empregados no estrangeiro. Assim, na adoção da Convenção invocou-se a Declaração da Filadélfia para reafirmar que o trabalho não é uma mercadoria e que a "pobreza onde quer que exista, constitui ameaça à prosperidade coletiva, o que requer apoio a programas que adotem meios adequados à facilitação das transferências de trabalhadores, incluindo as migrações de mão-de-obra[51]."

Pretende a O.I.T. evitar o excessivo aumento descontrolado e não assistido dos movimentos migratórios, por isso a adoção da Convenção discorreu sobre algumas considerações preliminares importantes como:

> [...] Considerando que a emigração de trabalhadores devida às condições do mercado de emprego deveria ser efetuada sob a responsabilidade dos organismos oficiais de emprego, segundo os acordos multilaterais e bilaterais pertinentes, nomeadamente os que permitem a livre circulação dos trabalhadores;
>
> Considerando que, em virtude da existência de tráficos ilícitos ou clandestinos de mão-de-obra, seria conveniente tomar novas medidas dirigidas, em especial, contra tais abusos;
>
> Lembrando que a convenção sobre os trabalhadores migrantes (revista), 1949, pede que todos os membros que a tenham ratificado apliquem aos emigrantes que se encontram legalmente nos limites do seu território um tratamento que não seja menos favorável do que o aplicado aos seus nacionais no que diz respeito a vários pontos nela enumerados, desde que esses pontos sejam regulamentados pela legislação ou dependam das autoridades administrativas;
>
> [...]

---

[50] Organização Internacional do Trabalho, op.cit.

[51] Organização Internacional do Trabalho. *Declaração de Filadélfia.* In: Conferência Internacional do Trabalho, 26, 1944, Filadélfia. Disponível em: <http://www.oitbrasil.org.br/info/download/constituicao_oit.pdf>. Acesso em: 24 jan. 2007. (Anexo da Constituição da Organização Internacional do Trabalho).

Observando que as iniciativas relacionadas com os diversos problemas que dizem respeito aos trabalhadores migrantes só poderão atingir plenamente os seus objectivos se existir uma cooperação íntima com as Nações Unidas e as instituições especializadas;

[...][52]

No artigo 2º consta que os membros devem comprometer-se a determinar:

> se existem migrantes ilegalmente empregados no seu território e se existem, do ou para o seu território, ou ainda em trânsito, migrações com fim de emprego nas quais os migrantes sejam submetidos, durante a sua deslocação, à sua chegada ou durante a sua estada e período de emprego, a condições contrárias aos instrumentos ou acordos internacionais aplicáveis, multilaterais ou bilaterais, ou ainda às legislações nacionais[53].

Não é uma situação fácil de se coibir, entretanto, não é impossível. E para evitar que se cometam abusos, especialmente, em razão da condição de ilegalidade do migrante, cabe ao Estado exercer efetiva fiscalização, juntamente com outras organizações da sociedade, bem como, adotar providências no sentido de cuidar da legalização, pois assim, se não eliminar, pelo menos minimiza a atuação de grupos ou empregadores inescrupulosos que se aproveitam da situação de irregularidade documental do migrante.

O artigo 3º requer dos Estados-Membros a adoção das medidas necessárias e apropriadas, no âmbito de sua competência ou que exijam colaboração de outros Estados-Membros, no sentido de suprimir as migrações clandestinas e o emprego ilegal de migrantes. Da mesma forma, adotar medidas contra os organizadores de movimentos ilícitos ou clandestinos de migrantes com a finalidade de emprego e contra aqueles que empregam trabalhadores que tenham migrado em condições ilegais.

---

[52] ORGANIZAÇÃO INTERNACIONAL DO TRABALHO. Convenção nº 143: migrações em condições abusivas e à promoção da igualdade de oportunidades e de tratamento dos trabalhadores migrantes. In: CONFERÊNCIA INTERNACIONAL DO TRABALHO, 60, 1975, Genebra. Disponível em: <http://www.ilo.org/ilolex/portug/docs/C143.htm>. Acesso em: 18 jan. 2007

[53] Ibid.

Neste aspecto é oportuno destacar a importância do "Acordo entre a República Federativa do Brasil e a República Portuguesa sobre a Contratação Recíproca de Nacionais[54]", que se estivesse apresentando resultados mais efetivos, com menos burocracia e limitações legislativas que contribuem para os ganhos das redes criminosas que empresariam a clandestinidade, conseqüentemente, teríamos menos notícias de abusos cometidos contra brasileiros que se encontram na clandestinidade em território português.

Como se observa, presente está o reclame pelo incremento da cooperação internacional. Ademais, o artigo 4º determina aos Estados-Membros a adoção de todas as medidas necessárias, no âmbito nacional e internacional para que haja trocas sistemáticas de informações, consultando, também, as organizações representativas de empregadores e trabalhadores.

No artigo 6º consta a determinação para que as legislações dos Estados-Membros adotem disposições a fim de combater com eficácia o emprego ilegal de trabalhadores não documentados, com vistas, inclusive, a estabelecer sanções contra os abusos, porém sem desmerecer o respeito aos princípios do devido processo legal, do contraditório e da ampla defesa. Eis o teor do referido artigo:

> Artigo 6º
>
> No âmbito das várias legislações nacionais, deverão ser tomadas disposições para uma detecção eficaz de emprego ilegal de trabalhadores migrantes e para a definição e aplicação de sanções administrativas, civis e penais, incluindo penas de prisão, no que diz respeito a emprego ilegal de trabalhadores migrantes e à organização com fins de emprego que impliquem os abusos definidos no artigo 2º da presente Convenção e ainda a assistência prestada conscientemente a tais migrações com ou sem fins lucrativos.
>
> O empregador processado em virtude da aplicação das disposições tomadas no presente artigo deverá ter o direito de fazer prova da sua boa fé[55].

---

[54] ACORDO entre a República Portuguesa e a República Federativa do Brasil sobre contratação recíproca de nacionais. *Diário Oficial,* Brasília, DF, nº 141, 24 jul. 2003.

[55] ACORDO entre a República Portuguesa e a República Federativa do Brasil sobre contratação recíproca de nacionais. *Diário Oficial,* Brasília, DF, nº 141, 24 jul. 2003.

E destaque-se que o fato do trabalhador migrante em situação legal vir a ficar desempregado, não poderá, por este motivo, ser considerado em situação irregular e sofrer a perda de sua autorização de residência ou mesmo de sua autorização de trabalho. Tem-se, ainda, que não será motivo para deixar de beneficiar-se de tratamento igual ao dos nacionais, em especial, as garantias relativas à segurança de emprego e à reclassificação, como previsto no artigo 8º da Convenção[56].

Dentre outras determinações, no artigo 9º da Convenção consta que "Nenhuma disposição da presente Convenção impedirá os Estados-Membros de conceder às pessoas que residem ou trabalham ilegalmente no país o direito de nele permanecerem e serem legalmente empregadas[57]." Isto significa um caminho para a regularização da permanência de muitos migrantes, o que é normalmente efetivado por processos extraordinários de legalização, a exemplo do acordo de contratação recíproca de nacionais formalizado entre o Brasil e Portugal.

A Parte II da Convenção, a partir do artigo 10, onde determina a igualdade de oportunidades e de tratamento entre os nacionais e os trabalhadores migrantes, considerados estes, para os fins almejados, todo e qualquer indivíduo regularmente admitido no país[58].

Não são considerados migrantes para efeito desta parte da Convenção, os trabalhadores fronteiriços, os artistas e os indivíduos que exerçam uma profissão liberal que tenham entrado no país por período curto; os trabalhadores do mar; os indivíduos vindos especialmente com fins de formação ou de educação; bem como, os empregados de organizações ou empresas que trabalhem no território de um país, admitidos temporariamente no país, a pedido do seu empregador, a fim de executar funções e cumprir tarefas específicas durante deter-

---

[56] Organização Internacional do Trabalho. Convenção nº 143: migrações em condições abusivas e à promoção da igualdade de oportunidades e de tratamento dos trabalhadores migrantes. In: Conferência Internacional do Trabalho, 60, 1975, Genebra. Disponível em: <http://www.ilo.org/ilolex/portug/docs/C143.htm>. Acesso em: 18 jan. 2007

[57] Ibid.

[58] Organização Internacional do Trabalho. Convenção nº 143: migrações em condições abusivas e à promoção da igualdade de oportunidades e de tratamento dos trabalhadores migrantes. In: Conferência Internacional do Trabalho, 60, 1975, Genebra. Disponível em: <http://www.ilo.org/ilolex/portug/docs/C143.htm>. Acesso em: 18 jan. 2007

minado período, devendo deixar o país assim que sejam consideradas terminadas as referidas funções ou tarefas.

Há no artigo 12, alínea "d", uma importante determinação no sentido de que todo Estado-Membro, por intermédio de métodos adaptados às circunstâncias e aos costumes nacionais, "deverá revogar todas as disposições legislativas e modificar todas as disposições ou práticas administrativas incompatíveis com a política enunciada[59]."

O atendimento a esta determinação reduziria sensivelmente a burocracia do Estado, bem como alguns excessos legislativos, como por exemplo, uma variedade de tipos de vistos exigíveis dos que ingressam no território, a depender da finalidade, como previsto na legislação portuguesa. Sinaliza-se, assim, uma hipótese das dificuldades para que alcance efetividade em termos de resultados o Acordo de Contratações Recíprocas entre Brasil e Portugal.

Finalmente, no artigo 15, consta o alerta de que a Convenção não será obstáculo que impeça os Estados-Membros de firmarem acordos bilaterais ou multilaterais que visem solucionar os problemas resultantes de sua aplicação[60].

Apesar do Acordo entre a República Federativa do Brasil e a República Portuguesa sobre a Contratação Recíproca de Nacionais, não fazer menção à Convenção nº 143 da Organização Internacional do Trabalho, encontra-se de conformidade com a intenção desta Convenção, em especial, com base no seu artigo 15 acima mencionado.

A busca de soluções que minimizem os efeitos dos problemas nem sempre passam pela ausência de previsão normativa, mas podem enfrentar problemas decorrentes da falta de vontade política.

Finalmente, merece ênfase a ação conjunta de países industrializados do porte da França e dos Estados Unidos que se articularam no sentido de que na Rodada Marrakech do GATT, em 1994, houvesse a inclusão formal de um tópico relativo à cláusula social na agenda da Organização Mundial do Comércio, em resumo, o emprego do *dumping* social no comércio internacional. Saliente-se que esta discussão sofreu influência pelo fato de que parte da Comunidade Européia ter adotado a Carta dos Direitos Sociais Básicos dos Trabalhadores, em 1989[61].

---

[59] Ibid.

[60] Ibid.

[61] Inserir refe.

A Organização Internacional do Trabalho, preocupada com as más condições de trabalho e precariedade dos sistemas previdenciários, especialmente nos países em desenvolvimento onde há acusação de violação de direitos trabalhistas a fim de manterem o baixo custo de seus produtos e ganhar em competitividade, propôs à Organização Mundial do Comércio a introdução da cláusula social nos contratos comerciais. Assim, de acordo com a explanação de Arnaldo Süssekind:

> a importação de bens ficaria condicionada à ratificação e observância, pelo país exportador, das seguintes convenções, consideradas pela Cúpula Mundial do Desenvolvimento Social (Copenhague, março de 1995) como direitos humanos fundamentais dos trabalhadores: 85 (liberdade sindical e proteção aos direitos sindicais); 98 – (direito de sindicalização e de negociação coletiva); 29 e 105 (abolição do trabalho forçado); 100 – (salário igual para trabalho igual entre o homem e a mulher); 111 – (não-discriminação no emprego ou ocupação); 138 (idade mínima para o trabalho).[62]

Certamente, a proposta poderia ser complementada a ponto de condicionar a relação de importação e exportação, também, à ratificação das convenções 117 sobre política social (normas e objetivos básicos) e 143 da Organização Internacional do Trabalho sobre as Migrações em Condições Abusivas e à Promoção da Igualdade de Oportunidades e de Tratamento dos Trabalhadores Migrantes.

Contudo, apesar da gestão, na Conferência da Organização Mundial do Comércio, realizada na Cingapura, em março de 1997, a proposta foi rejeitada sob o argumento de que esta discussão deveria ocorrer no âmbito da Organização Internacional do Trabalho. E a discussão ocorreu na Conferência da O.I.T., realizada no mês de junho de 1998. Entretanto, o documento que foi aprovado não atendeu as expectativas, porque não dotado de eficácia jurídica, como destacou o Prof. Arnaldo Süssekind:

A proposição foi afinal examinada na Conferência de junho de 1998, que aprovou resolução firmando um compromisso no sentido de todos os Estados-membros implantarem os direitos humanos fun-

---

[62] Süssekind, A. *Direito Constitucional do Trabalho.* 3. ed. ampl. atual. Rio de Janeiro: Renovar, 2004. p. 46.

damentais no trabalho, que correspondem aos princípios consubstanciados nas mencionadas convenções e se esforçarem para eliminar qualquer prática incompatível com os valores e princípios básicos da OIT, ao mesmo tempo que devem ser ampliados os programas de cooperação técnica e os mecanismos de controle das referidas convenções. A Declaração aprovada que não atendeu as expectativas no sentido de um instrumento dotado de eficácia jurídica, estabelece que todos os Estados-membros têm uma obrigação com referência a esses princípios fundamentais, independentemente de que hajam ratificado ou não essas convenções.[63]

Há manifesto interesse pelas instituições preocupadas com a questão social e não é por falta de espaço para discussões ou de convenções, que o problema das desigualdades sociais, especialmente, dos refugiados da globalização, que os problemas não terão oportunidade de solução. Entretanto, os esforços serão inócuos enquanto o interesse econômico prevalecer.

2.2. **Normas sobre a circulação de pessoas na União Européia**

A União Européia é decorrente de razões econômicas e de segurança, porém a globalização não poderia resumir-se a questões relacionadas à ampliação de mercados e circulação de capitais. Na trajetória de Comunidade Econômica para o regime mais amplo de integração, partiu-se da constituição de regras estruturais comuns de segurança, além de proteção de mercado e economias dos países da Europa, a fim de fortalecer-se e poder competir em bloco, como potência, perante outras potências, constituída como uma ordem jurídica autônoma e juridicamente organizada.

Os primeiros atos constitutivos da União Européia já esboçavam a ambição de criar um mercado comum que em sua perspectiva seria imprescindível a garantia da livre circulação de fatores de produção, aí inserida a liberdade de circulação de trabalhadores, sem quaisquer barreiras que possam impedir o livre desenvolvimento.

---

[63] SÜSSEKIND, A. *Direito Constitucional do Trabalho*. 3. ed. ampl. atual. Rio de Janeiro: Renovar, 2004. p. 47.

No plano jurídico, a discussão sobre a migração em Portugal não pode ser traçada fora do espaço de integração da União Européia, que vincula Portugal a sua ordem jurídica comunitária.

Na ordem jurídica comunitária enfatiza-se a liberdade de circulação de pessoas, em especial, a circulação de trabalhadores, permeados pelo acervo de Schengen, relativo à gradual supressão dos controles nas fronteiras comuns, para o fortalecimento das fronteiras externas, sob a valoração da segurança, pensando a Comunidade como um só território.

A Carta dos Direitos Fundamentais da União Européia[64] em seu preâmbulo preconiza a valorização da dignidade do ser humano, da liberdade, da igualdade e da solidariedade. Com esta consciência a União Européia colocou o ser humano no cerne de sua ação ao instituir a cidadania e criar o espaço de liberdade, segurança e justiça.

Em seu artigo 1º considera inviolável a dignidade do ser humano, em perfeita consonância com a proibição do tráfico de seres humanos, ao trabalho escravo e à prática de constrangimento à realização de trabalho forçado ou obrigatório.

Além de prever a igualdade de todos perante a lei, proibição às formas de discriminação, assegura a todos os trabalhadores condições de trabalho saudáveis, seguras e dignas e proteções sociais.

Portugal é parte nas mais relevantes Convenções Internacionais da Organização das Nações Unidas e da Organização Internacional do Trabalho relativas a direitos humanos, trabalhadores migrantes e circulação de pessoas, além de instrumentos internacionais sob os auspícios do Conselho da Europa, a exemplo do Acordo Europeu sobre o Regime de Circulação de Pessoas de 1957 e a Convenção Européia relativa ao Estatuto Jurídico do Trabalhador Migrante de 1977[65].

Quanto ao regime jurídico geral dos estrangeiros, restará analisado no item específico, entretanto, apenas para introduzir o tema, a Constituição Portuguesa consagra o princípio da equiparação dos cidadãos estrangeiros e apátridas, sejam residentes ou se encontrem

---

[64] COMISSÃO DAS COMUNIDADES EUROPÉIAS. Carta dos Direitos Fundamentais da União Européia. *Jornal Oficial das Comunidades Européias,* 2000/C. 364/01, 18 dez 2000.

[65] CONSELHO DA EUROPA. *Convenção Européia relativa ao Estatuto Jurídico do Trabalhador Migrante.* Estrasburgo, 24 nov. 1977. Disponível em: <http://www.dhnet.org.br/direitos/sip/euro/principaisinstrumentos/9.htm>. Acesso em: 23 jan. 2007.

temporariamente em Portugal, aos cidadãos portugueses, em consonância com os princípios da universalidade e da igualdade, como previsto nos artigos 12 e 13 da Constituição da República Portuguesa[66].

Portugal também é parte da Convenção Internacional sobre a Eliminação de Todas as Formas de Discriminação Racial de 1965[67].

Em entrevista à Agência Lusa, concedida em 17 de dezembro de 2005, segundo a Obra Católica Portuguesa de Migrações, o Alto Comissário para a Imigração e Minorias Étnicas, Rui Marques, por ocasião da comemoração do Dia Internacional dos Migrantes, disse crer que a Convenção da Organização das Nações Unidas para a proteção dos direitos dos migrantes e das suas famílias, deveria ser ratificada por Portugal[68].

A ONU faz campanha mundial pela ratificação desta Convenção, que adotada em 1991, passou a vigorar em 01 de junho de 2003, quando atingiu o número mínimo de países signatários.

Entre os países signatários não consta nenhum país da União Européia. O Alto Comissário referiu que este processo está em aberto e sob ponderação face as suas implicações. Aproveitou para sublinhar que:

> apesar de Portugal não ter ratificado, há questões relacionadas com os direitos humanos que são concretizados no país como o diploma que protege os filhos dos imigrantes ilegais e lhes garante um acesso à saúde e à educação." E, ainda afirmou que em Portugal há "um déficit de igualdade de oportunidades", apontando "o emprego e a relação com o Estado, designadamente, a burocracia, como as principais desigualdades.[69]

---

[66] PORTUGAL. *Constituição da República Portuguesa.* 7. revisão constitucional. 2005. Disponível em: <http://www.portugal.gov.pt/Portal/PT/Portugal/Sistema_Politico/Constituicao/>. Acesso em: 24 jan. 2007.

[67] ASSEMBLÉIA GERAL DAS NAÇÕES UNIDAS. Resolução nº 2.106-A (XX), de 21 dez. 1965. *Convenção Internacional sobre a Eliminação de Todas as Formas de Discriminação Racial.* 1965. Disponível em: <http://www.dhnet.org.br/direitos/sip/onu/discrimina/lex81.htm>. Acesso em: 25 jan. 2007.

[68] MARQUES, R. *Portugal deve ratificar a Convenção da ONU.* Disponível em <http://www.agencia.eclesia.pt/instituicao/pub/23/noticia.asp?jornalid=23¬iciaid=26611>. Acesso em: 26 jan. 2007.

[69] MARQUES, R. *Portugal deve ratificar a Convenção da ONU.* Disponível em < http://www.agencia.eclesia.pt/instituicao/pub/23/noticia.asp?jornalid=23¬iciaid=26611>. Acesso em: 26 jan. 2007

O item 1 do artigo 25 da Convenção Internacional sobre a Proteção dos Direitos de todos os Trabalhadores Migrantes e dos Membros de suas Famílias estabelece que "os trabalhadores migrantes devem beneficiar de um tratamento não menos favorável que aquele que é concedido aos nacionais do Estado de emprego em matéria de retribuição[70]." Esta condição refere-se ao horário de trabalho, descanso semanal, segurança, saúde e higiene do trabalho dentre outras. No item 3 prevê que os Estados Partes devem adotar medidas adequadas a garantir que os trabalhadores migrantes "não sejam privados dos direitos derivados da aplicação deste princípio, em razão da irregularidade da sua situação em matéria de permanência ou de emprego.

A Convenção resulta da preocupação com os trabalhadores indocumentados ou em situação irregular, porque freqüentemente encontram-se em condições de trabalho menos favoráveis que outros trabalhadores e que certos empregadores se aproveitam da situação para procurar este tipo de mão-de-obra, pois se beneficiam com os custos menores e concorrem em melhores condições com empreendimentos do mesmo ramo. É uma concorrência desleal, haja vista a exploração de mão-de-obra que não pode defender-se em igualdade de condições que os trabalhadores regulares.

Assegura que nenhum trabalhador migrante ou membro da sua família será mantido em escravatura ou servidão, tampouco, constrangido a realizar um trabalho forçado ou obrigatório.

A Convenção entende como membro da família, a pessoa casada com o trabalhador migrante, mas, também, quem mantém relação que produz efeitos equivalentes aos do casamento, em virtude da legislação aplicável.

Em 25 de junho de 1991 ocorreu a assinatura do Protocolo de Adesão do Governo da República Portuguesa à Convenção de Aplicação do Acordo de Schengen de 14 de junho de 1985, relativo à

---

[70] Assembléia Geral das Nações Unidas. Resolução nº 45/158, de 18 de dezembro de 1990. **Convenção Internacional sobre a Proteção dos Direitos de Todos os Trabalhadores Migrantes e dos Membros das suas Famílias**. Disponível em: <http://www.december18.net;UNconventionPortuguese.pdf>. Acesso em: 22 fev. 2007.

supressão gradual dos controles nas fronteiras comuns, assinada em Schengen, em 19 de junho de 1990[71].

Inicialmente este Acordo foi instituído pela Bélgica, Países Baixos, Luxemburgo, França e Alemanha, firmado em 1985, em Luxemburgo, na cidade que lhe deu o nome, com a intenção de estabelecer uma área sem restrições de circulação, mediante eliminação dos controles de fronteiras entre os Estados participantes e maior cooperação no combate ao crime transnacional. Posteriormente, houve a incorporação do Acordo de Schengen nos acordos de cooperação com a União Européia. Atualmente, inclui os países integrantes da União Européia, à exceção da Irlanda e do Reino Unido.

O Acordo de Schengen eliminou os controles fronteiriços internos e instituiu área com fronteira externa comum, com regras comuns acerca das exigências de vistos relativos aos nacionais de Estados-terceiros. A segurança interna está pautada no compromisso de que os Estados-membros sejam capazes de exercer satisfatórios controles fronteiriços.

Não tem sido pacífico é o entendimento a respeito da supressão dos controles internos em troca da unificação dos controles das fronteiras externas, com a concepção de que a União Européia tenha apenas fronteiras externas. Eis a observação de Frank Pfetsch a respeito:

> O objetivo dos controles unificados o quanto possível nas fronteiras exteriores dos Estados signatários do Acordo de Schengen foi, desde o começo, alvo de críticas por motivos de segurança. Temia-se que a supressão dos controles na fronteira fizesse perder ao combate à criminalidade internacional um instrumento importante. É certo que a cooperação foi intensificada pelos mecanismos de investigação transfronteiriços e pela criação de um sistema comum de busca automática (Sistema de Informações de Schengen – SIS), mas ainda prevalece a voz dos céticos.[72]

---

[71] Acordo de adesão da República Portuguesa à Convenção de aplicação do acordo de Schengen de 14 de junho de 1985 entre os governos dos estados da União Económica Benelux, da República Federal da Alemanha e da República Francesa relativo à Supressão Gradual dos Controlos nas Fronteiras Comuns, assinada em Schengen a 19 de junho de 1990, À qual aderiu a República Italiana pelo Acordo assinado em Paris a 27 de novembro de 1990. Disponível em: <http://www.cidadevirtual.pt/cpr/asilo1/scheng.html>. Acesso em: 27 jan. 2007.

[72] Pfetsch, F. R. **A União européia**: histórias, instituições, processos.Tradução de Estevão C. de Rezende Martins. Brasília: Universidade de Brasília: Imprensa Oficial, 2001. p. 246. (Coleção Relações Internacionais).

No contexto desse Acordo ocorre, ainda, a cooperação entre as autoridades policiais dos países participantes, por intermédio de um sistema de informação comum, que permite o intercâmbio de informações, formação de banco de dados e emissão de comunicados relativos a pessoas desaparecidas, criminosos procurados, pessoas expulsas e impedidas de circular no espaço da União Européia, tráfico em geral, enfim, mecanismo de combate ao crime transnacional. É o Sistema de Informação de Schengen – SIS.

É um mecanismo que atende a uma política comum de imigração e controle compartilhado de fronteiras, com a abolição de postos de fronteiras entre os países firmatários do Acordo e criação do chamado visto Schengen comum para acesso ao território abrangido. Entretanto, importa ressaltar que o tratado não abrange permissões de trabalho ou residência para cidadãos de estados não firmatários, especialmente, de cidadãos não europeus.

A disposição de um projeto piloto para a integração da política judiciária e interior da União Européia, tendo como base o Acordo de Schengen, está prevista no artigo K, com destaque para os artigos K.1 e K.7 do Tratado da União Européia, nas Disposições Relativas à Cooperação no Domínio da Justiça e dos Assuntos Internos.

> Artigo K
>
> É instituída uma cooperação nos domínios da justiça e dos assuntos internos, regida pelas disposições seguintes.
>
> Artigo K.1
>
> Para a realização dos objetivos da União, nomeadamente o da livre circulação de pessoas, e sem prejuízo das atribuições e competências da Comunidade Européia, os Estados-membros consideram questões de interesse comum os seguintes domínios:
>
> 1) A política de asilo;
> 2) As regras aplicáveis à passagem de pessoas nas fronteiras externas dos Estados-membros e ao exercício do controlo dessa passagem;
> 3) A política de imigração e a política em relação aos nacionais de países terceiros;
> a) As condições de entrada e de circulação dos nacionais de países terceiros nos territórios dos Estados-membros;

b) As condições de residência dos nacionais dos países terceiros no território dos Estados-membros, incluindo o reagrupamento familiar e o acesso ao emprego;

c) A luta contra a imigração, residência e trabalho irregulares de nacionais de países terceiros no território dos Estados-membros;

(...)

9) A cooperação policial tendo em vista a prevenção e a luta contra o terrorismo, o **tráfico ilícito de droga e outras formas graves de criminalidade internacional**, incluindo, se necessário, determinados aspectos de cooperação aduaneira, em ligação com a organização, à escala da União, de um sistema de intercâmbio de informações no âmbito de uma Unidade Européia de Polícia (Europol).[73] (grifo nosso)

O Acordo de Schengen está em consonância com o Tratado da União Européia, que não impede o desenvolvimento de cooperação mais próxima entre os Estados-membros.

O Tratado reafirma o respeito pelas liberdades fundamentais e respeito aos direitos do Homem, com o objetivo de promover o progresso econômico e social de seus povos.

O fato é que a legislação dos Estados-Membros no que diz respeito à questão do direito de permanência de estrangeiros em seus territórios, está estritamente ligado à política da União, isto é, ao direito comunitário. Uma vez mais, vale salientar a abordagem de Frank Pfetsch:

> Com o direito de permanência está estreitamente ligada a política da União para os estrangeiros e para os vistos, cuja harmonização se faz urgente diante da pressão dos fluxos migratórios. O art. K.1, § 3º, do Tratado da UE, prevê combate ao trabalho ilegal, a uniformização das disposições aplicáveis à concessão de vistos, a reunião das famílias e o acesso ao mercado de trabalho dos nacionais de países terceiros, como temas de interesse comum. Na prática, as disposições tendem todas a ser aplicadas de modo restritivo. Excetuada uma situação temporária, habitualmente nenhum nacional de país terceiro pode esperar encontrar trabalho em um país da UE. Regra geral, o empregador tem de provar não poder encontrar

[73] TRATADO de Maastricht. Institui a União Européia. Maastricht, Holanda Disponível em: <http://dupond.ci.uc.pt/CDEUC/TUEVRINT.HTM>. Acesso em: 31 jan. 2007.

nenhum "equivalente" europeu para o emprego em questão. Os autônomos só podem instalar-se se contribuírem para o crescimento econômico do país[74].

As limitações verificadas, por exemplo, na legislação portuguesa em relação aos nacionais de países terceiros, reproduzem as orientações traçadas nas Directivas da Comunidade.

Como se observa, o Acordo não tem a conotação expressamente imperativa, entretanto, invoca os Estados-membros a considerarem tais questões de interesse comum, o que, inevitavelmente, implica na adequação da legislação interna às diretrizes do Acordo.

Para as pessoas que pretendem encontrar emprego no exterior, além dos obstáculos decorrentes da familiarização com regimes fiscais e de segurança social desconhecidos, adaptação a uma nova cultura, também requer consciência de que nem sempre existem mais oportunidades do que no país de origem.

No mercado de trabalho europeu alguns setores oferecem oportunidades, como é o caso do setor de construção civil, turismo e serviços, tecnologia da informação e trabalho sazonal na agricultura.

Um mecanismo facilitador para aquela pessoa que procura emprego em algum país da Europa é a prévia visita ao portal Web do Sistema EURES[75], onde é possível encontrar divulgação de ofertas de empregos, informações a respeito do mercado de trabalho e condições de vida no país de interesse, além da possibilidade de divulgação do currículo. O Sistema disponibiliza conselheiros para prestação de serviços de consultoria mais personalizados.

O Sistema EURES é fruto da Decisão nº 93/569/CEE, de 22 de outubro de 1993, da Comissão das Comunidades Européias[76]. A Decisão é relativa à execução do Regulamento (CEE) nº 1612/68 do

---

[74] PFETSCH, F. R. *A União européia*: histórias, instituições, processos.Tradução de Estevão C. de Rezende Martins. Brasília: Universidade de Brasília: Imprensa Oficial, 2001. p. 248. (Coleção Relações Internacionais).

[75] EUROPA. Comissão Européia. *EURES: o portal europeu da mobilidade professional*. Disponível em: <http://ec.europa.eu/eures/main.jsp?catId=2579&acro=faq&lang=pt>. Acesso em: 27 jan. 2007.

[76] COMISSÃO DAS COMUNIDADES EUROPÉIAS. Decisão nº 93/569/CEE, de 22 de outubro de 1993. Relativa à execução do Regulamento (CEE) nº 1612/68 do Conselho, relativo à livre circulação dos trabalhadores no interior da Comunidade, particularmente no que respeita

Conselho da União Européia, pertinente à livre circulação dos trabalhadores no interior da Comunidade.

O EURES é uma rede de cooperação entre a Comissão Européia e os Serviços Públicos de Emprego dos Estados-Membros do Espaço Econômico Europeu, que reúne os países da União Européia, Noruega, Islândia e Liechtenstein, além de outras organizações parceiras.

Eis o artigo 1º adotado pela Decisão:

> Artigo 1º
> A Comissão das Comunidades Européias, os serviços de emprego dos Estados-membros e os seus eventuais parceiros nacionais criam uma rede européia de serviços denominada Eures (European Employment Services), encarregada de desenvolver as trocas de informações e a cooperação previstas na segunda parte do Regulamento (CEE) nº 1612/68. [...][77].

As normas relativas à Rede Eures foram revisadas pela Decisão 2003/8/CE, de 23 de dezembro de 2002[78], porém, com assentamento no princípio de que todas as ofertas e pedidos de empregos publicados pelos membros e parceiros da EURES deverão ser acessíveis no conjunto da União Européia.

Incrementa a integração das bases de dados a respeito das ofertas de emprego e desenvolvimento da cooperação internacional visando a melhoria do funcionamento dos mercados de trabalho, sua integração e mobilidade dos trabalhadores. Prevê-se a atuação coordenada no acompanhamento e na avaliação dos óbices à mobilidade, bem como dos excedentes e dos défices de qualificações e dos fluxos migratórios.

---

a uma rede designada Eures (European Employment Services). *Jornal Oficial*, n. L274, 06 nov. 1993. p. 32-42. Disponível em: <http://eur-lex.europa.eu/LexUriServ/LexUriServ.do?uri=CELEX:31993D0569:PT:HTML>. Acesso em: 12 mar. 2007.

[77] Ibid.

[78] COMISSÃO DAS COMUNIDADES EUROPÉIAS. Decisão nº 2003/8/CE, de 23 de dezembro de 2002. *Jornal Oficial*, n. L5/16, 10 jan. 2003. Disponível em: <http://eur-lex.europa.eu/LexUriServ/LexUriServ.do?uri=CELEX:32003D008:PT:HTML>. Acesso em: 12 mar. 2007.

2.2.1. *Das pessoas originárias dos Estados-membros*

O Tratado da União Européia, assinado em Maastricht foi resultado de árduas negociações, em razão das complexas divergências assumidas pelos Estados em sua elaboração.

Quem mais se posicionava contra a ampliação das competências comunitárias em matéria social era a Grã-Bretanha, especialmente porque confrontava com sua política econômica de desregulamentação. A divergência acerca das questões sociais conduziu a formulação de um compromisso de incorporação ao Tratado de Maastricht de um protocolo social que permite uma política social comunitária. Isto é, um Acordo sobre Política Social, anexo ao Tratado, sem a participação do Reino da Grã-Bretanha e da Irlanda do Norte.

O Tratado de Maastricht[79] introduziu o intervencionismo a fim de atender a Comunidade com ações objetivando a promoção de elevado nível de emprego e proteção social, melhor qualidade de vida, integração econômico-social, não obstante, os objetivos liberais e de fundamento econômico do Tratado de Roma.

O Tratado de Roma[80] era restritivo ao considerar sujeitos com direito à livre circulação no espaço da Comunidade Econômica Européia, aqueles que exercessem uma atividade assalariada ou prestação de serviços remunerados.

A evolução estendeu o tratamento aos turistas, estudantes e pensionistas, com o Tratado de Maastricht, ampliando o direito de livre circulação e residência, a todo cidadão europeu no território dos Estados-membros.

As pessoas originárias de países membros da União Européia, por serem cidadãos comunitários, ao circularem pelo território da Comunidade são considerados estrangeiros privilegiados, haja vista ser assimilado como nacional do Estado-Membro em que se encontrar.

O conceito de livre circulação gerou divergências a respeito dos controles a serem exercidos, diante da preocupação de identificar-se

---

[79] TRATADO de Maastricht. Institui a União Européia. Maastricht, Holanda Disponível em:<http://dupond.ci.uc.pt/CDEUC/TUEVRINT.HTM>. Acesso em: 31 jan. 2007.

[80] TRATADO de Roma. Institui a comunidade [econômica] européia (TCE). Roma, Itália. Disponível em:<http://dupond.ci.uc.pt/CDEUC/TRVRINT.HTM>. Acesso em: 27 jan. 2007.

os nacionais de países terceiros. A concretização do princípio da livre circulação foi possível com a assinatura do Acordo de Schengen, cuja integração no interior da União Européia realizou-se pelo Tratado de Amsterdã[81].

Considerando a necessidade de regulamentar a situação jurídica dos trabalhadores migrantes dos Estados membros do Conselho da Europa, especialmente para assegurar-lhes tratamento não menos favorável àquele que beneficia os trabalhadores nacionais do país destinatário da mão-de-obra, foi aberta a Convenção Européia relativa ao Estatuto Jurídico do Trabalhador Migrante. Esta Convenção foi assinada por Portugal em 24/11/1977, aprovada para ratificação pelo Decreto do Governo nº 162/78, de 27/12/1978, publicado no Diário da República, I Série, nº 296/78. A Convenção entrou em vigor na ordem internacional em 01/05/1983[82].

As Partes Contratantes têm o dever de conceder autorização de trabalho e autorização de residência ao trabalhador migrante para ocupar um emprego remunerado, contudo, quando concedida pela primeira vez, não poderá haver vinculação do trabalhador a uma mesma entidade empregadora ou a uma mesma localidade por um período superior a um caso. A concessão e renovação de autorização de residência será por período igual ao da autorização de trabalho. E, tratando-se de autorização de trabalho por tempo indeterminado, a autorização de residência será concedida e renovada por período nunca inferior a um ano.

Assegura-se o direito à livre circulação para os nacionais dos Estados-contratantes. Entretanto, deverá o trabalhador ser portador de um contrato de trabalho ou de uma oferta concreta de emprego, antes da sua partida para o país de acolhimento. Ressalte-se que esta exigência também prevista nas normas relativas aos nacionais de Estados terceiros.

---

[81] Conselho Europeu de Amsterdã. *Tratado de Amsterdã*: concretização do princípio da livre circulação. Amsterdã, Holanda. 1997. Disponível em: <http://www.historiasiglo20.org/europortug/tamsterdao.htm>. Acesso em: 27 jan. 2007.

[82] Portugal. Decreto n° 162/78, de 27 de dezembro de 1978. Convenção Européia Relativa ao estatuto Jurídico do trabalhador Migrante. Disponível em:<http://www.gddc.pt/cooperacao/materia-civil-comercial/ce/ce-93-dec.html>. Acesso em: 27 jan. 2007.

Esta Convenção não se aplica aos seguintes casos, de acordo com o item 2 do seu artigo 1º:

a) aos trabalhadores fronteiriços;
b) aos artistas, incluindo os artistas de variedades e animadores de espetáculos, e aos desportistas, contratados por um curto prazo de tempo, e a todos aqueles que exerçam uma profissão liberal;
c) aos marítimos;
d) aos estagiários;
e) aos trabalhadores temporários; trabalhadores migrantes temporários são todos os que, originários de uma das Partes Contratantes, efectuem no território de uma outra Parte Contratante um trabalho remunerado numa actividade dependente das estações do ano, com base num contrato de duração determinada ou para um determinado trabalho;
f) aos trabalhadores originários de uma das Partes Contratantes que efectuem um determinado trabalho no território de outra Parte Contratante por conta de uma empresa cuja sede social se situe fora do território desta Parte Contratante[83].

O Conselho pode intervir mediante adoção de diretivas aprovadas por maioria qualificada em assuntos como saúde e segurança dos trabalhadores, integração de pessoas excluídas do mercado de trabalho, igualdade de tratamento entre homens e mulheres.

No apoio ao combate contra a exclusão social, mediante obtenção de unanimidade no Conselho, podem ser adotadas medidas de incentivo em segurança e proteção dos trabalhadores; contribuições financeiras destinadas a promoção de emprego e, inclusive, condições de emprego dos nacionais de países terceiros que tenham residência regular no território da Comunidade.

No Direito Comunitário tem relevância o aspecto econômico sobre o social, em especial, considerando o mercado altamente competitivo, o que dificulta a inclusão de matérias sociais na competência comunitária.

Os trabalhadores nacionais dos Estados-Membros, em consonância com a globalização, desfrutam do benefício de livremente

---

[83] Portugal. Decreto nº 162/78, de 27 de dezembro de 1978. Convenção Européia Relativa ao estatuto Jurídico do trabalhador Migrante. Disponível em: <http://www.gddc.pt/cooperacao/materia-civil-comercial/ce/ce-93-dec.html>. Acesso em: 27 jan. 2007.

circularem no território comunitário, a fim de ocuparem vagas de emprego, inclusive, sem impedimentos para a fixação de residência, salvo as limitações que se justificam por razões de ordem pública, saúde pública e normas regulamentares que regem as atividades laborais dos nacionais. Esta é a previsão do art. 48, do Capítulo I, do Título III, do Tratado de Roma, que instituiu a Comunidade Econômica Européia.

> Artigo 48 -
>
> 1. A livre circulação dos trabalhadores deve ficar assegurada, na comunidade, o mais tardar no termo do período de transição.
>
> 2. A livre circulação dos trabalhadores implica a abolição de toda e qualquer discriminação em razão da nacionalidade, entre os trabalhadores dos Estados-membros, no que diz respeito ao emprego, à remuneração e demais condições de trabalho.
>
> 3. A livre circulação dos trabalhadores compreende, sem prejuízo das limitações justificadas por razões de ordem pública, segurança pública e saúde pública, o direito de:
>
> a) responder a ofertas de emprego efectivamente feitas;
>
> b) deslocar-se livremente, para efeito, no território dos Estados-membros;
>
> c) residir num dos Estados-membros a fim de nele exercer uma actividade laboral, em conformidade com as disposições legislativas regulamentares e administrativas que regem o emprego dos trabalhadores nacionais;
>
> d) permanecer no território de um Estado-membro depois de nele ter exercido uma actividade laboral, nas condições que serão objectivo de regulamentos de execução a estabelecer pela Comissão.
>
> 4. O disposto no presente artigo não é aplicável aos empregos na administração pública[84].

O Tratado prevê a eliminação de quaisquer restrições que se imponham como tratamento diferenciado entre cidadãos comunitários e nacionais, assim como a eliminação de procedimentos e práticas administrativas, sejam decorrentes da legislação nacional ou de acordos entre os Estados-membros que constituam obstáculos à liberdade de estabelecimento.

---

[84] TRATADO de Roma. Institui a comunidade [econômica] européia (TCE). Roma, Itália. Disponível em:<http://dupond.ci.uc.pt/CDEUC/TRVRINT.HTM>. Acesso em: 27 jan. 2007

A Directiva 68/360/CEE, de 15 de outubro de 1968 relativa à supressão das restrições ao deslocamento e permanência dos trabalhadores dos Estados-membros e suas famílias na Comunidade, assegura o direito de permanência no território em caso de emprego comprovado.

Consta assim no seu artigo 2º:

> 1. Os Estados-membros reconhecem aos nacionais abrangidos pelo artigo 1º o direito de deixarem o seu território a fim de terem acesso a uma actividade assalariada e de a exercerem no território de um outro Estado-membro. Este direito será exercido mediante a simples apresentação do bilhete de identidade ou de um passaporte válido. Os familiares gozam dos mesmos direitos de que beneficia o trabalhador de que aqueles dependem.
>
> 2. Os Estados-membros concederão ou renovarão a estes nacionais, de acordo com a sua própria legislação, um bilhete de identidade ou um passaporte que especifique, nomeadamente, a nacionalidade do seu titular. (1) JO nº 268 de 6.11.1967, p. 9. (2) JO nº 298 de 7.12.1967, p. 10. (3) JO nº L 257 de 19.10.1968, p. 2. (4) JO nº 56 de 4.4.1964, p. 850/64.
>
> 3. O passaporte deve ser válido, pelo menos, para todos os Estados-membros e para os países de trânsito directo entre estes Estados. Quando o passaporte constitua o único documento válido para sair do país, o seu período de validade não deve ser inferior a cinco anos.
>
> 4. Os Estados-membros não podem exigir aos cidadãos abrangidos pelo artigo 1º qualquer visto de saída ou obrigação equivalente.[85]

O direito de permanência confirma-se com a emissão do denominado Cartão de Residência de Nacional de um Estado-membro da CEE, com a menção de que foi emitido nos termos do Regulamento nº 1612/68 e das disposições adotadas pelo Estado-membro, como previsto no item 3 do artigo 4º da Directiva. E, para a emissão do aludido Cartão, os Estados-membros não podem criar exigências, devendo restringir-se a solicitar: o documento ao abrigo do qual a pessoa ingressou em seu território e uma declaração de contrato passada pelo empregador ou um certificado de trabalho.

---

[85] Conselho das Comunidades Européias. Directiva 68/360/CEE do Conselho, de 15 de Outubro de 1968, relativa à supressão das restrições à deslocação e permanência dos trabalhadores dos Estados-Membros e suas famílias na Comunidade. *Jornal Oficial*, n. L 257, 19 out. 1968. p. 0013 – 0016. Disponível em: <http://eur-lex.europa.eu/LexUriServ/LexUriServ.do?uri=CELEX:31968L0360:PT:HTML>. Acesso em: 27 jan. 2007.

O Cartão de Residência deve ser válido para a totalidade do Estado-membro que o emitiu, com prazo de pelo menos cinco anos, a contar da data de emissão, com renovação automática.

O cartão válido não poderá ser retirado do trabalhador sob o argumento de que o mesmo não mais ocupa um emprego, seja por incapacidade temporária por motivo de doença ou de acidente, seja por encontrar-se em situação de desemprego involuntário comprovada pelo serviço de emprego competente, como previsto no artigo 7º da Directiva. Ainda, de conformidade com este artigo, por ocasião da primeira renovação, este cartão poderá ter o prazo de validade limitado, caso o trabalhador se encontre há mais de doze meses consecutivos em situação de desemprego involuntário no Estado de acolhimento.

Em referência ao Regulamento nº 1612/68 do Conselho das Comunidades Européias, de 15 de outubro de 1968[86], considerou a necessidade de livre circulação dos trabalhadores, com a abolição entre aqueles nacionais de Estados-membros de toda e qualquer forma de discriminação em razão da nacionalidade, quanto à remuneração por igual trabalho e demais condições de trabalho, mantidas, porém, as limitações em razão de ordem pública, segurança pública e saúde pública. Assim, reconhece que a mobilidade da mão-de-obra na Comunidade deve ser para o trabalhador e sua família, um dos meios de garantir a possibilidade de alcançar melhores condições de vida, trabalho e promoção social.

Prevalece o princípio da não discriminação entre os trabalhadores da Comunidade, implicando, assim, no reconhecimento a todos os nacionais dos Estados-membros, na mesma prioridade de acesso às vagas de emprego que estejam a beneficiar aos trabalhadores nacionais. Entretanto, preocupou-se o Conselho com a necessidade de reforçar os mecanismos de controles, a fim de assegurar-se de uma ampla visão do mercado de trabalho e estabelecer compensações para o caso de um Estado-membro sofrer ou prever perturbações no seu mercado interno de trabalho, em prejuízo de uma região ou ramo de atividade.

---

[86] CONSELHO DAS COMUNIDADES EUROPÉIAS. Regulamento nº 1612/68, de 15 de outubro de 1968. Livre circulação dos trabalhadores. Disponível em: <http://eur-lex.europa.eu/LexUriServ/LexUriServ.do?uri=CELEX:31968L0360:PT:HTML>. Acesso em: 27 jan. 2007.

Esta norma supranacional torna nulas todas e quaisquer cláusulas de convenções coletivas ou individuais de trabalho que prevejam ou autorizem condições discriminatórias relativamente aos trabalhadores nacionais de outros Estados-membros.

Ressalte-se que uma das formas de um nacional de Estado terceiro beneficiar-se desse tratamento igualitário, verifica-se quando se trata de membro da família de um trabalhador nacional de um Estado-membro que esteja instalado por força de contrato de trabalho em território de outro Estado-membro, como previsto no artigo 11 do Regulamento.

> Artigo 11
>
> O cônjuge e os filhos menores de 21 anos ou a cargo de um nacional de um Estado-membro que exerça no território de um Estado-membro uma actividade, assalariado ou não, têm o direito de aceder a qualquer actividade assalariada em todo o território desse mesmo Estado, ainda que não tenham a nacionalidade de um Estado-membro[87].

Na segunda parte do Regulamento encontra-se a previsão da compensação das ofertas e dos pedidos de emprego, ou seja, o sistema de colaboração interna, entre os Estados-membros, com a disponibilização de vagas, informações sobre o mercado de trabalho e pessoas interessadas em ocupação, por intermédio de serviços especializados, com a publicidade a título informativo no Jornal Oficial das Comunidades Européias. Eis o artigo 14:

> 1. Os Estados-membros comunicarão à Comissão as informações sobre os problemas e dados relacionados com a livre circulação e o emprego dos trabalhadores, bem como as informações relativas à situação e à evolução do emprego por regiões e ramos de actividade.
>
> 2. A Comissão fixará, em colaboração com o Comitê Técnico, a forma como são elaboradas as informações referidas no nº 1, bem como a periodicidade da sua comunicação. Para apreciação da situação do seu mercado de trabalho, os Estados-membros utilizarão critérios uniformes estabelecidos pela Comissão em conformidade com os resultados dos tra-

[87] CONSELHO DAS COMUNIDADES EUROPÉIAS. Regulamento nº 1612/68, de 15 de outubro de 1968. Livre circulação dos trabalhadores. Disponível em: <http://eur-lex.europa.eu/LexUriServ/LexUriServ.do?uri=CELEX:31968L0360:PT:HTML>. Acesso em: 27 jan. 2007.

balhos efectuados pelo Comitê Técnico nos termos da alínea d) do artigo 33 e após parecer do Comitê Consultivo. [...].

Para que não haja desequilíbrio, haja vista a concorrência entre nacionais do país acolhedor e nacionais de outros Estados-membros, inclusive em razão de capacitação, a Recomendação ainda prevê a utilização de mecanismos de compensação, considerando a possibilidade de saturação ou carência de determinados setores de trabalho. E tudo passa pela necessária informação aos serviços de empregos, para efeito de tabulação e adoção de medidas. Vejamos o contido no artigo 16.

> Artigo 16
>
> 1. Todas as ofertas de emprego dirigidas aos serviços de emprego de um Estado-membro que não possam ser satisfeitas no mercado de emprego nacional e possam ser objeto de uma compensação comunitária efetuada com base nas relações referidas no artigo 15 serão comunicadas aos serviços de emprego competentes do Estado-membro que tenha comunicado disponibilidades de mão-de-obra na mesma profissão.
>
> 2. Estes serviços comunicarão as candidaturas específicas e adequadas aos serviços do primeiro Estado-membro. Durante o prazo de 18 dias a contar da data da recepção da oferta pelos serviços do segundo Estado-membro, estas candidaturas serão apresentadas às entidades patronais com prioridade igual à que é concedida aos trabalhadores nacionais, relativamente a nacionais de Estados não membros.
>
> Durante o prazo acima referido, as ofertas só serão comunicadas aos Estados não membros, se as disponibilidades de trabalhadores nacionais dos Estados-membros nas profissões correspondentes àquelas ofertas forem consideradas insuficientes pelo Estado-membro de que essas ofertas procedem. [...]

A Directiva 89/48/CEE do Conselho[88], de 21 de dezembro de 1988 refere-se a um sistema geral de reconhecimento dos diplomas de ensino superior que sancionam formações profissionais com duração

[88] CONSELHO DAS COMUNIDADES EUROPÉIAS. Directiva nº 84/98/CEE, de 21 de dezembro de 1988. Relativa a um sistema geral de reconhecimento dos diplomas de ensino superior que sancionam formações profissionais com uma duração mínima de três anos. *Jornal Oficial*, n L 19, 24 jan.1989. p. 16-23. Disponível em: <http://eur-lex.europa.eu/LexUriServ/LexUriServ.do?uri=CELEX:31989L0048:PT:HTML> Acesso em: 05 fev. 2007

mínima de três anos. O objetivo é por em prática um método de reconhecimento desses diplomas, mas sem alterar as regras profissionais aplicáveis a qualquer pessoa que exerça uma profissão no território de um Estado-membro.

Aplica-se aos nacionais de um Estado-membro que desejem exercer, como independentes ou assalariados, uma profissão regulamentada num Estado-membro de acolhimento, em igualdade de condições aos seus nacionais.

Esta Directiva foi complementada pela Directiva 92/51/CEE do Conselho, de 18 de junho de 1992[89], estabelecendo a equivalência de formações cujo nível real seja comparável aos das formações superiores de curta duração. Inclui, ainda, reconhecimento dos títulos que possuam os cidadãos comunitários que tenham sido obtidos em terceiros países, desde que a maior parte da educação tenha sido adquirida na Comunidade, ou o titular conte com experiência profissional de três anos no Estado-membro que reconheceu o título.

A Directiva 2000/43/CE, do Conselho, de 29 de junho de 2000[90], aplica o princípio da igualdade de tratamento entre as pessoas, sem distinção de origem racial ou étnica, como direito universal, reconhecido pela Declaração Universal dos Direitos do Homem, pelas Convenções das Nações Unidas sobre eliminação de todas as formas de discriminação contra as mulheres e contra todas as formas de discriminação racial.

A Directiva espelha as orientações do Conselho Europeu de Helsinque, realizado em 10 e 11 de dezembro de 1999, no sentido de promover condições para que ocorra uma abrangência social maior no mercado de trabalho, mediante adoção de um quadro jurídico de políticas coerentes de combate à discriminação contra as minorias étnicas.

---

[89] CONSELHO DAS COMUNIDADES EUROPÉIAS. Directiva nº 92/51/CEE, de 18 de junho de 1992. Reativa a um segundo sistema geral de reconhecimento das formações profissionais, que completa a Directiva 89/48/CEE. *Jornal Oficial*, n L 17, 25 jan.1995. p. 20. Disponível em: <http://eur-ex.europa.eu/smartapi/cgi/sga_doc?smartapi!celexplus!prod!DocNumber&type_doc=Directive&an_doc=1992&nu_doc=51&lg=pt> Acesso em: 05 fev. 2007.

[90] CONSELHO DAS COMUNIDADES EUROPÉIAS. Directiva nº 2000/42/CE, de 29 de junho de 2000. Que aplica o princípio da igualdade de tratamento entre as pessoas, sem distinção de origem racial ou étnica. *Jornal Oficial*, n. L 180, 19 jul. 2000. p. 0022. *Jornal Oficial*, n. L 180, 19 jul, 2000. p 022-026. Disponível em <http://eur-lex.europa.eu/LexUriServ/LexUriServ.do?uri=CELEX:32000L0043:PT:HTML> Acesso em: 21 fev. 2007.

O artigo 2º da Directiva expressa o que considera discriminação direta e indireta, bem como assédio.

> [...] a) Considera-se que existe discriminação indirecta sempre que, em razão da origem racial ou étnica, uma pessoa seja objecto de tratamento menos favorável que aquele que é, tenha sido ou possa vir a ser dado a outra pessoa em situação comparável;
>
> b) considera-se que existe discriminação indirecta sempre que uma disposição, critério ou prática aparentemente neutra coloque pessoas de uma dada origem racial ou étnica numa situação de desvantagem comparativamente com outras pessoas, a não ser que essa disposição, critério ou prática seja objetivamente justificada por um objectivo legítimo e que os meios utilizados para o alcançar sejam adequados e necessários.
>
> 3. O assédio é considerado discriminação na acepção do nº 1 sempre que ocorrer um comportamento indesejado relacionado com a origem racial ou étnica, com o objectivo ou o efeito de violar a dignidade da pessoa e de criar um ambiente intimidativo hostil, degradante, humilhante ou desestabilizador. Neste contexto, o conceito de assédio pode ser definido de acordo com as leis e práticas nacionais dos Estados-Membros.
>
> 4. Uma instrução no sentido de discriminar pessoas com base na origem racial ou étnica é considerada discriminação na acepção do nº 1.
>
> [...][91].

No item 3.3 do trabalho são destacadas algumas ocorrências de assédio, humilhações, isto é, violações à dignidade das pessoas, praticadas contra brasileiras que se encontram indocumentadas em território português. A preocupação desta Directiva sob comento não alcança estas pessoas, porque mesmo que inexistam leis ou práticas institucionais de discriminação contra estrangeiros, o fato de se encontrarem em permanência irregular, seja por estarem sem o adequado visto, seja por terem ingressado na clandestinidade, a situação de risco de expulsão os tornam vulneráveis e suscetíveis vítimas de exploração e discriminações de múltipla índole.

A Directiva estabelece um mínimo como orientação, não retirando dos Estados-Membros a prerrogativa de introduzir ou manter condições mais favoráveis, como também não prejudica as condições relativas à entrada e residência de nacionais de países terceiros e pessoas apátridas no território dos Estados-Membros.

---

[91] Ibid.

Ademais, a implementação da Directiva não será motivo para Estados-Membros reduzirem o nível de proteção contra a discriminação que já mantém em seus ordenamentos jurídicos.

Quanto à execução e consecução dos objetivos da Directiva, em seu artigo 7º consta:

> Artigo 7º
> Defesa dos direitos
> 1. Os Estados-Membros tomarão as medidas necessárias para assegurar que todas as pessoas que se considerem lesadas pela não aplicação, no que lhes diz respeito, do princípio da igualdade de tratamento, possam recorrer a processos judiciais e/ou administrativos, incluindo, se considerarem adequado, os processos de conciliação, para exigir o cumprimento das obrigações impostas pela presente directiva, mesmo depois de extinta a relação contratual no âmbito da qual a discriminação tenha alegadamente ocorrido. [...][92].

Há estímulo à promoção do diálogo social entre os parceiros sociais por intermédio das convenções coletivas de trabalho, dos códigos de conduta, do monitoramento das práticas nos locais de trabalho, investigação com o objetivo de efetivar o cumprimento do princípio da igualdade de tratamento. Prevê-se, ainda, que os Estados-Membros introduzam nos seus sistemas legais as medidas protetivas contra as conseqüências desfavoráveis ou retaliações contra a pessoa que apresente queixa de violação ao princípio da igualdade de tratamento.

A Directiva 2000/78/CE[93] do Conselho da União Européia estabelece um quadro geral de igualdade de tratamento no emprego e na

---

[92] Conselho das Comunidades Européias. Directiva nº 2000/42/CE, de 29 de junho de 2000. Que aplica o princípio da igualdade de tratamento entre as pessoas, sem distinção de origem racial ou étnica. *Jornal Oficial*, n. L 180, 19 jul. 2000. p. 0022. *Jornal Oficial*, n. L 180, 19 jul, 2000. p 022-026. Disponível em <http://eur-lex.europa.eu/LexUriServ/LexUriServ.do?uri=CELEX:32000L0043:PT:HTML> Acesso em: 21 fev. 2007.

[93] Conselho das Comunidades Européias. Directiva nº 2000/78/CE, de 27 de novembro de 2000. Estabelece um quadro geral de igualdade de tratamento no emprego e na actividade profissional. *Jornal Oficial*, n. L 303/16, 02 dez. 2000. Disponível em: <http://www.acime.gov.pt/docs/Legislacao/LEuropeia/Directivas_emprego.pdf> Acesso em: 21 fev.2007. http://europa.eu.int/smartapi/cgi/sga_doc?smartapi!celexapi!CELEXnumdoc&numdoc=32000L0078&model=guichett&1g=pt> Acesso em 21 fev 2007

atividade profissional, tendo presente os princípios da liberdade, da democracia, do respeito pelos direitos do homem e pelas liberdades fundamentais e Estado de Direito, comuns aos Estados-Membros, com assentado no artigo 6º do Tratado da União Européia[94].

Objetiva a eliminação das desigualdades, com a promoção da igualdade entre homens e mulheres, especialmente, em relação a estas que freqüentemente sofrem variados tipos de discriminação.

Ressalta-se o Conselho Europeu de Helsinque, de 10 e 11 de dezembro de 1999 que traçou orientação pela promoção da igualdade de tratamento.

O item 12 do preâmbulo da Directiva detalha resumidamente a proibição a quaisquer formas de discriminação.

> (12) Para efeito, devem ser proibidas em toda a Comunidade quaisquer formas de discriminação directa ou indirecta baseadas na religião ou nas convicções, numa deficiência, na idade ou na orientação sexual, nos domínios abrangidos pela presente directiva. Esta proibição de discriminação deve-se aplicar igualmente aos nacionais de países terceiros, mas não abrange as diferenças de tratamento em razão da nacionalidade nem prejudica as disposições que regem a entrada e a estadia de nacionais de países terceiros e o seu acesso ao emprego e à actividade profissional[95].

Há ressalva no artigo 3º de modo a preservar a política de imigração em relação a pessoas oriundas de Estados-Terceiros, ou seja, não inclui como discriminação as diferenças baseadas na nacionalidade, bem como as disposições e condições referentes à entrada e residência dessas pessoas e os apátridas[96].

Contudo, há de se ressaltar que a Directiva expressamente condena a prática do assédio, ou seja, as ações tendentes a violar a dignidade da pessoa e degradar o ambiente de trabalho, como previsto

---

94 TRATADO de Maastricht. Institui a União Européia. Maastricht, Holanda Disponível em: <http://dupond.ci.uc.pt/CDEUC/TUEVRINT.HTM>. Acesso em: 31 jan. 2007.

95 CONSELHO DAS COMUNIDADES EUROPÉIAS. Directiva nº 2000/78/CE, de 27 de novembro de 2000. Estabelece um quadro geral de igualdade de tratamento no emprego e na actividade profissional. *Jornal Oficial*, n. L 303/16, 02 dez. 2000. Disponível em: <http://www.acime.gov.pt/docs/Legislacao/LEuropeia/Directivas_emprego.pdf> Acesso em: 21 fev.2007.

96 Ibid.

no art. 2º, item 3[97]. E esta prática humilhante tem sido freqüente nos ambientes de trabalho, especialmente contra aqueles fragilizados para reagir, como é o caso das mulheres imigrantes não-documentadas, que ainda são vítimas de assédio sexual.

A Directiva 2002/90/CE do Conselho da União Européia, de 28 de novembro de 2002[98], tem como objetivo a definição do que é auxílio à imigração clandestina e tornar mais eficaz a aplicação da Decisão-Quadro 2002/946/JAI[99] na prevenção dessas espécies de infrações. Esta Decisão-Quadro é relativa ao reforço do quadro penal para a prevenção do auxílio à entrada, ao trânsito e à residência irregulares, determinando aos Estados-Membros a adoção de medidas necessárias para garantir que as infrações definidas nos artigos 1.º e 2.º da Directiva 2002/90/CE sejam passíveis de sanções penais efetivas, proporcionais e dissuasivas, susceptíveis de conduzir à extradição.

No intuito de aproximar as disposições legais, a fim de combater o auxílio à imigração clandestina, sem restringir-se à passagem irregular pela fronteira, mas também quando a prática se der no âmbito das redes de exploração de seres humanos.

No artigo 1º a caracterização da infração geral prevê os tipos e as sanções adequadas:

> artigo 1º
>
> 1. Os Estados-Membros devem adoptar sanções adequadas;
>
> a) Contra quem auxilie intencionalmente uma pessoa que não seja nacional de um Estado-Membro a entrar ou a transitar através do território de um Estado-Membro, em infracção da legislação aplicável nesse Estado em matéria de entrada ou trânsito de estrangeiros;

---

[97] Ibid.

[98] CONSELHO DAS COMUNIDADES EUROPÉIAS. Directiva nº 2002/90/CE, de 28 de novembro de 2002. Relativa à definição do auxílio à entrada, ao trânsito e à residência irregulares. *Jornal Oficial*, n. L 328/17, 28 nov. 2002. Disponível em: < http://eur-lex.europa.eu/LexUriServ/site/pt/oj/2002/l_328/l_32820021205pt00170018.pdf> Acesso em: 21 fev.2007.

[99] CONSELHO DAS COMUNIDADES EUROPÉIAS. *Decisão-Quadro nº 2002/946/JAI*, de 28 de novembro de 2002. Relativa ao reforço do quadro penal para a prevenção do auxílio à entrada, ao trânsito e à residência irregulares. Disponível em: <http://www.dgsi.pt/gdep.nsf/0/63af34794cffcb4c802570c20039543f?OpenDocument>. Acesso em: 05 dez. 2007.

b) Contra quem, com fins lucrativos, auxilie intencionalmente uma pessoa que não seja nacional de um Estado-Membro a permanecer no território de um Estado-Membro, em infracção da legislação aplicável nesse Estado em matéria de residência de estrangeiros.

(...)[100]

A Decisão do Conselho da União Européia nº 2004/867/CE, de 13.12.2004[101], altera a Decisão 2002/463/CE, que adota um programa de ação de cooperação administrativa em matéria de fronteiras externas, vistos, asilo e imigração, o denominado programa ARGO, a respeito da política migratória comunitária.

A revisão do programa ARGO objetivou permitir a ajuda financeira a projetos nacionais no domínio de fronteiras externas, no intuito de compensar possíveis deficiências estruturais verificadas em pontos estratégicos de fronteiras, de comum acordo com os Estados-Membros.

Trata-se de aumento de dotação no programa com o objetivo de melhorar a gestão das fronteiras externas.

Logo se observa a ação integrada no sentido de ampliar a solidariedade, com o apoio comunitário na gestão das fronteiras externas no que diz respeito à concessão de vistos, asilo e imigração.

A Decisão submete a todos os Estados-Membros, em conformidade com o Tratado que instituiu a Comunidade Européia.

---

[100] CONSELHO DAS COMUNIDADES EUROPÉIAS. Directiva nº 2002/90/CE, de 28 de novembro de 2002. Relativa à definição do auxílio à entrada, ao trânsito e à residência irregulares. *Jornal Oficial*, n. L 328/17, 28 nov. 2002. Disponível em: <http://eur- lex.europa.eu/LexUriServ/site/pt/oj/2002/l_328/l_32820021205pt00170018.pdf> Acesso em: 21 fev.2007.

[101] CONSELHO DAS COMUNIDADES EUROPÉIAS. Decisão nº 2004/867/CE, de 13 de dezembro de 2004. Altera a decisão 2002/463/CE, que adota um programa de ação de cooperação administrativa em matéria de fronteiras externas, vistos, asilo e imigração, o denominado programa ARGO, a respeito da política migratória comunitária a, ao trânsito e à residência irregulares. *Jornal Oficial*, n. L371, 18 dez. 2004. Disponível em: <http://eur-lex.europa.eu/smartapi/cgi/sga_doc?smartapi!celexplus!prod!DocNumber&type_doc=Decision&an_doc=2004&nu_doc=867&lg=pt >. Acesso em: 05 dez. 2007.

2.2.2. *Das Pessoas originárias dos Estados-terceiros*

Em relação aos nacionais de Estados não membros da União Européia, que sejam residentes legais e de forma ininterrupta no território de algum dos Estados-Membros, durante cinco anos, o Conselho da União Européia concedeu um estatuto, concretizado na forma da Directiva 2003/109/CE, 25 de novembro de 2003[102]. Esta Directiva objetiva igualar as legislações dos Estados-Membros quanto à concessão do estatuto, inclusive, fixando as condições de residência no território de um Estado diferente daquele que concedeu o estatuto ao nacional de Estado não membro.

A idéia de assegurar aos nacionais de Estados terceiros com residência legal na União Européia um tratamento eqüitativo, decorreu da preocupação manifestada pelos representantes dos Estados-Membros, por ocasião do Conselho Europeu de Tampera, em 15 e 16 de outubro de 1999.

Condiciona o artigo 4º da Directiva[103], que a concessão do estatuto de longa duração aos nacionais de países terceiros, restringe-se àquelas pessoas que tenham comprovação de residência legal e ininterrupta durante os cinco anos imediatos que antecederam a apresentação do pedido. Ressalva-se, entretanto, que não são considerados para efeito do cálculo deste período, aqueles que foram beneficiados por algum estatuto jurídico abrigado pelas Convenções de Viena sobre relações diplomáticas e sobre relações consulares, de 1961 e 1963, respectivamente. Do mesmo modo, os beneficiados pela convenção sobre missões diplomáticas especiais, de 1969, ou da Con-

---

[102] CONSELHO DAS COMUNIDADES EUROPÉIAS. Decisão nº 2003/109/CE, de 25 de novembro de 2003. Objetiva igualar as legislações dos Estados-Membros quanto à concessão do estatuto, inclusive, fixando as condições de residência no território de um Estado diferente daquele que concedeu o estatuto ao nacional de Estado não membro. *Diário de la Union Europea*, n. L16/44, 26 jan. 2004. Disponível em: < http://eur-lex.europa.eu/LexUriServ/site/es/oj/2004/l_016/l_01620040123es00440053.pdf>. Acesso em: 05 dez. 2007.

[103] CONSELHO DAS COMUNIDADES EUROPÉIAS. Decisão nº 2003/109/CE, de 25 de novembro de 2003. Objetiva igualar as legislações dos Estados-Membros quanto à concessão do estatuto, inclusive, fixando as condições de residência no território de um Estado diferente daquele que concedeu o estatuto ao nacional de Estado não membro. *Diário de la Union Europea*, n. L16/44, 26 jan. 2004. Disponível em: <http://eur-lex.europa.eu/LexUriServ/site/es/oj/2004/l_016/l_01620040123es00440053.pdf>. Acesso em: 05 dez. 2007.

venção de Viena sobre a representação dos Estados nas suas relações com as organizações internacionais de caráter universal, de 1975.

Não são considerados na contagem do prazo de cinco anos a que determina a Directiva, a residência exclusivamente temporária, a exemplo dos trabalhadores sazonais, os prestadores de serviços transfronteiriços, em que a autorização de residência tenha sido formalmente limitada.

Cabe salientar que as ausências do território do Estado-Membro, desde que por períodos não superiores a seis meses consecutivos, e que não excedam na totalidade o prazo de dez meses compreendidos no período de cinco anos, não prejudicam a contagem. Entretanto, há ressalva de casos excepcionais de caráter temporário ou por motivos específicos, na conformidade da legislação do Estado-Membro, este poderá aceitar a ausência por um período mais longo que o acima referido. São exemplos, o cumprimento de obrigações militares, doença grave, realização de estudos.

Outras condições são fixadas para a aquisição do estatuto de longa duração, devendo o Estado-Membro exigir, como previsto nas alíneas "a" e "b", do nº 1, do artigo 5º, que o nacional de um Estado terceiro comprove de que este e seus familiares dispõem de:

a) Recursos estáveis e regulares que sejam suficientes para a sua própria subsistência e para a dos seus familiares, sem recorrer ao sistema de assistência social do Estado-Membro em causa. Os Estados-Membros devem avaliar esses recursos por referência às suas natureza e regularidade e podem ter em conta o nível do salário mínimo e das pensões antes do pedido de aquisição do estatuto de residente, de longa duração;
b) Um seguro de doença que cubra todos os riscos normalmente cobertos no Estado-Membro em questão para os próprios nacionais[104].

Preserva-se o direito do Estado-Membro recusar a concessão do estatuto de residência de longa duração, sob o fundamento preservação da ordem pública ou da segurança pública.

A decisão sobre o pedido de autorização de residência deve ser tomada pela autoridade competente, no prazo de seis meses a contar da apresentação do pedido.

---

[104] Ibid.

Respeita-se os princípios da ampla defesa e da necessária fundamentação das decisões, assegurando-se as garantias processuais. Denegado o pedido de aquisição do estatuto de residência de longa duração, necessariamente, impõe-se que a decisão seja devidamente fundamentada, notificando-se o interessado com a indicação dos recursos e prazos permitidos.

A ordem e segurança públicas são valores a serem preservados acima de interesses individuais, inclusive, constituem as únicas razões que podem fundamentar a expulsão de um residente de longa duração, quando este represente uma real ameaça a estes valores a serem mantidos íntegros. Neste caso, importa destacar que não há amparo normativo para uma expulsão baseada em razões econômicas. Das decisões de expulsão assegura-se a interposição de recurso judicial no Estado-Membro em questão. É o que se extrai do art. 12º da referida Directiva[105].

Ao residente de longa duração assegura-se igualdade de tratamento, mantendo-se a prerrogativa dos Estados-Membros em restringir o acesso a atividades que, pela legislação nacional ou comunitária, forem reservadas aos nacionais, a cidadãos da União Européia ou do Espaço Econômico Europeu, sejam atividades por conta própria ou de outrem.

Trata-se de indisfarçável reserva de mercado.

Permite-se, ainda, condicionamento do tratamento igualitário à comprovação de domínio dos conhecimentos lingüísticos do detentor de estatuto de residência de longa duração, quando adequados para o acesso ao ensino e formação profissional.

Sem restrição à possibilidade dos Estados-Membros concederem o acesso a outros benefícios, o artigo 11 da Directiva enumera os seguintes:

---

[105] Conselho das Comunidades Européias. Decisão nº 2003/109/CE, de 25 de novembro de 2003. Objetiva igualar as legislações dos Estados-Membros quanto à concessão do estatuto, inclusive, fixando as condições de residência no território de um Estado diferente daquele que concedeu o estatuto ao nacional de Estado não membro. *Diário de la Union Europea*, n. L16/44, 26 jan. 2004. Disponível em: <http://eur-lex.europa.eu/LexUriServ/site/es/oj/2004/l_016/l_01620040123es00440053.pdf>. Acesso em: 05 dez. 2007.

1. O residente de longa duração beneficia de igualdade de tratamento perante os nacionais em matéria de:

a) Acesso a uma actividade profissional por conta própria ou por conta de outrem, desde que tal actividade não implique, nem mesmo a título ocasional, envolvimento no exercício da autoridade pública, bem como de acesso às condições de emprego e de trabalho, incluindo-se as condições de despedimento e de remuneração;

b) Ensino e formação profissional, incluindo subsídios e bolsas de estudo em conformidade com o direito nacional;

c) Reconhecimento de diplomas profissionais, certificados e outros títulos, em conformidade com os procedimentos nacionais pertinentes;

d) Segurança social, assistência social e protecção social, tal como definidas na legislação nacional;

e) Benefícios fiscais;

f) Acesso a bens e serviços e ao fornecimento de bens e serviços à disposição do público, bem como aos procedimentos de obtenção de alojamento;

g) Liberdade de associação, filiação e adesão a uma organização representativa de trabalhadores ou empregadores ou a qualquer organização cujos membros se dediquem a determinada ocupação, incluindo as vantagens proporcionadas por esse tipo de organizações, sem prejuízo das disposições nacionais em matéria de ordem pública e segurança pública;

h) Livre acesso a todo o território do Estado-Membro em questão, dentro dos limites previstos na legislação nacional por razões de segurança[106].

É possível a aquisição do estatuto de residência em Estado-Membro diferente daquele que concedeu originariamente. Entretanto, mantém-se os mesmos requisitos e limitações, nas situações em que a permanência neste outro Estado for por um período superior a três meses.

---

[106] Conselho das Comunidades Européias. Decisão nº 2003/109/CE, de 25 de novembro de 2003. Objetiva igualar as legislações dos Estados-Membros quanto à concessão do estatuto, inclusive, fixando as condições de residência no território de um Estado diferente daquele que concedeu o estatuto ao nacional de Estado não membro. *Diário de la Union Europea*, n. L16/44, 26 jan. 2004. Disponível em: <http://eur-lex.europa.eu/LexUriServ/site/es/oj/2004/l_016/l_01620040123es00440053.pdf>. Acesso em: 05 dez. 2007.

Quanto aos familiares do residente de longa duração, serão autorizados a acompanhá-lo ou a juntar-se a ele, desde que preenchidas as condições estabelecidas no n. 1 do artigo 4º da Directiva 2003/86/CE[107].

Como observado, mesmo aos residentes de longa duração a propalada livre circulação tem limitações e, no que diz respeito ao preenchimento de vagas no mercado de trabalho, os Estados-Membros podem continuar impor restrições, nos termos da legislação nacional em vigor, quando as atividades profissionais por conta própria ou por conta de outrem, forem reservadas aos cidadãos nacionais ou comunitários.

Existe uma Recomendação do Conselho da União Européia de 22/12/1995, relativa à harmonização dos meios de luta contra a imigração e o emprego ilegais e ao aperfeiçoamento dos meios de controle previstos para esse efeito[108]. E, nos termos dos nºs 2 e 3 do artigo K.1 do Tratado[109], a política em relação aos nacionais de países terceiros, mais especialmente a luta contra a imigração, permanência e trabalho irregulares, constitui uma questão de interesse comum e se insere por este motivo nos domínios de cooperação dos Estados-membros, conforme Tratado da União Européia.

Para que os estrangeiros possam ser contratados por entidades patronais de qualquer Estado-membro da União Européia, deverão verificar a regularidade de suas situações em matéria de residência e de trabalho.

Importa destacar que a Directiva nº 2000/78/CE do Conselho da União Européia estabelece um quadro geral de igualdade de tratamento no emprego e na atividade profissional, especialmente em respeito ao princípio da igualdade de tratamento entre homens e mulheres consagrado em vários textos da legislação comunitária, no

---

[107] Conselho das Comunidades Européias. Decisão nº 2003/86/CE, de 22 de setembro de 2003. Del derecho a la reagrupación familiar. *Diario Oficial de las Comunidades Europeas*, n. 251, 3 out. 2003. p. 12-18. Disponível em: <http://sid.usal.es/mostrarficha.asp_Q_ID_E_5885_A_fichero_E_3.3.2>. Acesso em: 05 dez. 2007.

[108] Conselho das Comunidades Européias. Recomendação, de 22 de dezembro de 1995. Relativa à harmonização dos meios de luta contra a imigração e o emprego ilegais e ao aperfeiçoamento dos meios de controlo previstos para esse efeito. *Jornal Oficial*, n.005, 10 jan. 1996. p. 001-003.

[109] Tratado de Maastricht. Institui a União Européia. Maastricht, Holanda Disponível em: <http://dupond.ci.uc.pt/CDEUC/TUEVRINT.HTM>. Acesso em: 31 jan. 2007.

que diz respeito ao acesso ao emprego, à formação e promoção profissionais e às condições de trabalho[110]. Não é demais ressaltar que a Carta Comunitária de direitos sociais fundamentais dos trabalhadores reconhece a importância da luta contra todas as formas de discriminação.[111]

O item 12 das considerações da referida Directiva assim expressa:

> [...] Para o efeito, devem ser proibidas em toda a Comunidade quaisquer formas de discriminação directa ou indirecta baseadas na religião ou nas convicções, numa deficiência, na idade ou na orientação sexual, nos domínios abrangidos pela presente directiva. Esta proibição de discriminação deve-se aplicar igualmente aos nacionais de países terceiros, mas não abrange as diferenças de tratamento em razão da nacionalidade nem prejudica as disposições que regem a entrada e a estadia de nacionais de países terceiros e o seu acesso ao emprego e à actividade profissional. [...][112]

A Directiva 2004/81/CE do Conselho da União Européia[113], de 29 de abril de 2004, refere-se à concessão de título de residência aos nacionais de países terceiros, que tenham sido vítimas do tráfico de seres humanos, mas que tenham colaborado com as autoridades competentes na ação contra o tráfico e a imigração ilegal.

A determinação do Conselho Europeu em encarar o problema da imigração ilegal e contra os indivíduos envolvidos no tráfico de seres humanos e na exploração econômica dos migrantes, resulta da reunião extraordinária de Tampere, de 15 e 16 de outubro de 1999.

---

[110] CONSELHO DAS COMUNIDADES EUROPÉIAS. Directiva nº 2000/78/CE, de 27 de novembro de 2000. Estabelece um quadro geral de igualdade de tratamento no emprego e na actividade profissional. *Jornal Oficial*, n. L 303/16, 02 dez. 2000. Disponível em: <http://www.acime.gov.pt/docs/Legislacao/LEuropeia/Directivas_emprego.pdf> Acesso em: 21 fev.2007.

[111] CARTA comunitária dos direitos sociais fundamentais dos trabalhadores. Carta Social. Estrasburgo, dez.1989. Disponível em: http://www.europarl.europa.eu/factsheets/4_8_1_pt.htm. Acesso em: 27 jan. 2007.

[112] CONSELHO DAS COMUNIDADES EUROPÉIAS, op. cit.

[113] CONSELHO DAS COMUNIDADES EUROPÉIAS. Directiva nº 2004/81/CE, de 29 de abril de 2004. Relativa ao título de residência concedido aos nacionais de países terceiros que sejam vítimas do tráfico de seres humanos ou objecto de uma acção de auxílio à imigração ilegal, e que cooperem com as autoridades competentes. *Jornal Oficial*, n. L 261, 6 ago. 2004. p. 3. Disponível em: <http://eur-lex.europa.eu/LexUriServ/LexUriServ.do?uri=CELEX:32004L0081:PT:NOT> Acesso em: 21 fev. 2007.

A Directiva não impede a concessão de proteção subsidiária aos refugiados e aplicação de outros instrumentos relativos a direitos humanos.

O artigo 6º estabelece as condições em que o benefício do visto de residência pode ser concedido, onde ainda prevê o período de reflexão para que a vítima de exploração decida sobre a cooperação ou não com as autoridades.

> Artigo 6º
> Prazo de reflexão
> 1. Os Estados-Membros garantem que seja dado aos nacionais de países terceiros em causa um prazo de reflexão que lhes permita recuperar e escapar à influência dos autores das infracções, de modo a poderem tomar uma decisão informada sobre se cooperam ou não com as autoridades competentes.
> 2. Durante o prazo de reflexão, e enquanto as autoridades competentes não se pronunciarem, os referidos nacionais de países terceiros têm acesso ao tratamento previsto no artigo 7º, não podendo ser executada contra eles qualquer medida de afastamento.
> 3. O prazo de reflexão não confere qualquer direito de residência ao abrigo da presente directiva.
> 4. O Estado-Membro pode, todo o tempo, pôr termo ao prazo de reflexão, se as autoridades competentes tiverem determinado que a pessoa em causa reatou activa e voluntariamente, por sua própria iniciativa, uma ligação com os autores das infracções referidas nas alíneas b) e c) do artigo 2º, ou por razões ligadas à ordem pública e à protecção da segurança interna[114].

O prazo de reflexão não confere título de residência, entretanto, o nacional de Estado-terceiro não deve ser pressionado a acelerar sua decisão, devendo ser cumprido o prazo estabelecido na legislação nacional. E, ao ser aplicada a Directiva, terão os Estados-membros a responsabilidade pela segurança e proteção dos nacionais dos Estados-terceiros visados, sempre em conformidade com a legislação nacional.

---

[114] CONSELHO DAS COMUNIDADES EUROPÉIAS. Directiva nº 2004/81/CE, de 29 de abril de 2004. Relativa ao título de residência concedido aos nacionais de países terceiros que sejam vítimas do tráfico de seres humanos ou objecto de uma acção de auxílio à imigração ilegal, e que cooperem com as autoridades competentes. *Jornal Oficial*, n. L 261, 6 ago. 2004. p. 3. Disponível em: <http://eur-lex.europa.eu/LexUriServ/LexUriServ.do?uri=CELEX:32004L0081:PT:NOT> Acesso em: 21 fev. 2007.

O objeto da Directiva é o combate à atuação das organizações criminosas. Destina-se à concessão de títulos de residência aos nacionais de países terceiros que optem por colaborar com as autoridades na luta contra o tráfico de seres humanos ou contra o auxílio à imigração clandestina, como enunciado no artigo 1º da Directiva.

A Directiva nº 2004/82/CE, de 29 de abril de 2004[115], do Conselho da União Européia foi editada no contexto da livre circulação de pessoas, controle de fronteiras externas, imigração e direitos dos nacionais dos Estados terceiros.

Apesar de indicar preocupação com a imigração e direitos dos nacionais de Estados terceiros, na realidade a finalidade é o eficaz combate à imigração ilegal e a melhoria do controle de fronteiras. Por isso, o estabelecimento de obrigações para as transportadoras aéreas que transportem passageiros para o território dos Estados-Membros, no sentido de comunicarem os dados dos passageiros para controle de fluxos migratórios, em complemento às imposições da Convenção de 1990 de Aplicação do Acordo de Schengen.

Eis o conteúdo do artigo 1º:

> A presente directiva tem por objecto melhorar os controlos de fronteira e combater a imigração ilegal através da transmissão antecipada, pelas transportadoras, dos dados dos passageiros às autoridades nacionais competentes[116].

---

[115] CONSELHO DAS COMUNIDADES EUROPÉIAS. Directiva nº 2004/82/CE, de 29 de abril de 2004. Relativa à obrigação de comunicação de dados dos passageiros pelas transportadoras. *Jornal Oficial*, n. L 261, 6 ago. 2004. p. 24-27. Disponível em: <http://eur-lex.europa.eu/LexUriServ/LexUriServ.do?uri=CELEX:32004L0082:PT:NOT>. Acesso em 22 fev. 2007.

[116] ACORDO de adesão da República Portuguesa à Convenção de aplicação do acordo de Schengen de 14 de junho de 1985 entre os governos dos estados da União Económica Benelux, da República Federal da Alemanha e da República Francesa relativo à Supressão Gradual dos Controlos nas Fronteiras Comuns, assinada em Schengen a 19 de junho de 1990, À qual aderiu a República Italiana pelo Acordo assinado em Paris a 27 de novembro de 1990. Disponível em: <http://www.cidadevirtual.pt/cpr/asilo1/scheng.html>. Acesso em: 27 jan. 2007.

E na forma do artigo 3º, item 2, as informações transmitidas devem incluir:

- o número e o tipo do documento de viagem utilizado;
- A nacionalidade;
- nome completo;
- A data de nascimento;
- ponto de passagem da fronteira à entrada no território dos Estados-Membros;
- código do transporte;
- A hora de partida e de chegada do transporte;
- número total de passageiros incluídos nesse transporte;
- ponto inicial de embarque[117].

A Directiva nº 2004/83/CE, do Conselho da União Européia, de 29 de abril de 2004[118], estabelece as normas mínimas referentes às condições a serem preenchidas por nacionais de países terceiros ou apátridas, para que possam beneficiar-se do estatuto do refugiado ou de pessoa que, por outros motivos, tenha necessidade de proteção internacional.

O objetivo é o estabelecimento de uma política comum de asilo no espaço da União Européia, com ênfase à liberdade, segurança e justiça às pessoas que procuram legitimamente proteção na Comunidade. Esta política baseia-se na aplicação da Convenção de Genebra relativa ao Estatuto dos Refugiados de 28/07/1951 e do Protocolo de Nova Iorque, de 31/01/1967, adicional à Convenção, onde afirma-se o princípio da não repulsão, isto é, a segurança de que ninguém será reenviado para onde possa ser perseguido, na forma do artigo 21 da Directiva[119].

---

[117] Ibid.

[118] CONSELHO DAS COMUNIDADES EUROPÉIAS. Directiva nº 2004/83/CE, de 29 de abril de 2004. Estabelece normas mínimas relativas às condições a preencher por nacionais de países terceiros ou apátridas para poderem beneficiar do estatuto de refugiado ou de pessoa que, por outros motivos, necessite de protecção internacional, bem como relativas ao respectivo estatuto, e relativas ao conteúdo da protecção concedida. *Jornal Oficial*, n. L 304, 30 set. 2004. p. 12-23. Disponível em: <http://eur-lex.europa.eu/LexUriServ/LexUriServ.do?uri=CELEX:32004L0083:PT:NOT> Acesso em: 22 fev. 2007.

[119] Ibid.

Concedido o estatuto ao refugiado, o Estado-Membro deve emitir aos beneficiários uma autorização de residência válida com prazo de, pelo menos, três anos e renovável, exceto se presentes motivos imperiosos de segurança nacional ou ordem pública, na forma do artigo 24[120]. Ao beneficiário do estatuto do refugiado deve-se autorizar o exercício de atividade por conta própria ou de outrem.

Em igualdade de condições com os previstos para os nacionais de outros países terceiros residentes legalmente, os Estados-Membros devem permitir a liberdade de circulação aos beneficiários do estatuto do refugiado ou de proteção subsidiária em seus territórios, na forma do contido no artigo 32[121].

O Regulamento (CE) nº 2133/2004 do Conselho da União Européia, de 13 de dezembro de 2004, estabeleceu a obrigação de as autoridades competentes dos Estados-Membros procederem aposição sistemática de carimbo nos documentos de viagem dos nacionais de países terceiros na passagem das fronteiras externas dos Estados-Membros, tanto à entrada como à saída[122].

Visa melhorar a gestão das fronteiras externas por parte dos serviços responsáveis, permitindo com mais facilidade a superação de eventuais dificuldades práticas.

O controle tende a ser rigoroso e por isso no artigo 1º objetiva a fixação de condições:

> em que a ausência de carimbo de entrada nos documentos de viagem dos nacionais de países terceiros pode constituir uma presunção de que foi ultrapassada a duração autorizada de estada de curta duração destes nacionais de países terceiros no território dos Estados-Membros.[123]

---

[120] Ibid.

[121] Ibid.

[122] Conselho das Comunidades Européias. Regulamento (CE) nº 2133/2004, de 13 de dezembro de 2004. Relativo à obrigação de as autoridades competentes dos Estados-Membros procederem à aposição sistemática de carimbo nos documentos de viagem dos nacionais de países terceiros na passagem das fronteiras externas dos Estados-Membros e que altera, para o efeito, as disposições da Convenção de Aplicação do Acordo de Schengen e do Manual Comum. *Jornal Oficial*, n. L 369/5, 16 dez. 2004. Disponível em: <http://eur-lex.europa.eu/LexUriServ/site/pt/oj/2004/l_369/l_36920041216pt00050010.pdf>. Acesso em: 22 fev. 2007.

[123] Conselho das Comunidades Européias. Regulamento (CE) nº 2133/2004, de 13 de dezembro de 2004. Relativo à obrigação de as autoridades competentes dos Estados-Membros

Caso mantida a referida presunção, o nacional de um país terceiro pode ser expulso pelas autoridades competentes do território do Estado-Membro em questão.

Em 15 de março de 2001 foi editado o Regulamento (CE) nº 539/2001 do Conselho Europeu, fixando a lista de países não membros da União Européia, cujos nacionais estão sujeitos à obrigação de visto para transporem as fronteiras externas, bem como a lista dos países terceiros cujos nacionais estão isentos dessa obrigação[124].

A fixação da lista dos países terceiros cujos nacionais estarão sujeitos ou isentos da obrigação de visto, dependerá da análise ponderada de cada caso em particular, tendo em consideração critérios relativos às questões de segurança, ordem pública e política de reciprocidade, como se extrai do item 5 das considerações iniciais do Regulamento:

A fixação dos países terceiros cujos nacionais estão sujeitos à obrigação de visto e daqueles cujos nacionais estão isentos dessa obrigação efectua-se mediante uma avaliação ponderada, caso a caso, utilizando diversos critérios, nomeadamente atinentes à imigração clandestina, à ordem pública e à segurança, bem como às relações externas da União com os países terceiros, tendo simultaneamente em conta as implicações da coerência regional e da reciprocidade. É conveniente prever um mecanismo comunitário que permita a aplicação do referido princípio de reciprocidade, quando um dos países terceiros constantes do anexo II decida sujeitar à obrigação de visto os nacionais de um ou mais Estados-Membros[125].

---

procederem à aposição sistemática de carimbo nos documentos de viagem dos nacionais de países terceiros na passagem das fronteiras externas dos Estados-Membros e que altera, para o efeito, as disposições da Convenção de Aplicação do Acordo de Schengen e do Manual Comum. *Jornal Oficial*, n. L 369/5, 16 dez. 2004. Disponível em: <http://eur-lex.europa.eu/LexUriServ/site/pt/oj/2004/l_369/l_36920041216pt00050010.pdf>. Acesso em: 22 fev. 2007.

[124] Conselho das Comunidades Européias. Regulamento (CE) nº 539/2001, de 15 de março de 2001. Fixa a lista dos países terceiros cujos nacionais estão sujeitos à obrigação de visto para transporem as fronteiras externas e a lista dos países terceiros cujos nacionais estão isentos dessa obrigação. *Jornal Oficial*, n. L 81, 21 mar. 2001. Disponível em: <http://eur-lex.europa.eu/LexUriServ/site/pt/oj/2003/l_069/l_06920030313pt00100011.pdf>. Acesso em: 22 fev. 2007.

[125] Ibid.

A Directiva 2001/40/CE do Conselho[126], de 28 de maio de 2001, refere-se ao reconhecimento mútuo de decisões de afastamento de nacionais de países terceiros. Trata-se de mais uma medida adotada pelo Conselho, de conformidade com o Tratado da União Européia, dentro da política de estabelecimento de condições de entrada e residência de estrangeiros, em especial, para combater a imigração clandestina e a residência ilegal. Implica numa melhor gestão dos fluxos migratórios.

A cooperação entre os Estados-Membros em matéria de afastamento de nacionais de países terceiros que estejam em território da União Européia, dá-se em conformidade com o princípio da subsidiariedade, previsto no artigo 5º do Tratado da União Européia[127].

O Regulamento da Comunidade Européia nº 1030/2002, de 13 de junho de 2002, estabelece um modelo uniforme de título de residência para os nacionais de países terceiros. O sentido é pela uniformização dos títulos de residência como medida de segurança, evitar a contrafação e falsificação, além de prevenir e lutar contra a imigração e residência ilegais[128].

Com o objetivo de integrar aproximando as legislações dos Estados-Membros no que se refere às condições de admissão e de residência de nacionais de países terceiros para efeitos de estudos, de intercâmbio de estudantes, de formação não remunerada ou de voluntariado, houve a edição da Directiva 2004/114/CE do Conselho Europeu, de 13 de dezembro de 2004[129].

---

[126] CONSELHO DAS COMUNIDADES EUROPÉIAS. Directiva nº 2001/40/CE, de 28 de maio de 2001. Relativa ao reconhecimento mútuo de decisões de afastamento de nacionais de países terceiros. **Jornal Oficial**, n. L 149, 02 jun. 2001. Disponível em: <http://eur-lex.europa.eu/LexUriServ/LexUriServ.do?uri=CELEX:32001L0040:PT:NOT> Acesso em: 21 fev. 2007.

[127] TRATADO que institui a União Européia. Maastricht, Holanda Disponível em: <http://dupond.ci.uc.pt/CDEUC/TUEVRINT.HTM>. Acesso em: 31 jan. 2007.

[128] CONSELHO DAS COMUNIDADES EUROPÉIAS. Regulamento 1030/2002, de 13 de junho de 2002. Estabelece um modelo uniforme de título de residência para os nacionais de países terceiros. *Jornal Oficial*, n. L 157, 15 jun. 2002. Disponível em: <http://eur-lex.europa.eu/LexUriServ/LexUriServ.do?uri=CELEX:32002R1030:PT:NOT> Acesso em: 21 fev. 2007.

[129] CONSELHO DAS COMUNIDADES EUROPÉIAS. Directiva 2004/114/CE, de 13 de dezembro de 2004. Relativa às condições de admissão de nacionais de países terceiros para efeitos de estudos, de intercâmbio de estudantes, de formação não remunerada ou de voluntariado. *Jornal Oficial*, n. L 375/12, 13 dez. 2004. Disponível em: <http://eur-lex.europa.eu/LexUriServ/site/pt/oj/2004/l_375/l_37520041223pt00120018.pdf>. Acesso em: 05 fev. 2007.

O artigo 6º estabelece as condições gerais para a admissão de nacionais de países terceiros, seja com o objetivo de estudo em ensino superior, secundário, estágio não remunerado ou voluntariado. Vejamos:

a) Apresentar um documento de viagem válido, nos termos da legislação nacional. Os Estados-Membros podem exigir que o período de validade do documento de viagem cubra pelo menos a duração prevista da estadia;
b) No caso de serem menores de idade nos termos da legislação nacional do Estado-Membro de acolhimento, apresentar uma autorização parental para a estadia prevista;
c) Dispor de um seguro de doença para todos os riscos habitualmente cobertos em relação aos nacionais do Estado-Membro em questão;
d) Não ser considerados uma ameaça para a ordem pública, a segurança pública ou a saúde pública;
e) Se o Estado-Membro em causa o exigir, apresentar prova do pagamento da taxa fixada para o tratamento do pedido, nos termos do artigo 22 da presente directiva[130].

A depender do objetivo da admissão, a pessoa deverá atender a outras condições específicas fixadas pela Directiva, como por exemplo:

a) Deve ter sido aceito por um estabelecimento de ensino superior ou secundário, conforme o caso;
b) Fornecer a prova de que disporá de recursos suficientes para cobertura das despesas de subsistência, de estudos e de regresso;
c) Apresentar provas de ser possuidor de suficientes conhecimentos da língua do programa de estudos a ser freqüentado, caso exigido pelo Estado-Membro de destino[131].

A promoção da mobilidade dos nacionais de países não membros da Comunidade Européia, para efeitos de estudos, constitui a

---

[130] CONSELHO DAS COMUNIDADES EUROPÉIAS. Directiva 2004/114/CE, de 13 de dezembro de 2004. Relativa às condições de admissão de nacionais de países terceiros para efeitos de estudos, de intercâmbio de estudantes, de formação não remunerada ou de voluntariado. **Jornal Oficial**, n. L 375/12, 13 dez. 2004. Disponível em: <http://eur-lex.europa.eu/LexUriServ/site/pt/oj/2004/l_375/l_37520041223pt00120018.pdf>. Acesso em: 05 fev. 2007.

[131] Ibid.

base da estratégia da União Européia para sua promoção como centro de excelência em ensino e formação profissional.

O reconhecimento da necessidade de aproximação das legislações dos Estados-Membros, para o cumprimento do objetivo desta Directiva, deu-se na reunião especial do Conselho da União Européia, realizado em Tampere, em 15 e 16 de outubro de 1999.

A Directiva define as regras procedimentais de admissão de nacionais de países terceiros para permanência por período superior a três meses, para a específica finalidade de estudos, intercâmbio de estudantes, de formação não remunerada ou de voluntariado.

As migrações possibilitam enriquecimento recíproco tanto para os migrantes, como para o país de origem e o de acolhimento.

No artigo 2º a Directiva define quatro categorias de nacionais de países terceiros: estudantes de ensino superior, estudante de ensino secundário, estagiários não remunerados e voluntários[132].

A partir do artigo 5º consta que a admissão dos nacionais de países terceiros sujeita-se ao atendimento de algumas condições como:

a) Apresentar documento de viagem válido;
b) Dispor de seguro doença para todos os riscos habitualmente cobertos em relação aos nacionais de Estados-Membros;
c) Não ser considerado ameaça para a ordem pública, a segurança pública ou a saúde pública;
d) Para estudantes de ensino superior, requer terem sido aceitos por estabelecimento de ensino superior;
e) Fornecer prova de que dispõe de recursos para suprir as despesas de subsistência, de estudos e de regresso;
f) Deve possuir conhecimentos suficientes da língua do programa de estudos freqüentado;
g) Efetuar pagamento prévio dos valores exigidos pelo estabelecimento de ensino;
h) Os limites etários são fixados pelo Estado-Membro em causa[133].

---

[132] Ibid.

[133] CONSELHO DAS COMUNIDADES EUROPÉIAS. Directiva 2004/114/CE, de 13 de dezembro de 2004. Relativa às condições de admissão de nacionais de países terceiros para efeitos de estudos, de intercâmbio de estudantes, de formação não remunerada ou de voluntariado. *Jornal Oficial,* n. L 375/12, 13 dez. 2004. Disponível em: <http://eur-lex.europa.eu/LexUriServ/site/pt/oj/2004/l_375/l_37520041223pt00120018.pdf>. Acesso em: 05 fev. 2007.

Como se observa, são situações que abrangem pessoas específicas. Não é recomendável aventuras no sentido de tentar enquadrar-se, sob pena de enfrentar os rigores do Serviço de Estrangeiros, em razão da irregularidade da permanência em qualquer Estado-Membro.

Em 22 de dezembro de 1995, o Conselho da União Européia emitiu uma Recomendação[134] com o objetivo de harmonizar os meios de luta contra a imigração e o emprego ilegais, bem como o aperfeiçoamento dos meios de controle previstos nesse sentido.

Destaca a Recomendação que constitui uma questão de interesse comum no âmbito da União Européia a política em relação aos nacionais de países terceiros, em especial, o combate à imigração, permanência e trabalho irregulares, nos termos dos nº 2 e 3 do artigo K-1 do Tratado da União Européia. Por isso, o assunto se insere nos domínios da Cooperação entre os Estados-Membros.

O incremento dos fluxos migratórios tem exigido dos Estados-Membros a adoção de controles mais eficazes, a fim de evitar que estrangeiros entrem e permaneçam em seus territórios ilegalmente.

A Recomendação no item 4 menciona que os estrangeiros para que possam se beneficiar de uma prestação do serviço público assegurada por um Estado-Membro, deve estar regular no que se refere a matéria de residência e emprego. Isto requer das entidades patronais que pretendam contratar estrangeiros, a verificação quanto à regularidade em matéria de residência e trabalho, haja vista que, na forma do item 6, caso empregue sem autorização, estará sujeito a sanções.

2.3. **Legislação Portuguesa sobre imigração**

Portugal foi admitido como membro das Nações Unidas em sessão especial da Assembléia Geral realizada em 14 de dezembro de 1955.

A Carta das Nações Unidas, entrou em vigor para Portugal em 21 de fevereiro de 1956. A Carta reafirma a fé nos direitos funda-

---

[134] CONSELHO DAS COMUNIDADES EUROPÉIAS. Recomendação, de 22 de dezembro de 1995. Relativa à harmonização dos meios de luta contra a imigração e o emprego ilegais e ao aperfeiçoamento dos meios de controlo previstos para esse efeito. *Jornal Oficial*, n.005, 10 jan. 1996. p. 001-003.

mentais do homem, na dignidade e no valor da pessoa humana, na igualdade de direitos entre homens e mulheres, da mesma forma que entre as nações. E no seu artigo 55 prevê os esforços pela elevação dos níveis de vida, o pleno emprego e condições de progresso e desenvolvimento econômico e social, com respeito universal e efetivo aos direitos do homem e suas liberdades fundamentais[135].

O artigo 15 da Constituição da República Portuguesa reconhece aos estrangeiros, apátridas e cidadãos europeus, que se encontrem ou residam em Portugal, o gozo dos direitos e sujeição aos deveres cabíveis ao cidadão português[136].

O texto constitucional de 1976, encerrando o período de domínio fascista, devolveu ao povo português os direitos e liberdades fundamentais, como afirmado pela Assembléia Nacional Constituinte, assegurando o primado do Estado Democrático de Direito, alicerçando uma república soberana com mais liberdade, mais justiça, fraternidade e respeito à dignidade humana.

Destaca Arnaldo Godoy em seu estudo comparado de Direito Constitucional, que a Constituição Portuguesa acrescentou que:

> aos cidadãos dos Estados de língua portuguesa com residência permanente em Portugal são reconhecidos, nos termos da lei e em condições de reciprocidade, direitos não conferidos a estrangeiros, (...). Assentou-se regra relativa à União Européia, definindo-se que a lei pode ainda atribuir, em condições de reciprocidade, aos cidadãos dos Estados-membros da União Européia residentes em Portugal o direito de elegerem a serem eleitos Deputados ao Parlamento Europeu[137].

Canotilho em abordagem acerca do constitucionalismo global anota dentre os traços caracterizadores deste novo paradigma emergente, a tendencial elevação da dignidade humana a pressuposto ineliminável de todos os constitucionalismos. O renomado autor destaca

---

[135] PORTUGAL. Carta das Nações Unidas. *Diário da República* I Série-A, nº 117/91, 22 maio 1991.

[136] PORTUGAL. *Constituição da República Portuguesa*. 7. revisão constitucional. 2005. Disponível em: <http://www.portugal.gov.pt/Portal/PT/Portugal/Sistema_Politico/Constituicao/>. Acesso em: 24 jan. 2007.

[137] GODOY, A. S. de M. *Direito constitucional comparado*. Porto Alegre: Sérgio Antônio Fabris Editos, 2006. p. 178.

que nas normas consagradoras de direitos fundamentais podem ser detectados quatro círculos subjetivos, onde encontram-se definidos os direitos assegurados àqueles que se encontram em solo português, a depender do círculo em que estejam enquadrados:

> O primeiro círculo – o círculo de **cidadania portuguesa** – é formado pelos direitos fundamentais exclusivamente pertencentes aos cidadãos portugueses (CRP, artigos 15º/2/3, 121º/1, 275.º/2: os direitos políticos, o exercício de funções públicas que não tenham caráter meramente técnico, e outros direitos reservados pela Constituição ou pela lei aos cidadãos portugueses. Um segundo círculo – o círculo da **cidadania européia** (cfr. Tratado da União Européia, arts. 8º e segs.) – é formado pelos direitos de cidadãos portugueses que devem ser alargados aos cidadãos estrangeiros residentes em Portugal e que sejam nacionais de estados membros da União Européia (art. 15.º/5). Um terceiro círculo – o círculo da **cidadania da CPLP** – é constituído pelos direitos que pertencem aos cidadãos portugueses, mas que podem ser alargados a cidadãos de países de língua portuguesa (art. 15.º/2) da CRP, arts. 5.º e 12.º/1 da Constituição Brasileira, art. 16.º da Constituição de S.Tomé e Príncipe e art. 27.º da Constituição de Cabo Verde). A última revisão constitucional (LC 1/2001, de 12-12) deu guarida constitucional ao reforço do catálogo de direitos dos cidadãos da CPLP. O último círculo – a **"cidadania de todos** – é constituído pelos «direitos de todos» extensivos a estrangeiros e apátridas[138]. (grifos do autor)

Finalmente, Canotilho destaca que atualmente a categoria dos estrangeiros não é homogênea, pois, além da distinção entre os estrangeiros comunitários e os cidadãos de países de língua portuguesa (art. 15, nº 3, da CRP), também, a legislação faz distinção entre estrangeiros regularmente residentes e estrangeiros presentes no território português. Em conseqüência, existem vários tipos de vistos e condições de emissão, como por exemplo: visto de escala, visto de trânsito, visto de curta duração, visto de residência, visto de estudo, visto de trabalho, visto de entrada temporária[139].

O fato é que a realidade tem-se mostrado mais inclusiva com os imperativos da comunidade constitucional apontando para a exten-

---

[138] CANOTILHO, J. J. G. *Direito constitucional e teoria da constituição*. Coimbra: Almedina, 2005. p. 417.

[139] Ibid.

são do tratamento nacional a comunidades migrantes que se implantam em território estrangeiro, como destaca Canotilho, "fortemente constitutivas do multiculturalismo social da referida comunidade constitucional"[140].

Em consonância com uma tendência consagrada em textos constitucionais de muitos países, a Constituição da República Portuguesa mostra-se como estatuto jurídico ambíguo, porque de forma expressa no art. 44 reconhece o direito de deslocamento e fixação de todos os cidadãos em qualquer parte do território nacional, bem como o direito à emigração. Entretanto, negou referência à imigração e os direitos fundamentais dos imigrantes, apesar da tendência ao estabelecimento de um estatuto jurídico internacional do trabalhador imigrante[141].

Em verdade, o tratamento do imigrante dá-se sob o enfoque mais político do que jurídico quando são permitidas e negadas entradas e permanências dessas pessoas criando contingentes separados de imigrantes documentados e não-documentados. Nesse caso, ordena-se juridicamente após análise de natureza política.

Não cabem críticas nesse sentido, haja vista não se tratar de peculiaridade de Portugal, porém característica de um cenário mais amplo, resultado do processo de globalização da economia e da própria formação do regime de convivência de direito comunitário.

O ingresso de Portugal na União Européia tem como efeito social, político e mesmo psicológico entre seus nacionais, a evolução do país para o universo do denominado Primeiro Mundo. Este ingresso não representou apenas investimentos e oportunidades econômicas, mas, também, injeção de auto-estima no povo português.

Portugal tornou-se um país muito mais interessante e visto como porta de entrada para o suposto novo Eldorado – a União Européia – pelos habitantes dos países periféricos, especialmente aqueles que convivem com crises econômicas, carência de desenvolvimento e dificuldades de geração de empregos.

---

[140] CANOTILHO, op. cit., p.419.

[141] PORTUGAL. *Constituição da República Portuguesa*. 7. revisão constitucional. 2005. Disponível em: <http://www.portugal.gov.pt/Portal/PT/Portugal/Sistema_Politico/Constituicao/>. Acesso em: 24 jan. 2007

Verificou-se um acentuado crescimento no fluxo migratório para Portugal nos últimos anos do Século XX e no início do Século XXI, trazendo-lhe um problema de administração interna, complexo e de matiz jurídica e sociológica porque relacionada com a atividade juslaboral.

Os cidadãos estrangeiros em território português com ânimo de permanência e regularização estarão a disputar colocação no mercado de trabalho com o cidadão nacional, seja em atividade por conta própria ou de outrem. A atividade remunerada capaz de assegurar ao estrangeiro condições financeiras para sobrevivência em Portugal, compõe o conjunto de exigências para que seja acolhido e possa regularizar sua situação na forma da legislação específica.

Inicialmente, como mencionado, no âmbito da administração interna, o Estado receptor enfrenta o inevitável problema na concorrência entre estrangeiros e nacionais por ocupação de espaço no mercado de trabalho.

É tentadora a vontade administrativa de intervir no intuito de preservar parcela do mercado para os nacionais, em especial, no caso de Portugal que sob a égide do direito comunitário não pode restringir a livre circulação dos nacionais dos Estados-Membros no âmbito da União Européia.

O trabalhador cidadão português convive com a concorrência decorrente da presença de pessoas originárias de Estados-membros e de Estados não-membros da União Européia.

Esta concorrência, na realidade, concentra-se mais em uma faixa mediana de qualificação. Isto porque o país carece de mão-de-obra para serviços em que não se requer muita qualificação, especialmente, na prestação de serviços, como também apresenta déficit de mão-de-obra para atividades altamente qualificadas.

Ao analisar a questão da mudança histórica do perfil de Portugal, de país emigrante para destino de imigração, o então Procurador da República, Diretor do Serviço de Estrangeiros e Fronteiras de Portugal, Dr. Júlio Alberto C. Pereira, discorreu sobre a origem dos imigrantes que se constatou durante o processo de legalização de estrangeiros, em 2001. E diante do crescente interesse por Portugal, ao perquirir sobre que fatores seriam determinantes para a evolução migratória, concluiu que:

As causas da imigração em Portugal são diversas, mas há um factor interno mais ou menos constante aliado a diversos factores externos.

O factor interno assenta numa efectiva falta de mão-de-obra, principalmente pouco qualificada ou altamente qualificada. Com efeito, segundo dados do INE, entre 1976 e 1999 emigraram sobretudo para países da Europa Central e América do Sul quase meio milhão portugueses. Por esse motivo e devido ao défice de formação profissional, Portugal nunca conseguiu suprir internamente a necessidade de mão-de-obra não qualificada, bem como a necessária aos segmentos de mercado com maior exigência de qualificação.

A par desse factor de natureza interna outros se somaram, a começar pela descolonização. Para além de uma primeira vaga migratória que da descolonização foi efeito imediato, em alguns dos novos países africanos de expressão portuguesa uma significativa percentagem da sua população, principalmente a mais jovem, não logrou encontrar condições de vida, fosse em resultado da falta de oportunidades de emprego, fosse em conseqüência de situações de instabilidade interna.

A adesão de Portugal à União Européia propiciou o lançamento de grandes obras de infra-estruturas. Acresce que a mobilidade de trabalhadores comunitários levou a que muitos portugueses continuassem a procurar melhores salários em outros países europeus, agravando internamente o défice de mão-de-obra disponível.[142]

A assimilação da presença do estrangeiro em Portugal tem sido fator de preocupação para o Estado e gerado discussões com envolvimento da sociedade. O processo de inclusão não tem sido pacífico, pois são constantes as notícias de exploração de mão-de-obra, violação de direitos humanos e até mesmo notícias de xenofobia.

Esta preocupação foi ressaltada por Patrícia Jerônimo, Assistente da Escola de Direito da Universidade do Minho, em sua breve incursão pelos meandros do multiculturalismo, para quem:

São os imigrantes quem mais preocupa o Estado português. Pelo número extraordinário que já assumem. Pela pobreza e exclusão social que afeta uma grande maioria de entre eles. E pela sua freqüente clandestinidade. A necessidade de os integrar – que não de os assimilar – impõe-se por

---

[142] PEREIRA, J. A. C. Direito à emigração e imigração com direitos. *Revista do Ministério* Público, Lisboa, a. 23, n. 90, p. 115-116, abr/jun, 2002.

respeito pelos seus direitos fundamentais e também para eliminar focos de conflitos.[143]

Não raro apresenta-se contraditório quando discute-se a política de regularização dos estrangeiros e equiparação dos direitos fundamentais destes com os cidadãos nacionais portugueses, quando analisados a atitude das autoridades e a burocracia em confronto com o primado do Estado Democrático de Direito assegurado no texto da Constituição da República Portuguesa, que restituiu aos portugueses os direitos e liberdades fundamentais.

A Assembléia Constituinte é a pura e clara expressão de um povo e, na análise concreta, o povo português optou pela afirmação construtiva de uma sociedade socialista, garantidora dos direitos fundamentais dos cidadãos, num país que se assume, como "República soberana, baseada na dignidade da pessoa humana e na vontade popular e empenhada na construção de uma sociedade livre, justa e solidária"[144], expresso como princípio fundamental no art. 1º da Constituição da República Portuguesa.

Incompatível o estabelecimento de restrições à entrada, permanência e práticas de abusos contra os direitos trabalhistas, quando da aplicação do artigo 13 da Constituição da República Portuguesa que prescreve o princípio da igualdade. Vejamos.

> art. 13º (Princípio da igualdade)
>
> 1. Todos os cidadãos têm a mesma dignidade social e são iguais perante a lei.
>
> 2. Ninguém pode ser privilegiado, beneficiado, prejudicado, privado de qualquer direito ou isento de qualquer dever em razão da ascendência, sexo, raça, língua, território de origem, religião, convicções políticas ou ideológicas, instrução, situação econômica, condição social ou orientação sexual.[145]

---

[143] JERÓNIMO, P. Os direitos das minorias no ordenamento jurídico português: breve incursão pelos meandros do multiculturalismo. *Scientia Iuridica – Revista de Direito Comparado Português e Brasileiro*. Braga, t. L, n. 290, p. 75, maio/ago. 2001.

[144] PORTUGAL. Constituição (1976). *Constituição da República Portuguesa. Lei do Tribunal Constitucional*. Coordenação J. J.Gomes Canotilho e Vital Moreira. 8. ed. Coimbra: Coimbra, 2005. p. 10

[145] PORTUGAL. Constituição (1976). *Constituição da República Portuguesa. Lei do Tribunal Constitucional*. Coordenação J. J.Gomes Canotilho e Vital Moreira. 8. ed. Coimbra: Coimbra, 2005. p. 15-16.

Como se extrai da literalidade, não poderá haver privilégio ou prejuízo a qualquer pessoa em função da sua raça, condição social ou território de origem. Em respeito aos direitos humanos, a lei iguala nacionais e estrangeiros nivelados pela dignidade social.

Em geral os trabalhadores estrangeiros têm os direitos trabalhistas desrespeitados, como excesso de jornada sem remuneração extraordinária e salários inferiores aos pagos aos nacionais em atividade similar.

A diferença de tratamento entre trabalhadores nacionais e estrangeiros viola o princípio da igualdade. Indaga-se se para efeito igualitário da dignidade social a Constituição reconhece a cidadania aos estrangeiros.

Em trabalho divulgado por ocasião do V Congresso Nacional de Direito do Trabalho, a respeito da igualdade no trabalho de estrangeiros, o Sr. J. Soares Ribeiro, Delegado Adjunto do IDICT, ressaltou que há unanimidade entre os doutrinadores de Direito Constitucional, do porte dos mestres J.J. Gomes Canotilho, Vital Moreira e Jorge Miranda, a respeito do reconhecimento da cidadania aos estrangeiros e apátridas para efeitos da Constituição. E assim justifica o reconhecimento da cidadania:

> Deles obtemos o ensinamento de que a falada equiparação decorre directamente de vários preceitos constitucionais.
>
> É o caso, desde logo, do artigo 1º. Sendo Portugal uma República soberana baseada na dignidade da pessoa humana e na vontade popular e empenhada na construção de uma sociedade livre, justa e solidária, não poderá a lei fundamental do país deixar de considerar as suas normas aplicáveis aos estrangeiros em contacto com o território português, na medida em que estas normas visam precisamente a dignidade da pessoa humana e não apenas a dos cidadãos nacionais. Por isso é que, segundo o artigo 15º, nº 1, "*os estrangeiros e os apátridas que se encontrem ou residam em Portugal gozam dos direitos e estão sujeitos aos deveres do cidadão português*".
>
> Por outro lado, também a equiparação dos direitos humanos dos nacionais e estrangeiros na óptica da Constituição pode ser justificada se se tiver em conta que nela se determina e postula que quer os preceitos constitucionais quer os preceitos legais relativos aos direitos fundamentais

devem ser interpretados e integrados segundo a Declaração Universal dos Direitos do Homem.[146] (grifo nosso)

A equiparação não deveria ser tratada como privilégio, mas como princípio geral, abrangendo estrangeiros e apátridas, proibindo-se qualquer tipo de discriminação, como expressamente contido no art. 26 da Constituição da República Portuguesa[147]. E quanto ao exercício dos direitos trabalhistas não cabe imposição de limitações por meio de legislação infraconstitucional, tampouco discricionariedade pela administração.

Onde se pretendeu estabelecer restrições a Constituição da República foi objetiva, como por exemplo, no art. 15 destacando que excepcionava os direitos e deveres por ela reservados quanto ao exercício de funções públicas. Entretanto, especificamente destacou aos cidadãos dos Estados de língua portuguesa, em caráter de reciprocidade, residentes com permanência em Portugal, direitos não conferidos a outros estrangeiros. E a ressalva foi expressa quanto ao acesso aos cargos de Presidente da República, Presidente da Assembléia da República, Primeiro-Ministro, Presidentes dos Tribunais Supremos e o serviço das Forças Armadas e na carreira diplomática[148].

Como demonstrado, a Constituição Portuguesa refuta qualquer tipo de discriminação, assegura em condições de reciprocidade direitos aos cidadãos de língua portuguesa com residência em Portugal, que não são conferidos aos estrangeiros em geral. Assim, não tem cabimento atos de discriminação contra brasileiros. Do mesmo modo, contra cidadãos portugueses em solo brasileiro.

Estes princípios regentes na Constituição da República Portuguesa são universais nos Estados que se constituem democráticos de direito, nos quais está inserido o Brasil que, no art. 1º da sua Constituição Federal de 1988 declara ter como fundamentos a cidadania, a

---

[146] RIBEIRO, J. S. Igualdade no trabalho de estrangeiros. In: CONGRESSO NACIONAL DE DIREITO DO TRABALHO, 5, 2002, Coimbra. *Memórias*... Coimbral: Almedina, 2003. p. 248-249.

[147] PORTUGAL. Constituição (1976). *Constituição da República Portuguesa. Lei do Tribunal Constitucional.* Coordenação J. J.Gomes Canotilho e Vital Moreira. 8. ed. Coimbra: Coimbra, 2005

[148] Ibid.

dignidade da pessoa humana e os valores sociais do trabalho e da livre iniciativa[149].

Comparativamente, extrai-se que o princípio da igualdade expresso no artigo 13 da Constituição da República Portuguesa, encontra-se na Constituição Federal do Brasil, desde o art. 3, incisos I a IV, como objetivo fundamental, a construção de uma sociedade livre, justa e solidária, além da promoção do bem de todos, sem preconceito de origem, raça, sexo, cor, idade e quaisquer outras formas de discriminação[150].

E explícito é o Título II da Constituição Federal do Brasil que, descrevendo os direitos e garantias fundamentais estabelece direitos e deveres individuais e coletivos reconhecendo na cabeça do artigo 5º, o princípio da igualdade entre brasileiros e estrangeiros residentes no País.

> art. 5º Todos são iguais perante a lei, sem distinção de qualquer natureza, garantindo-se aos brasileiros e aos estrangeiros residentes no País a inviolabilidade do direito à vida, à liberdade, à igualdade, à segurança e à propriedade [...][151].

No inciso XIII do referido artigo consta que "é livre o exercício de qualquer trabalho, ofício ou profissão, atendidas as qualificações profissionais que a lei estabelecer."[152]

Para completar, ainda sob o Título II, dentre os direitos e garantias fundamentais consta a questão da nacionalidade no art. 12 e, especialmente, no parágrafo primeiro reconhece aos portugueses os direitos inerentes aos brasileiros, em grau de reciprocidade, em compatibilidade com o contido no art. 15 da Constituição da República Portuguesa. Vejamos o art. 12, § 1º da Constituição da República Federativa do Brasil:

---

[149] BRASIL. Constituição Federal (1988), de 5 de outubro de 1988. *Diário Oficial da União*, Poder Legislativo. Brasília, DF, 5 dez. 1988. Anexo, p. 1.

[150] Ibid.

[151] BRASIL. Constituição Federal (1988), de 5 de outubro de 1988. *Diário Oficial da União*, Poder Legislativo. Brasília, DF, 5 dez. 1988. Anexo, p. 1.

[152] Ibid.

> art. 12. São brasileiros:
> [...]
> § 1º Aos portugueses com residência permanente no País, se houver reciprocidade em favor de brasileiros, serão atribuídos os direitos inerentes ao brasileiro, salvo os casos previstos nesta Constituição[153].

O Texto Constitucional brasileiro foi mais específico no tratamento aos portugueses, enquanto a Constituição Portuguesa em seu artigo 15, inciso 3, conferiu o mesmo tratamento, mas de forma abrangente, "aos cidadãos dos Estados de língua portuguesa com residência permanente em Portugal..."[154].

Tanto na Constituição da República Portuguesa, como na Constituição da República Federativa do Brasil, o direito ao trabalho figura entre os direitos e deveres fundamentais, na primeira entre os direitos e deveres econômicos, enquanto na segunda, dentre os direitos sociais.

Houve com a globalização uma alteração de paradigma, haja vista que as questões relacionadas aos direitos humanos não mais ficam restritas à gestão interna dos Estados, especialmente porque a comunidade internacional reconhece a tamanha importância desses direitos e vê-se integrada em um movimento de internacionalização dos direitos fundamentais. E este tema é premente quando são discutidas questões relativas aos direitos fundamentais no contexto da integração regional, como se observa em estudo elaborado por Vivian Cristina Lima e outros professores, com oportuna menção ao pensamento de Flávia Piovesan:

> Com esse processo de globalização, desenvolve-se o direito internacional dos direitos humanos, supedaneado pela adoção de tratados internacionais voltados à proteção de direitos fundamentais. Esses tratados formam atualmente o sistema normativo de proteção dos direitos humanos.
>
> Flávia Piovesan afirma que a sistemática internacional de proteção de direitos humanos é garantia adicional de proteção, pois "institui mecanismos de responsabilização e controle internacional, acionáveis quando o Estado se mostra falho ou omisso na tarefa de implementar direitos e liberdades fundamentais.

---

153 Ibid.

154 PORTUGAL. Constituição (1976). *Constituição da República Portuguesa. Lei do Tribunal Constitucional.* Coordenação J. J.Gomes Canotilho e Vital Moreira. 8. ed. Coimbra: Coimbra, 2005.

Na seqüência do raciocínio a professora citada expõe que:

> Ao acolher o aparato internacional de proteção, bem como as obrigações internacionais dele decorrentes, o Estado passa a aceitar o monitoramento internacional no que se refere ao modo pelo qual os direitos fundamentais são respeitados em seu território. O Estado passa, assim, a consentir no controle e na fiscalização da comunidade internacional quando, em casos de violação a direitos fundamentais, a resposta das instituições nacionais se mostra insuficiente e falha, ou, por vezes, inexistente. [155]

O certo é que o que mais preocupa os estrangeiros quando emigram para outro país é a questão do exercício de um trabalho, pois, normalmente, associado à comprovação de residência, compõem os requisitos para que se conquiste a regularização da permanência.

Quanto ao trabalho, convém destacar que o artigo 58º da Constituição da República Portuguesa reconhece que "todos têm direito ao trabalho", enquanto o artigo 59º assim detalha:

> art. 59º (Direitos dos trabalhadores).
> 1. Todos os trabalhadores, sem distinção de idade, sexo, raça, cidadania, território de origem, religião, convicções políticas ou ideológicas, têm direito:
> [...]
> 2. Incumbe ao Estado assegurar as condições de trabalho, retribuição e repouso a que os trabalhadores têm direito, nomeadamente:
> [...]
> e) A protecção das condições de trabalho e a garantia dos benefícios sociais dos trabalhadores emigrantes;
> [...][156].

Os trabalhadores estrangeiros não estão desamparados pela legislação, pois além da proteção à prestação do trabalho em condições de higiene, segurança, saúde e garantia dos benefícios sociais, também lhes garante a retribuição do trabalho, de conformidade com

[155] PIOVESAN, F. Direitos humanos e globalização. In: SUNDFELD, C. A.; VIEIRA, O. V. (Coords). *Direito global.* São Paulo: Malheiros, 1999. p. 199-200.

[156] PORTUGAL. Constituição (1976). *Constituição da República Portuguesa. Lei do Tribunal Constitucional.* Coordenação J. J.Gomes Canotilho e Vital Moreira. 8. ed. Coimbra: Coimbra, 2005

o princípio de que para trabalho igual salário igual, a fim de proporcionar uma sobrevivência digna.

A par das concepções de quilate constitucional, consta a legislação infraconstitucional a regular a situação dos estrangeiros. Atualmente, em Portugal, o tema fluxo migratório era regido pelo Decreto-Lei n. 244/98, alterado pela Lei n. 97/99, de 26/06/1999, pelo Decreto-Lei n. 4/2001, de 10/01/2001, pelo Decreto-Lei n. 34/2003, de 25/02/2003. E, finalmente, após ampla discussão pública durante a tramitação do Projeto de Lei n. 322/2006, foi aprovada em 10 de Maio de 2007 pela Assembléia da República a Lei nº 23/2007[157], promulgada em 18 de Junho de 2007 pelo Exmo. Sr. Presidente da República Portuguesa, Aníbal Cavaco Silva, sendo referendada em 19 de Junho de 2007, pelo Exmo. Sr. Primeiro-Ministro, José Sócrates Carvalho Pinto de Sousa.

A Lei nº 23/2007 foi publicada no Diário da República, 1ª série – Nº 127, de 04 de Julho de 2007, fls. 4290 a 4330, com entrada em vigor no 30º dia após a data da sua publicação. Desta forma, está em vigor o novo regime jurídico de entrada, permanência, saída e afastamento de estrangeiros do território português.

A livre circulação de pessoas no ambiente comunitário tem desafiado os governos dos Estados receptores no que diz respeito à administração dos fluxos migratórios. É um processo irreversível, característico da globalização, envolvendo somatório de vantagens sob o aspecto econômico, entretanto, também, problemas de ordem política, jurídica e social.

Convém uma abordagem sobre recente evolução do regime jurídico de entrada, permanência, saída e afastamento de estrangeiros do território português. Vejamos:

A Lei nº 27/2000, de 08/09/2000, foi o instrumento por intermédio do qual a Assembléia da República autorizou ao Governo Português proceder a revisão do Decreto-Lei nº 244/98 – Lei de Estrangeiros – que se consolidou no Decreto-Lei nº 4/2001, de 10 de janeiro de 2001, emitido pelo Ministério da Administração Interna, de Portugal.

---

[157] PORTUGAL. Lei nº 23/2007, de 04 de julho de 2007. Aprova o regime jurídico de entrada, permanência, saída e afastamento de estrangeiros do território nacional. *Diário da República*, 1ª série – nº 127, 04 jul. 2007. pp. 4290 a 4330

Eis o conteúdo da alínea "e" do art. 2º da Lei n. 27/2000:

> A presente lei de autorização legislativa tem como sentido e extensão autorizar o Governo a [...]
> e) Criar um regime de autorização de permanência que permita aos cidadãos estrangeiros permanecer e trabalhar legalmente em Portugal, nas condições seguintes: [...] – O visto de trabalho permite ao seu titular exercer actividade constante da lista referida; - Até à aprovação do relatório, em casos devidamente fundamentados, pode ser autorizada a permanência a cidadãos estrangeiros que não sejam titulares de visto adequado e que reúnam as condições legais [...][158].

Esta norma permitiu que o Governo concedesse autorização de permanência aos cidadãos estrangeiros não titulares de visto adequado. Ressalte-se que o exercício de uma atividade assalariada era assegurada somente a quem tivesse titularidade de visto de trabalho ou autorização de permanência. A atividade assalariada por estrangeiro em Portugal firmou-se dependente do visto adequado e de formalização de um contrato de trabalho.

O Decreto-Lei nº 4/2001 introduziu significativas modificações no regime jurídico relativo às condições de entrada, permanência, saída e afastamento de estrangeiros de Portugal. Pelo Decreto-Lei inovou-se com o instituto das autorizações de permanência[159].

A autorização de permanência seria concedida antes da publicação do Relatório de Previsão Anual de Oportunidades de Trabalho. As autorizações de permanência foram instituídas como mecanismo de regularização dos fluxos migratórios, pautadas nas previsões do Relatório Anual de Oportunidades com a indicação das necessidades dos segmentos do mercado de trabalho.

Destaque-se como objetivo governamental na instituição das autorizações de permanência, o rigoroso controle de fronteira e integração

---

[158] PORTUGAL. Lei nº 27, de 08 de setembro de 2000. *Diário da República*, n. 8 SÉRIE I-A, 10 set. 2000.

[159] PORTUGAL. Decreto- Lei nº 4/2001, de 10 de janeiro de 2001. Altera o Decreto-Lei n.º 244/98, de 8 de Agosto, que regula as condições de entrada, permanência, saída e afastamento de estrangeiros do território nacional. *Diário da República*, n. 8 SÉRIE I-A, 10 jan. 2001. p. 99-127.

de estrangeiros pela via legal, o que demonstrava a pretensão de combater a intermediação das redes organizadas de tráfico de imigrantes.

A autorização de permanência foi alvo de severas críticas. A intenção foi mais precisa no sentido de regularizar a situação dos estrangeiros presentes em Portugal, do que facilitar o ingresso de outros.

Vejamos o comentário de Jorge Gaspar a respeito:

> É muito claro o que ressalta deste elemento histórico: a figura da autorização de permanência, como já tínhamos dito, apresenta-se na ordem jurídica portuguesa disponível para ser aplicada a dois tempos: antes e depois do Relatório. Antes, com o propósito politicamente assumido e declarado de regularizar a situação dos imigrantes-trabalhadores ilegais. Depois, e em função do conteúdo do Relatório, de acordo com as realidades do mercado de trabalho nacional. Ora, no momento anterior à publicação do Relatório – na primeira fase, no primeiro instante –, a concessão de AP's não pode erguer-se como instrumento de atracção de mão-de-obra clandestina, iludida pela expectativa de fácil e célere entrada no mercado de trabalho formal. Pelo contrário, nesse momento a AP serve tão somente objectivos de estabilização do mercado de trabalho relativamente à mão-de-obra estrangeira, e tal pela via da regularização da situação dos imigrantes que já se encontravam em território nacional aquando da entrada em vigor da (nova) Lei de Estrangeiros e, nomeadamente, do regime jurídico atinente ao instituto da autorização de permanência.[160]

Não bastava a validade do visto, mas a perfeita adequação da finalidade do deslocamento. Assim, a autorização de permanência dependeria da titularidade de um visto de trabalho. Por isso a ilegalidade da permanência poderia decorrer não apenas da entrada ilegal, mas poderia ser superveniente, ou seja, o estrangeiro ter ingressado legalmente, porém, permanecido com desvio de finalidade, passando a exercer, por exemplo, atividade assalariada sem o visto adequado, o de trabalho.

Em situações como acima descrito, caberia a análise pela autoridade administrativa no sentido de avaliar as justificativas do estrangeiro

---

[160] GASPAR, J. Reflexão sobre o regime jurídico da concessão de autorização de permanência (antes do relatório de oportunidades). *Revista do Ministério Público:* estudos, Lisboa, a. 23, n. 89, p. 170, jan/mar, 2002.

para a alteração de seus objetivos em Portugal. Eis a razão da discricionariedade para a concessão da autorização de permanência, nestas condições, posterior ao início da vigência do Decreto-Lei n. 4/2001.

Como visto, a autorização de permanência pretendeu a regularização de estrangeiros oriundos de Estados não comunitários que, não detentores de visto adequado, titularizassem contrato de trabalho ou proposta de contrato de trabalho chancelado pela Inspeção Geral do Trabalho.

De conformidade com o artigo 27 do Decreto-Lei nº 244/98, de 08/08/1998, anexo ao Decreto-Lei nº 4/2001, de 28/12/2000, republicado no D.R. nº 8 Série 1-A de 10/01/2001, p. 99-127, destacavam-se os seguintes tipos de visto concedidos no estrangeiro para entrada em Portugal: visto de escala; visto de trânsito; visto de curta duração; visto de residência; visto de estudo; visto de trabalho e visto de estada temporária.

Pela própria interpretação literária conclui-se que os vistos previstos tinham caráter temporário, ou apenas de trânsito, como o visto de escala, para prosseguimento de uma viagem por intermédio de um aeroporto ou porto de um Estado Parte. A destinação e o detalhamento do visto de trabalho encontrava-se nos artigos 36 e 37. Vejamos, porque dos vistos relacionados foi o que mais disse respeito e à época influenciou o início desta pesquisa:

> artigo 36
> Visto de trabalho
>
> 1 – O visto de trabalho destina-se a permitir ao seu titular a entrada em território português a fim de exercer temporariamente uma actividade profissional, subordinada ou não, nos termos do disposto nos números seguintes.
>
> 2 – O Governo, mediante parecer do Instituto do Emprego e Formação Profissional e ouvidas as associações patronais e sindicais, elaborará anualmente um relatório do qual deve constar a previsão anual de oportunidades de trabalho e dos sectores de actividade em que as mesmas existem.
>
> 3 – O visto de trabalho permite ao seu titular exercer a actividade profissional constante da lista elaborada pelo Governo nos termos do número anterior.

4 – O visto de trabalho é válido para múltiplas entradas em território português e pode ser concedido para permanência até um ano[161].

A norma permitia a entrada para o exercício temporário de atividade profissional por conta própria ou de outrem. O requisito para ter o estrangeiro acesso ao território era a adequação da sua atividade ao relatório elaborado anualmente pelo Governo Português sinalizando as oportunidades de trabalho nos respectivos setores de atividade em que existam vagas.

Quanto à manutenção deste Relatório naquela ocasião manifestou-se o Prof. Gomes Canotilho, quando da sua participação no I Congresso – Imigração em Portugal (Diversidade – Cidadania – Integração), realizado em Lisboa, em 18 e 19 de dezembro de 2003.

> [...] Relatório de fluxos migratórios
>
> Um dos aspectos do regime de imigração em que à vista de um jurista se revela mais questionável diz respeito ao valor jurídico do Relatório do Governo (Decreto-Lei nº 34/2003, de 25 de fevereiro, art. 36º) onde se estabelece a previsão das oportunidades de trabalho e se fixa um limite máximo anual imperativo de entradas de cidadãos estrangeiros oriundos de Estados terceiros para o exercício de uma actividade profissional.
>
> Parece deduzir-se do teor literal da norma em questão (art. 36º) que se dispensa uma lei-quadro da imigração e que a política de imigração não terá de se submeter à forma de acto jurídico, sobretudo de carácter legislativo. Isto explica que, afinal, a lei-quadro da imigração seja uma Lei de polícia – a lei regulativa do regime jurídico da entrada, permanência, saída e afastamento de estrangeiros do território nacional. (...) Mas se a política de imigração pretende ser uma política activa de imigração programaticamente implementada e não uma política de controlo da imigração, haverá necessidade de um reforço da legitimação democrática. Isto é tanto mais importante quanto se sabe que o Relatório de Previsão e de Fixação de um limite máximo de entradas foge ao controlo de actos normativos quanto a questões de constitucionalidade, além de se furtar à apreciação política de actos legislativos do Governo por parte da Assembléia Nacional. [...][162]

---

[161] PORTUGAL. Decreto- Lei nº 4/2001, de 10 de janeiro de 2001. Altera o Decreto-Lei n.º 244/98, de 8 de Agosto, que regula as condições de entrada, permanência, saída e afastamento de estrangeiros do território nacional. *Diário da República*, n. 8 SÉRIE I-A, 10 jan. 2001. p. 99-127

[162] CANOTILHO, J. J. G. Enquadramento jurídico da imigração. In: CONGRESSO IMIGRAÇÃO EM PORTUGAL: DIVERSIDADE, CIDADANIA, INTEGRAÇÃO, 1, 2003, Lisboa. *Anais*... Lisboa: ACIME, 2003. p. 163.

O artigo 37 detalhava os tipos de vistos de trabalho:

> Artigo 37
> Tipos de vistos de trabalho.
> O visto de trabalho compreende os seguintes tipos:
> a) Visto de trabalho I, para exercício de uma actividade profissional no âmbito do desporto;
> b) Visto de trabalho II, para exercício de uma actividade profissional no âmbito dos espectáculos;
> c) Visto de trabalho III, para exercício de uma actividade profissional independente no âmbito de uma prestação de serviços;
> d) Visto de trabalho IV, para exercício de uma actividade profissional subordinada.

Era uma forma de organização do fluxo migratório para que não ocorresse de forma desenfreada e provocasse problemas de ordem, especialmente, sociais. Entretanto, não deixava de ter uma margem de reserva de mercado.

Embora incompatível com o direito comunitário e com princípios expressos em seus Textos Constitucionais, os Estados tendem a preservar segmentos do mercado de trabalho onde a mão-de-obra nacional esteja fragilizada diante do acirramento de uma competitividade com a mão-de-obra estrangeira, eventualmente, mais qualificada para a atividade.

Observa-se que, na forma que era estabelecida no artigo 40 do mesmo dispositivo legal, os vistos destinados ao exercício de uma atividade profissional independente no âmbito de uma prestação de serviços e ao exercício de uma atividade profissional subordinada, dependiam de consulta prévia ao Serviço de Estrangeiros e Fronteiras.

Destaque-se, ainda, que de acordo com o artigo 41, restava clara a prioridade de satisfação da vaga de emprego aos cidadãos trabalhadores originários de Estados-Membros da União Européia, assim como aos trabalhadores oriundos de Estados não-membros, porém, com residência legal em Portugal, o que foi mantido no texto da Lei nº 23/2007. Vejamos:

Artigo 41
Oferta de emprego
1 – O acesso de cidadãos não comunitários ao exercício de actividades de trabalho subordinado em território português pode ser autorizado, devendo, porém, ter-se em consideração que a oferta de emprego é prioritariamente satisfeita por trabalhadores comunitários, bem como por trabalhadores não comunitários com residência legal no país.
[...][163].

Para residência em Portugal constava no artigo 34 do diploma legal sob comento, cuja destinação era permitir a entrada em território português ao seu titular a fim de solicitar autorização de residência. Sua concessão habilitava o titular a duas entradas em território português, podendo permanecer por seis meses.

A autorização de residência poderia ser para residência temporária ou residência permanente. A primeira com limite de validade de 2 (dois) anos, renovável por períodos iguais, desde que inalterados os motivos de sua concessão, enquanto o segundo título não previa limitação de validade, devendo, porém, ser renovado a cada 5 (cinco) anos, ou sempre que a necessidade justificasse.

A concessão da autorização seria providenciada mediante pedido formulado pelo interessado ou representante legal ao Serviço de Estrangeiros e Fronteiras. E sua concessão dependeria do atendimento aos requisitos relacionados no artigo 81 do Decreto-Lei nº 4/2001:

a) Posse de visto de residência válido;
b) Inexistência de qualquer facto que, se fosse conhecido pelas autoridades competentes, teria obstado à concessão do isto;
c) Presença em território português[164].

Importa destacar que a autorização para a residência permanente não dependeria apenas dos requisitos contidos no referido artigo, mas, ainda, das exigências do artigo 85:

---

[163] PORTUGAL. Decreto- Lei nº 4/2001, de 10 de janeiro de 2001. Altera o Decreto-Lei n.º 244/98, de 8 de Agosto, que regula as condições de entrada, permanência, saída e afastamento de estrangeiros do território nacional. *Diário da República*, n. 8 SÉRIE I-A, 10 jan. 2001. p. 99-127

[164] Ibid.

Artigo 85

Concessão da autorização de residência permanente.

1 – Podem beneficiar-se de uma autorização de residência permanente os estrangeiros que:

a) **Residam legalmente em território português**, pelo menos 6 ou 10 anos, conforme se trate, respectivamente, de cidadãos de países de língua oficial portuguesa ou de outros países;

b) Durante os últimos 6 ou 10 anos de residência em território português, conforme os casos, não tenham sido condenados em pena ou penas que, isolada ou cumulativamente, ultrapassem 1 ano de prisão.

2 – O período de residência anterior à entrada em vigor do presente diploma conta para efeitos do disposto no número anterior[165]. (grifo nosso)

Como se observa na exigência grifada, existia a possibilidade de obtenção do visto de residência permanente, o que proporcionaria mais segurança ao estrangeiro, inclusive, regularidade no respeito aos seus direitos, porém, desde que estivesse em legal permanência em Portugal.

Nesse ponto importa destacar como se dava a autorização de permanência em território português, nos moldes da legislação que vigorou até a edição da Lei nº 23/2007.

Eis a expressão do artigo 55, especialmente o inciso 1 e suas alíneas:

Artigo 55

Autorização de permanência

1 – Até a aprovação do relatório previsto no artigo 36º e em casos devidamente fundamentados, pode ser autorizada a permanência a cidadãos estrangeiros que não sejam titulares de visto adequado e que reúnam as seguintes condições:

a) Sejam titulares de proposta de contrato com informação da Inspeção-Geral do Trabalho;

b) Não tenham sido condenados por sentença transitada em julgado com pena privativa de liberdade de duração superior a 6 meses;

---

[165] PORTUGAL. Decreto- Lei nº 4/2001, de 10 de janeiro de 2001. Altera o Decreto-Lei n.º 244/98, de 8 de Agosto, que regula as condições de entrada, permanência, saída e afastamento de estrangeiros do território nacional. *Diário da República*, n. 8 SÉRIE I-A, 10 jan. 2001. p. 99-127.

c) Não tenham sido sujeitos a uma medida de afastamento do País e se encontrem no período subseqüente de interdição de entrada em território nacional;
d) Não estejam indicados para efeitos de não admissão no âmbito do SIS por qualquer das Partes Contratantes;
e) Não estejam indicados para efeitos de não admissão no Sistema Integrado de Informações do Serviço de Estrangeiros e Fronteiras.
[...][166]

Em regra, não apenas o visto de trabalho, mas, também, a autorização de permanência, eram os meios aptos a permitir ao estrangeiro a atividade assalariada em Portugal. Ocorre destacar o comentário de Jorge Gaspar que chamou a atenção para o fato de que representava um erro acreditar que a autorização de permanência teria o condão de integrar ao mercado de trabalho aqueles estrangeiros que ainda se encontrassem fora do território português. Eis a opinião do jurista:

> [...] Assim, e sendo o visto de trabalho – nos termos da Lei de Estrangeiros – o único meio apto 'a permitir ao seu titular a entrada em território português a fim de exercer temporariamente uma actividade profissional, subordinada ou não', não pode merecer cabimento, à luz de um (preponderante) elemento teleológico, a interpretação do art. 55, nº 1 no sentido de o instituto da AP oferecer expectativas de integração no mercado de trabalho formal àqueles estrangeiros que (ainda) se encontram fora do território nacional. Com isto queremos apontar muito claramente uma idéia: a AP configura um instrumento de regularização da imigração económica essencialmente dirigido aos imigrantes que se encontrem desde logo em território nacional e não estejam munidos de um visto de trabalho, aquele que, em função da finalidade em causa, é legalmente considerado o adequado. Outra e diferente interpretação do instituto e do regime da AP consubstanciaria uma contradição nos próprios termos da Lei de Estrangeiros, negando-lhe coerência e harmonia interna e retirando importância ao visto de trabalho como principal mecanismo de legalização da entrada daqueles aos quais temos vindo a chamar os 'imigrantes com vocação económico-laboral'[167] (grifo do autor).

---

[166] Ibid.

[167] GASPAR, J. Reflexão sobre o regime jurídico da concessão de autorização de permanência (antes do relatório de oportunidades). *Revista do Ministério Público:* estudos, Lisboa, a. 23, n. 89, p. 170, jan/mar, 2002.

E, como mencionado no item 1.3 quando da indagação sobre a existência de um mercado de trabalho global, agora, a respeito do mecanismo de regularização dos fluxos migratórios, pautadas nas previsões do Relatório Anual de Oportunidades com a indicação das necessidades dos segmentos do mercado de trabalho, destaca-se não apenas o caráter regulatório, mas, também, o seletivo, considerando que oportuniza acesso àquela mão-de-obra que pode agregar valores a Portugal, tendo em consideração a vocação econômica-laboral do candidato a trabalho e, eventual, imigração.

Quanto à predileção por esta vocação econômica-laboral, traço marcante da colocação da mão-de-obra no processo de globalização, faz mais uma vez presente o comentário de Manuel Castels:

> Existe um processo cada vez maior de globalização da mão-de-obra especializada. Isto é, não só da mão-de-obra especializadíssima, mas da mão-de-obra que vem sendo excepcionalmente requisitada no mundo inteiro e, portanto, não seguirá as regras normais das leis de imigração, do salário e das condições de trabalho. Esse é o caso da mão-de-obra profissional de alto nível: gerentes de nível superior, analistas financeiros, consultores de serviços avançados, cientistas e engenheiros, programadores de computador, biotecnólogos etc. Mas também é o caso dos artistas, projetistas, atores, astros do esporte, gurus espirituais, consultores políticos e criminosos profissionais.[168]

O regime jurídico da entrada, permanência, saída e afastamento de estrangeiros no território português, criado pelo Decreto-Lei n. 4/2001, foi alterado pelo Decreto-Lei n. 34/2003, de 25/02/2003. Com este diploma foi revogada a autorização de permanência, entretanto, saliente-se que o sentido deste mecanismo foi mantido, como se extrai do Anteprojeto de Imigração[169], que se transformou na Lei nº 23/2007, mais adiante comentada.

As exigências são devidas, especialmente, face as imposições de atos comunitários que foram transpostos para o ordenamento jurídico nacional português, a exemplo da Directiva nº 2001/51/CE, do Con-

---

[168] CASTELLS, M. *A sociedade em rede*. 7. ed. São Paulo: Paz e Terra, 2003. p. 171. (A era da informação:economia, sociedade e cultura, v. 1).

[169] Em 08 de outubro de 2006, este anteprojecto foi aprovado pelo Conselho de Ministros e qualificado como PL 322/2006 e submetido novamente à discussão pública.

selho, acerca da Convenção de Aplicação do Acordo de Schengen, de 14 de Junho de 1985; a Directiva nº 2002/90/CE, do Conselho, de 28 de Novembro de 2002, relativa à definição do auxílio à entrada, ao trânsito e à residência irregulares e Directiva nº 2003/109/CE, de 25 de Novembro de 2003, referente ao estatuto dos nacionais de países terceiros residentes de longa duração.

Portugal tem consciência da sua história, especialmente, quanto ao fato de ter sido durante muitos anos um país exportador de mão-de-obra, um país de emigração.

No cenário da globalização restaram expostos problemas como o aumento das diferenças entre países ricos e pobres; a desigualdade no nível de crescimento econômico (o que dificulta a geração de empregos e melhor distribuição da riqueza produzida) provocando nos países mais pobres a corrida por uma vaga de trabalho, cada vez mais escasso. Por outro lado, os países mais desenvolvidos auferiram vantagens e crescimento com o fenômeno da globalização e, conseqüentemente, tornam-se destino de fluxos migratórios.

O ingresso de Portugal na União Européia foi um marco histórico impulsionador do desenvolvimento econômico do país.

O Brasil tem demonstrado índices de crescimento de seu PIB abaixo da média dos países de porte econômico compatível. Esta estagnação não gera empregos na proporção em que cresce a população, por isso, dentre outros fatores, os brasileiros têm alimentado com seus números crescentes os fluxos migratórios.

A facilidade do idioma e os laços históricos de amizade colocaram Portugal como um dos principais destinos dos brasileiros que procuram oportunidades em outros países.

Como introduzida a pesquisa, saliente-se que nos fluxos migratórios leva vantagem o trabalhador possuidor de qualificação. Quanto mais qualificado, mais desejado será este trabalhador em qualquer parte do mundo. Entretanto, o trabalhador com baixo nível de instrução e qualificação técnica, no contexto dos fluxos migratórios enfrenta inúmeras barreiras e, freqüentemente, tornam-se presas fáceis das redes de imigração ilegal e de tráfico de pessoas, especialmente as mulheres que, iludidas por falsas ofertas de trabalho, são traficadas com destinação para o comércio do sexo.

Na exposição de motivos do Decreto-Lei nº 34/2003, de 25/02/2003, de emissão do Ministério da Administração Interna, o Governo de Portugal informava que o regime legal das autorizações de permanência, previsto no Decreto-Lei nº 4/2001, de 10/01/2001, teria aumentado substancialmente a legalização de estrangeiros no país. Entretanto, reconheceu, também que "*o fluxo de imigração ilegal não só não diminuiu como, por força desta legislação flexível, aumentou de forma acentuada, tornando-se cada vez mais visível a precariedade do acolhimento e integração destes imigrantes*[170]."

No sentido de buscar condições para que o fenômeno da imigração tenha processamento em bases legais e que possibilite a integração real e humanista dos estrangeiros em Portugal, o Programa do Governo Português, dentro do plano nacional de imigração, resolveu:

> alterar o regime jurídico em vigor, plasmado no Decreto-lei nº 4/2001, de 10 de janeiro, consagrando uma política de imigração assente em três eixos fundamentais: promoção da imigração legal em conformidade com as possibilidades reais do País, integração efectiva dos imigrantes e combate firme à imigração ilegal[171].

Na exposição de motivos do Decreto-Lei nº 34/2003 restou expressa a revogação do regime de autorizações de permanência, anteriormente criado pelo Decreto-Lei nº 4/2001, estabelecendo que as condições de permanência em Portugal passavam a resultar da concessão de vistos ou de autorizações de residência, mas sem frustrar as expectativas daqueles que em tempo hábil tivessem formulado os seus pedidos de autorização, ou que pretendessem prorrogação de permanência.

Como mencionado, o Decreto-Lei 34/2003, não mais é o normativo que regula as condições de entrada, permanência, saída e afastamento de estrangeiros do território português. Entretanto, merece destaque o número 2 do Artigo 1º onde expressava a intenção de não

---

[170] PORTUGAL. Decreto- Lei º 34/2003, de 25 de fevereiro de 2003. Altera o regime jurídico da entrada, permanência, saída e afastamento de estrangeiros do território nacional. *Diário da República*, I S-A, n. 47, 25 fev. 2003. p. 1338.

[171] Portugal. Decreto- Lei º 34/2003, de 25 de fevereiro de 2003. Altera o regime jurídico da entrada, permanência, saída e afastamento de estrangeiros do território nacional. *Diário da República*, I S-A, n. 47, 25 fev. 2003. p. 1338.

prejudicar "*os regimes especiais previstos em tratados ou convenções internacionais de que Portugal seja parte ou a que adira, nomeadamente os celebrados ou que venha a celebrar com países de língua oficial portuguesa*[172]."

A Lei nº 23/2007, atual normativo que regula as condições de entrada, permanência, saída e afastamento de estrangeiros do território português, estabeleceu não haver prejuízo para os regimes especiais constantes de Convenções celebradas com países de língua oficial portuguesa.

É oportuno informar que, quando da edição do referido Decreto-lei nº 34/2003, de 25 de fevereiro de 2003, ainda não havia sido assinado o Acordo entre Portugal e o Brasil sobre contratação recíproca de trabalhadores, o denominado Acordo do Lula, porque data de 11 julho de 2003.

Pelo regime jurídico estabelecido pela Lei nº 23/2007, o referido acordo enquadra-se na situação de regime especial.

Para verificar-se que nos últimos anos foram dificultadas as formas de ingresso e trabalho em Portugal, cite-se que o artigo 27 do Decreto-Lei nº 34/2003 mantinha os mesmos tipos de vistos que seriam concedidos no estrangeiro, da forma como regulado no art. 27 do Decreto-Lei nº 244/98, de 08/08/1998 e pelo Decreto-Lei nº 4/2001, de 28/12/2000, republicado no D.R. nº 8 SÉRIE 1-A de 10/01/2001, p. 99-127.

O Decreto-Lei mantinha a destinação e o detalhamento desses vistos, especialmente, o visto de trabalho com o mesmo sentido de temporariedade, nos artigos 36º e 37º. Entretanto, na época procedeu-se alteração no que se referia ao relatório do Governo acerca da previsão de oportunidades de trabalho e seus critérios de elaboração:

> Artigo 36
>
> 1 – O visto de trabalho destina-se a permitir ao seu titular a entrada em território português a fim de exercer temporariamente uma actividade profissional, subordinada ou não, nos termos do disposto nos números seguintes.

---

[172] Ibid.

2 – O Governo, mediante parecer do Instituto do Emprego e Formação Profissional, ouvidas as Regiões Autônomas, a Inspecção-Geral do Trabalho, a Associação Nacional de Municípios Portugueses, as confederações patronais e sindicais e o Alto-Comissariado para a Imigração e as Minorias Étnicas, elabora em cada dois anos um relatório do qual deve constar a previsão de oportunidades de trabalho e dos sectores de actividade em que as mesmas existem, fixando um limite máximo anual imperativo de entradas de cidadãos estrangeiros oriundos de Estados terceiros para o exercício de uma actividade profissional.

3 – O relatório referido no número anterior é elaborado de acordo com os seguintes critérios:

a) Necessidades do mercado de trabalho em geral;
b) Necessidades de mão-de-obra em sectores fundamentais para a economia nacional;
c) Necessidades de mão-de-obra para actividades sazonais;
d) Ponderação geográfica de oportunidades de trabalho para cidadãos estrangeiros de acordo com as capacidades de acolhimento de cada distrito.

(...)

4 – O visto de trabalho é válido para múltiplas entradas em território português e pode ser concedido para permanência até um ano[173].

Vale uma análise no sentido de reconhecer as dificuldades criadas pela legislação anterior – o que não foi facilitado pela legislação em vigor – para que algum trabalhador estrangeiro pudesse obter trabalho em Portugal. A prioridade passou a ter o trabalhador português e o trabalhador oriundo de Estado-membro da União Européia, na ocupação de vaga de trabalho. É até compreensível, embora inaceitável por violar princípios de ordem da Declaração Universal dos Direitos do Homem, esta reserva de mercado, pois é efeito da própria globalização, nem sempre disfarçada e em confronto com todo o discurso de igualdade e respeito aos direitos humanos.

A globalização não abriu o mercado mundial indistintamente. Como já mencionado, a livre circulação de mercadorias não sofre tantas restrições como as impostas à circulação de pessoas. As pessoas

[173] PORTUGAL. Decreto- Lei ° 34/2003, de 25 de fevereiro de 2003. Altera o regime jurídico da entrada, permanência, saída e afastamento de estrangeiros do território nacional. **Diário da República**, I S-A, n. 47, 25 fev. 2003. p. 1338

circulam com mais liberdade quanto mais se qualificam para o mercado de trabalho.

Há uma tendência mundial a limitar a concessão de vistos pelos países destinatários de fluxos migratórios, que procuram sempre condicionar aos interesses nacionais, políticos, sócio-econômicos e à defesa do trabalhador nacional, como por exemplo, encontra-se, também, disposto nos artigos 2º e 3º da Lei nº 6.815, de 19/08/1980, que define a situação jurídica do estrangeiro no Brasil.

A limitação imposta pela União Européia e pela legislação portuguesa na priorização à mão-de-obra nacional ou comunitária, em clara reserva de mercado, é muito mais rigorosa que a legislação brasileira no tratamento da questão. A lei brasileira destaca sua preferência pela mão-de-obra especializada, mas não faz reserva de mercado, haja vista que se assim o fizesse, estaria contrariando a Constituição Federal.

Cite-se o artigo 16 e, em especial o parágrafo único, da Lei nº 6.815, de 19/08/1980:

> Art. 16 O visto permanente poderá ser concedido ao estrangeiro que pretenda se fixar definitivamente no Brasil.
>
> Parágrafo único. A imigração objetivará, primordialmente, propiciar mão-de-obra especializada aos vários setores da economia nacional, visando à Política Nacional de Desenvolvimento em todos os aspectos e, em especial, ao aumento da produtividade, à assimilação de tecnologia e à captação de recursos para setores específicos[174].

O Ministério da Justiça do Brasil colocou sob consulta pública o anteprojeto de nova lei de estrangeiros, elaborado por uma comissão constituída pelo próprio Ministério, por intermédio da Portaria nº 2.209, de 10 de agosto de 2004, alterada pela Portaria nº 2.355, de 20 do mesmo mês, que dispõe sobre o ingresso, permanência e saída dos estrangeiros do território nacional, a concessão da naturalização, e cria o Conselho Nacional de Migração, com a definição de crimes e outras providências.

---

[174] BRASIL. Lei nº 6.815, de 19 de agosto de 1980. Define a situação jurídica do estrangeiro no Brasil, cria o Conselho Nacional de Imigração, e dá outras providências. *Diário Oficial da União,* Poder Legislativo, Brasília, DF, 21 ago. 1980. Disponível em: <http://www.planalto.gov.br/ccivil_03/Leis/L6815.htm>. Acesso em: 18 jan 2007.

Pelo Anteprojeto, mantém-se a seletividade para o ingresso de estrangeiros em território nacional, entretanto, com menos rigorismo do que acontece no cenário da União Européia e, em especial, Portugal, país objeto da pesquisa. Eis o teor do artigo 3º, do Título I do Anteprojeto brasileiro da Lei de Estrangeiros:

> Art. 3º A imigração objetivará, primordialmente, a admissão de mão-de-obra especializada aos vários setores da economia nacional, ao desenvolvimento econômico, social, cultural, científico e tecnológico do Brasil, a captação de recursos para setores específicos e geração de emprego e renda[175].

Além da prioridade aos trabalhadores do espaço comunitário, outras dificuldades são enfrentadas por um estrangeiro em busca de um trabalho e autorização de residência em Portugal. O relatório do Governo ajudou a tornar mais burocrático o procedimento, pois são muitos os obstáculos a serem atendidos como a verificação das necessidades do mercado de trabalho em geral, as necessidades de mão-de-obra em setores fundamentais para a economia nacional, necessidades de mão-de-obra para atividades sazonais, e ainda tem a ponderação geográfica para avaliar a capacidade de acolhimento do distrito. Somado a isto, a concessão do visto passou a depender da conformidade com o Relatório elaborado pelo Governo, mediante parecer do Instituto do Emprego e Formação Profissional, com a audiência de diversas outras autoridades.

O Relatório suscitou críticas, especialmente sobre o seu valor jurídico. Vejamos:

> [...] É evidente que, para nós, não são de forma alguma surpresa, as nefastas conseqüências do regime em vigor, pelo que venho dizendo, várias vezes, institucionalmente, em nome da Ordem dos Advogados, que este regime jurídico nos merece um juízo de profundo desvalor ético e jurídico.
>
> Com o mesmo atrevimento, vou permitir-me referir que, mais do que um restricionismo pragmático formalmente afirmado, o juízo e a leitura

---

[175] BRASIL. Anteprojeto de lei. Consulta Pública, de 01 de setembro de 2005. Dispõe sobe o ingresso, permanência e saída dos estrangeiros do território nacional, a concessão da naturalização, cria o Conselho Nacional de Migração, define crimes e dá outras providências. *Diário Oficial da União*, Poder Executivo, Brasília, DF, 01 dez. 2005. Seção I.

que faço, em sede de caracterização de regime, é a de um verdadeiro restricionismo de princípio, quando de um verdadeiro utilitarismo, no sentido verdadeiro e próprio.

E vou tentar explicitar porquê. É que estamos perante uma Lei que assenta, no seu pressuposto maior – segundo o artigo 36º do regime jurídico em vigor – num relatório elaborado de dois em dois anos, por um conjunto de Instituições, certamente estimáveis, mas que estão incumbidas de uma tarefa impossível. Desde logo, há sectores óbvios do mercado de trabalho, cuja quantificação não é susceptível de ser apreendida por tal forma. Basta pensar, por exemplo, no trabalho doméstico, ou nas actividades sazonais, para não me alongar muito mais.

(...)

O estatuto material do imigrante é, portanto, um estatuto enfraquecido, baseado num relatório cuja perspectiva é manifestamente utilitarista.

Destarte, do nosso ponto de vista, o regime vigente merece todas as reservas. E como os Advogados estão habituados a ser parte, há muito que nesta questão a Ordem dos Advogados tomou partido, no combate às disfunções legislativas e administrativas. A conclusão, em sede de caracterização, é manifestamente a de não adesão aos ventos utilitaristas.

A Ordem dos Advogados vem, há muito, de forma pública, afirmando que não existe um regime jurídico de imigração. Foi por isso extremamente confortante ouvir a voz autorizada do Senhor Professor Doutor Gomes Canotilho, afirmar a ausência de um estatuto de imigração – que se impõe. Bem haja, Senhor Professor. Há muito que não se ouvia reintroduzir o conceito de direito das gentes, a propósito do regime jurídico da imigração.

[...][176]

Verifica-se a existência de uma política restritiva de imigração legal de longa duração, com preferência de ocupação de vaga de emprego aos nacionais de Estados-Membros da Comunidade Européia ou de países do Espaço Econômico Europeu. Em linha de preferência, em seguida vêm os beneficiários de direito de asilo e proteção humanitária. E, em último lugar na linha de preferência encontra-se a mão-de-obra não comunitária com residência legal permanente num Estado-Membro. E esta preferência já se encontrava expressa no artigo 41 do Decreto-lei nº 244/98.

---

[176] CRUZ, P. T. da. Comentários à intervenção de Gomes Canotilho. In: CONGRESSO IMIGRAÇÃO EM PORTUGAL: DIVERSIDADE, CIDADANIA, INTEGRAÇÃO, 1, 2003, Lisboa. *Anais...* Lisboa: ACIME, 2003. p. p. 165-166.

Sem dúvidas, restritiva é a admissão de mão-de-obra não originária da Comunidade Européia. E vale destacar a opinião de Miguel Gorjão-Henriques, para quem:

> [...] Índole restritiva que é comprovada ainda pela análise das limitações ao exercício da imigração, quando legal, sujeita ao preenchimento de requisitos cumulativos e condicionamentos burocrático-administrativos – de modo a construírem este direito como subsidiário –, como a transitoriedade da função a exercer num Estado membro, a especificidade do trabalho a que o nacional de país terceiro é chamado (ou a especialização dos seus conhecimentos) ou a comprovação do oferecimento nominal dos lugares vagos pela entidade patronal, aliadas à verificação em concreto pelas autoridades competentes da justificação do recurso a tal mão-de-obra não-comunitária e do prejuízo sério decorrente da não permissão de acesso ao trabalho por parte do estrangeiro não privilegiado.
>
> Subsidiariedade e restritividade que se comprova – finalmente – também pelo controlo do emprego a exercer, limitando o alcance da autorização de emprego inicial, referida a um emprego específico junto de uma determinada entidade patronal, em termos que obriguem, em caso de cessação do vínculo laboral – por despedimento, decurso do prazo, realização do objecto (estágio, estudo, actividade sazonal) – ao imediato retorno ao país de origem.
>
> E se é este o quadro no que ao exercício de actividades assalariadas respeita, o mesmo se diga no que toca ao trabalho independente, onde, a par de manifestações de uma maior liberalidade, se observa um controlo – mais fluído, é certo – das condições e expectativas ligadas ao exercício da pretendida actividade independente, de que é sintoma a possível exclusão do direito de entrada a sócios de sociedade estabelecida na União Européia mas sem maioria ou quota significativa do capital, acepção que só garante o direito de circulação a sócios que participem activamente na gestão da sociedade ou cuja presença se considere indispensável, sem cuidar de saber quais os critérios que o órgão administrativo aplicará...[177]

Não há dúvidas que esta situação pode ser enquadrada como um dos fatores que mais tem dificultado a regularização dos estrangeiros não apenas em Portugal, como em outros Estados-Membros da Comunidade Européia.

---

[177] Nunes, A. J. A. et al. A Europa e o estrangeiro: talo(s) ou Cristo? In: ______. *A inclusão do outro*. Coimbra: Coimbra, 2002. p. 68-69.

Como mencionado, foi expressamente revogado o artigo 55 do Decreto-Lei nº 4/2001, que tratava da autorização de permanência. E agora não mais existente no contexto da Lei nº 23/2007, de 04/07/2007.

Verifica-se que têm sido várias as tentativas de gestão dos fluxos migratórios, integração dos estrangeiros à sociedade portuguesa e promoção da imigração legal com o paralelo combate à imigração ilegal, o que não foi alcançado pelo regime anterior à Lei nº 23/2007.

O regime anterior era pouco adequado à realidade social diante de uma questão objetiva e que requer clareza e objetividade na sua gestão. Sem dúvidas, a gestão em nada é facilitada pelo emaranhado da burocracia portuguesa.

A falta de adequação à realidade verificou-se, ainda, no procedimento de concessão de vistos de trabalho, pois exigia como requisito que o candidato à imigração possuísse contrato de trabalho assinado no exterior com alguma entidade patronal portuguesa, o que ainda implicaria na intervenção de várias entidades como a Representação Consular, o Serviço de Estrangeiros e Fronteiras – S.E.F., a Inspeção-Geral do Trabalho – I.G.T. e o Instituto de Emprego e Formação Profissional – I.E.F.P.

O Anteprojecto de Lei de Imigração já reconhecia que os mecanismos, até então, não haviam surtido os efeitos desejados de maximizar a regularização de estrangeiros no País e que a burocracia e a pluralidade de estatutos jurídicos não frearam o crescimento da quantidade de estrangeiros em situação ilegal.

Eis um dos problemas que se tornou fator dificultador à concretização da legalização de trabalhadores brasileiros, dentre outros estrangeiros, em território português, apesar da vigência do Acordo entre Portugal e Brasil sobre contratação recíproca de trabalhadores, o denominado Acordo do Lula.

O próprio Anteprojecto de Lei de Imigração, registrou em sua exposição de motivos a irrisória executividade dos estatutos jurídicos a respeito da regularização de estrangeiros no País:

> Significativo desta desadequação é o baixo nível de execução do Relatório de Oportunidades de Emprego adoptado que fixou, em 2004, uma quota de 8.500 admissões, repartida por alguns sectores, tendo apenas sido concedidos 899 vistos de trabalho para as actividades previstas no relatório. Ou seja, cerca de 10% das necessidades de mão-de-obra estran-

geira foram cobertas por estrangeiros que imigraram legalmente para o País. Por outro lado, esta desadequação traduziu-se no crescimento no número de trabalhadores estrangeiros em situação ilegal, cuja situação se procurou resolver com dois processos complicados de regularização extraordinária: ***o estabelecido pelo Acordo entre Portugal e o Brasil sobre contratação recíproca de trabalhadores (o chamado Acordo Lula)*** e aquele que foi regulado pelo artigo 71º do Decreto-Regulamentar 6/2006, de 26 de abril, que permitia a trabalhadores com inserção no mercado de trabalho e, mediante pré-inscrição junto do ACIME via postal, obter uma prorrogação de permanência com autorização para trabalhar[178]. (grifo nosso)

O Anteprojecto manteve a preocupação com os trabalhadores que se encontrassem em situação ilegal. Entretanto, já na exposição de motivos restou expresso que a preocupação em relação à imigração ilegal seria um reforço na política de afastamento de estrangeiros em situação ilegal. Aparentemente, pelo menos em sua motivação exposta, não transparecia a intenção de incrementar a regularização dos que se encontram irregulares, nem com o estabelecimento de mecanismos mais agressivos contra o crime organizado que age em redes de imigração ilegal.

O Anteprojecto esteve sob discussão pública até 17 de janeiro de 2007, submeteu-se a discussão e, finalmente, aprovação pela Assembléia da República Portuguesa, que resultou na publicação da Lei nº 23/2007, em 04/07/2007.

Essa Lei[179] passou a definir as condições e procedimentos de entrada, permanência, saída e afastamento de estrangeiros do território de Portugal, o estatuto do residente de longa duração, além de ter transposto para o ordenamento jurídico interno português, as seguintes Directivas da União Européia, de conformidade com suas disposições gerais contidas no artigo 2º:

---

[178] PORTUGAL. Ministério da Administração Interna. Anteprojecto de Lei de Imigração: discussão pública, de 20 de junho de 2006. Anteprojecto de Proposta de Lei que regula as condições de entrada, permanência, saída e afastamento de estrangeiros do território português. Disponível em: <http://www.acime.gov.pt/docs/Legislacao/LPortuguesa/LEI_IMIGRACAO/Anteprojecto_Lei_Imigracao.pdf>. Acesso em: 23 jan. 2007.

[179] PORTUGAL. Lei nº 23/2007, de 04 de julho de 2007. Aprova o regime jurídico de entrada, permanência, saída e afastamento de estrangeiros do território nacional. *Diário da República,* 1ª série – nº 127, 04 jul. 2007. pp. 4290 a 4330

a) Directiva n.o 2003/86/CE, do Conselho, de 22 de Setembro, relativa ao direito ao reagrupamento familiar;
b) Directiva n.o 2003/110/CE, do Conselho, de 25 de Novembro, relativa ao apoio em caso de trânsito para efeitos de afastamento por via aérea;
c) Directiva n.o 2003/109/CE, de 25 de Novembro, relativa ao estatuto dos nacionais de países terceiros residentes de longa duração;
d) Directiva n.o 2004/81/CE, do Conselho, de 29 de Abril, relativa ao título de residência concedido aos nacionais de países terceiros que sejam vítimas do tráfico de seres humanos ou objecto de uma acção de auxílio à imigração ilegal e que cooperem com as autoridades competentes;
e) Directiva n.o 2004/82/CE, do Conselho, de 29 de Abril, relativa à obrigação de comunicação de dados dos passageiros pelas transportadoras;
f) Directiva n.o 2004/114/CE, do Conselho, de 13 de Dezembro, relativa às condições de admissão de nacionais de países terceiros para efeitos de estudos, de intercâmbio de estudantes, de formação não remunerada ou de voluntariado;
g) Directiva n.o 2005/71/CE, do Conselho, de 12 de Outubro, relativa a um procedimento específico de admissão de nacionais de países terceiros para efeitos de investigação científica.

Além disso, houve a consolidação no direito pátrio português da transposição de outros atos comunitários, como:

a) Decisão Quadro, do Conselho, de 28 de Novembro de 2002, relativa ao reforço do quadro penal para a prevenção do auxílio à entrada, ao trânsito e à residência irregulares;
b) Directiva n.o 2001/40/CE, do Conselho, de 28 de Maio, relativa ao reconhecimento mútuo de decisões de afastamento de nacionais de países terceiros;
c) Directiva n.o 2001/51/CE, do Conselho, de 28 de Junho, que completa as disposições do artigo 26.o da Convenção de Aplicação do Acordo de Schengen, de 14 de Junho de 1985;
d) Directiva n.o 2002/90/CE, do Conselho, de 28 de Novembro, relativa à definição do auxílio à entrada, ao trânsito e à residência irregulares.

Esse Novo Estatuto atribuiu ao Acordo entre a República Portuguesa e a República Federativa do Brasil sobre a Contratação Recíproca de Nacionais, o tratamento como regime especial, como restou expresso no seu artigo 5º, de modo que não sofre prejuízo de aplicação com a introdução do novo regime jurídico dos estrangeiros em território português.

Destaque-se, inclusive, que o item 5, do artigo 217 das Disposições Transitórias da Lei nº 23/2007 refere-se ao retromencionado Acordo. Vejamos:

> (...) 5 – Os pedidos de concessão de visto de trabalho ao abrigo do nº 2 do artigo 6º do Acordo entre a República Portuguesa e a República Federativa do Brasil sobre a Contratação Recíproca de Nacionais, de 11 de Julho de 2003, são convolados em pedidos de autorização de residência, com dispensa de visto.[180] (...)

Os requisitos legais de entrada de estrangeiros em Portugal encontram-se expressos a partir do artigo 9º da Lei, enquanto que o artigo 32 trata da recusa de entrada, destacando-se que esta recusa é passível de impugnação judicial, porém, com efeito meramente devolutivo perante os tribunais administrativos, na forma do artigo 39 do mesmo normativo.

Atualmente, de conformidade com o artigo 45 da Lei 23/2007, estes são os vistos concedidos no estrangeiro:

I) **visto de escala**: quando utilizada uma ligação internacional, permite-se ao titular, a passagem por um aeroporto ou porto de um Estado Parte na Convenção de Aplicação do Acordo de Schengen, porém a escala dá acesso à zona internacional do porto ou aeroporto, devendo prosseguir viagem na mesma ou outra aeronave ou embarcação, de conformidade com o título de transporte;

II) **visto de trânsito**: destinado a pessoa proveniente de um Estado terceiro, mas que esteja se dirigindo a um país terceiro no qual tenha garantia de admissão;

III) **visto de curta duração**: permissão de entrada em território português para finalidade que, sendo aceita pelas autoridades competentes, não justifique a concessão de outro tipo de visto, designadamente para fins de turismo e de visita ou acompanhamento de familiares que sejam titulares de visto de estada temporária. Este visto tem prazo de 01 (um) ano, para uma ou mais entradas, porém,

---

[180] Ibid, p. 4330

salientando que a duração de uma estada ou a duração total das estadas sucessivas não poderá exceder de três meses;

IV) **visto de estada temporária**: válido por três meses e para múltiplas entradas em território português, com destinação a: tratamento médico em estabelecimentos de saúde oficiais ou oficialmente reconhecidos; transferência de cidadãos nacionais de Estados Partes na Organização Mundial do Comércio, no contexto da prestação de serviços ou da realização de formação profissional em território português; exercício em território português de uma atividade profissional, subordinada ou independente (autônomo ou profissional liberal, como existente no Brasil), cuja duração, em regra, não ultrapasse 6 (seis) meses; exercício de atividade de investigação científica, de docência em estabelecimento de ensino superior ou atividade altamente qualificada, mas em permanência inferior a 01 (um) ano; exercício de atividade desportiva, certificada pela respectiva federação, sob responsabilidade do clube ou associação desportiva; por exemplo.

V) **visto de residência**: permite-se ao titular a entrada em território português com o objetivo de solicitar autorização de residência, com validade para 2 (duas) entradas e habilitação para permanência por um período de 4 (quatro) meses.

Os tipos de vistos são claros e objetivos não abrindo lacunas para permanência irregular.

Os princípios do regime anterior, que limitavam o acesso dos estrangeiros oriundos de Estados terceiros ao mercado de trabalho, priorizando o preenchimento de vagas por nacionais portugueses, por trabalhadores nacionais de Estados membros da União Européia e do Espaço Econômico Europeu, ficaram mantidos no artigo 59 da Lei nº 23/2007. Restou mantido, ainda, o parecer prévio da Comissão Permanente de Concertação Social, que instrumenta o Conselho de Ministros a aprovar a resolução anual sobre o indicativo global de oportunidades de empregos, presumivelmente não preenchidos pelos trabalhadores que têm prioridades, mencionados acima, inclusive com exclusão de setores nos quais não se verifiquem necessidades de mão-de-obra e se as circunstâncias do mercado de trabalho a justificarem.

Somente até o limite de contingente fixado pelo Conselho de Ministros e, **desde** que as vagas não tenham sido preenchidas por trabalhadores com tratamento prioritário, é que poderá ser emitido visto de residência para o exercício de atividade profissional subordinada aos nacionais de Estados terceiros, e, **desde** que preencham as condições gerais de concessão de visto de residência, estabelecidos no art. 52 da Lei, **e que**: a) possuam contrato de trabalho ou promessa de contrato de trabalho; ou, b) possuam habilitações, competência ou qualificações reconhecidas e adequadas para o exercício de uma atividade de interesse da entidade empregadora, devidamente justificada.

As condições impostas e as restrições são muitas. Portanto, não há espaço para pessoas que se aventuram à travessia do Oceano Atlântico, na ilusão de melhores condições de trabalho.

É a autêntica reserva de mercado! O mundo está globalizado, mas não para todos.

Eis a íntegra do artigo 59 da Lei 23/2007:

Artigo 59.º

Visto de residência para exercício de actividade profissional subordinada

1 – A concessão de visto para obtenção de autorização de residência para exercício de actividade profissional subordinada depende da existência de oportunidades de emprego, não preenchidas por nacionais portugueses, trabalhadores nacionais de Estados membros da União Europeia, do Espaço Económico Europeu, de Estado terceiro com o qual a Comunidade Européia tenha celebrado um acordo de livre circulação de pessoas, bem como por trabalhadores nacionais de Estados terceiros com residência legal em Portugal.

2 – Para efeitos do número anterior, o Conselho de Ministros, mediante parecer prévio da Comissão Permanente da Concertação Social, aprova anualmente uma resolução que define um contingente global indicativo de oportunidades de emprego presumivelmente não preenchidas pelos trabalhadores referidos no número anterior, podendo excluir sectores ou actividades onde não se verifiquem necessidades de mão-de-obra, se as circunstâncias do mercado de trabalho o justificarem.

3 – No contingente global previsto no número anterior são considerados contingentes para cada uma das Regiões Autónomas, de acordo com as respectivas necessidades e especificidades regionais.

4 – O Instituto do Emprego e da Formação Profissional bem como os respectivos departamentos de cada

Região Autónoma mantêm um sistema de informação permanentemente actualizado e acessível ao público através da Internet das ofertas de emprego abrangidas pelo n.º 1 e divulgam-nas, por iniciativa própria ou a pedido das entidades empregadoras ou das associações com assento no Conselho Consultivo, junto das embaixadas e postos consulares de carreira portugueses.

5 – Até ao limite do contingente fixado nos termos do n.o 2 e para as ofertas de emprego não preenchidas

pelos trabalhadores referidos no n.o 1 pode ser emitido visto de residência para exercício de actividade profissional subordinada aos nacionais de Estados terceiros que preencham as condições estabelecidas no artigo 52.º e que:

a) Possuam contrato de trabalho ou promessa de contrato de trabalho; ou

b) Possuam habilitações, competências ou qualificações reconhecidas e adequadas para o exercício de uma das actividades abrangidas pelo número anterior e beneficiem de uma manifestação individualizada de interesse da entidade empregadora.

6 – Para efeitos do disposto na alínea *b*) do número anterior, as candidaturas de nacionais de Estados terceiros são remetidas, através do Instituto do Emprego e da Formação Profissional ou, nas Regiões Autónomas, dos respectivos departamentos, às entidades empregadoras que mantenham ofertas de emprego abrangidas pelo n.o 4.

7 – Excepcionalmente, e independentemente do contingente fixado no n.º 2, pode ser emitido visto para obtenção de autorização de residência para exercício de actividade profissional subordinada aos nacionais de Estados terceiros que preencham as condições estabelecidas no artigo 52.º e possuam contrato de trabalho, desde que comprovem que a oferta de emprego não foi preenchida pelos trabalhadores referidos no n.º 1.

8 – O Instituto do Emprego e da Formação Profissional elabora um relatório semestral sobre a execução do contingente global.

9 – Para efeitos do número anterior, a concessão de vistos ao abrigo da presente disposição é comunicada no prazo máximo de cinco dias ao Instituto do Emprego e da Formação Profissional.[181]

Ademais, a Lei nº 23/2007, de conformidade com o seu artigo 52, no que diz respeito à admissão e residência de estrangeiros em território português, efetivou exigências contidas na proposta do anteprojecto de lei como:

[181] Ibid. p. 4301

a) Inexistência de condenação criminal relevante;
b) não tenham sido submetidos a alguma medida de afastamento do País;
c) Inexistência de indicação de não admissão no Sistema de Informação Schengen ou no Sistema Integrado do Serviço de Estrangeiros e Fronteiras;
d) Posse de documento de viagem válido;
e) disponham de meios de subsistência, "tal como definidos por portaria conjunta dos Ministros da Administração Interna e do Trabalho e da Solidariedade Social;
f) Disponham de seguro de viagem;
g) título de transporte que assegure o seu regresso (nos casos de vistos de residência para exercício de atividade profissional subordinada ou independente, de visto de residência par estudo, intercâmbio de estudantes, estágio profissional ou voluntariado, de visto de estada temporária e visto de curta duração).

A Lei nº 23/2007, conforme previsto no Anteprojeto, criou um regime jurídico para a imigração meramente temporária, por intermédio do visto de estada temporária para o exercício de atividade sazonal; estabeleceu regime mais célere de admissão de cientistas e estrangeiros altamente qualificados, que tenham a pretensão de exercer a sua atividade em Portugal, seja de forma temporária ou mediante fixação de residência.

Criou o estatuto do residente de longa duração, concedido a todos aqueles que residem legalmente há 5 anos, ou seja, igualmente, autorização de residência permanente a todos os estrangeiros que residam legalmente por um período de 5 anos. Com destaque que a autorização de residência permanente não tem limite de validade, embora o título de residência deverá ser renovado de cinco em cinco anos ou sempre que se verifique a alteração dos elementos de identificação nele registrados, como previsto no art. 76 da Lei. As condições encontram-se no artigo 126. Vejamos:

Artigo 126.º
Condições de aquisição do estatuto de residente de longa duração

1 – O estatuto de residente de longa duração é concedido ao nacional de Estado terceiro que:

a) **Tenha residência legal e ininterrupta em território nacional durante os cinco anos imediatamente anteriores à apresentação do requerimento;**

b) **Disponha de recursos estáveis e regulares que sejam suficientes para a sua própria subsistência e para a dos seus familiares, sem recorrer ao subsistema de solidariedade;**

c) **Disponha de um seguro de saúde;**

d) **Disponha de alojamento;**

e) **Demonstre fluência no Português básico.**

2 – Os períodos de residência pelas razões referidas nas alíneas *e*) e *f*) do n.º 2 do artigo anterior não são tidos em conta para efeitos do cálculo do período referido na alínea *a*) do número anterior.

3 – Nos casos abrangidos pela alínea *a)* do n.º 2 do artigo anterior, sempre que o nacional do país terceiro tenha obtido autorização de residência que lhe permita beneficiar do estatuto de residente de longa duração, o período em que foi titular de residência para efeitos de estudo, de formação profissional não remunerada ou de voluntariado é tomado em conta, em metade, para o cálculo do período referido na alínea *a*) do n.º 1.

4 – Os períodos de ausência do território nacional não interrompem o período referido na alínea *a*) do n.o 1 e entram no cálculo deste, desde que sejam inferiores a 6 meses consecutivos e não excedam, na totalidade, 10 meses compreendidos no período referido na alínea *a*) do n.º 1.

5 – São, todavia, tidos em consideração no cálculo do período referido na alínea *a*) do n.o 1 os períodos de ausência devidos a destacamento por razões de trabalho, nomeadamente no quadro de uma prestação de serviços transfronteiriços.

6 – Para efeitos da aplicação da alínea *b*) do n.º 1, os recursos são avaliados por referência à sua natureza e regularidade, tendo em consideração o nível do salário mínimo e das pensões antes do pedido de aquisição do estatuto de residente de longa duração.

7 – Os períodos de permanência ininterrupta em território nacional ao abrigo de um visto de trabalho ou de uma autorização de permanência, emitidos nos termos da legislação anterior, relevam para o cálculo do prazo previsto na alínea *a*) do n.º 1[182]. (grifo nosso)

[182] Ibid. p. 4315

Também consumou-se a substituição do antigo regime de concessão de visto de trabalho por um outro para obtenção de autorização de residência, com o intuito de exercício de uma atividade profissional subordinada. O visto de trabalho nestas circunstâncias será concedido ponderando-se, previamente, as ofertas de emprego não preenchidas nem por cidadãos nacionais, nem por cidadãos comunitários e o potencial de mão-de-obra estrangeira com a qualificação profissional adequada. Permitirá, ainda, a entrada legal, não apenas daqueles estrangeiros que possuam contrato de trabalho, mas também de candidatos a empregos não preenchidos pela preferência nacional ou comunitária e que possuem qualificações adequadas ao preenchimento de oportunidades de emprego existentes, desde que possuam uma manifestação de interesse de entidade patronal interessada.

Quanto ao antigo mecanismo de visto de trabalho, cabe uma observação no sentido de que, de forma oblíqua configura-se retomada do regime jurídico de concessão da autorização de permanência, criada pelo Decreto-Lei nº 4/2001 e revogada pelo Decreto-Lei nº 34/2003, pois as exigências acima são características da revogada autorização de permanência.

O Anteprojecto previa, excepcionalmente, a concessão de autorização de residência àquele trabalhador que não dispusesse de visto de residência, mas que tivesse entrado e permanecido legalmente em Portugal, e preenchesse as demais condições. E essa proposição foi mantida, como se extrai do artigo 88 da Lei 23/2007, ao tratar da autorização de residência para o exercício de atividade profissional subordinada. Vejamos:

Artigo 88.º

Autorização de residência para exercício de actividade profissional subordinada

1 – Para além dos requisitos gerais estabelecidos no artigo 77.º, só é concedida autorização de residência para exercício de actividade profissional subordinada a nacionais de Estados terceiros que tenham contrato de trabalho celebrado nos termos da lei e estejam inscritos na segurança social.

2 – **Excepcionalmente**, mediante proposta do director-geral do SEF ou por iniciativa do Ministro da Administração Interna, pode ser dispensado o requisito previsto na alínea *a*) do n.º 1 do artigo 77.º, desde que o cidadão estrangeiro, além das demais condições gerais previstas nessa disposição, preencha as seguintes condições:

a) **Possua um contrato de trabalho ou tenha uma relação laboral comprovada por sindicato, por associação com assento no Conselho Consultivo ou pela Inspecção-Geral do Trabalho;**

b) **Tenha entrado legalmente em território nacional e aqui permaneça legalmente;**

c) **Esteja inscrito e tenha a sua situação regularizada perante a segurança social.**

3 – A concessão de autorização de residência nos termos dos números anteriores é comunicada pelo SEF, por via electrónica, ao Instituto do Emprego e da Formação Profissional e nas Regiões Autónomas aos correspondentes serviços regionais, para efeitos de execução do contingente definido nos termos do artigo 59.o

4 – A concessão de autorização de residência nos termos dos números anteriores é comunicada pelo SEF, por via electrónica, à Inspecção-Geral do Trabalho ou, nas Regiões Autónomas, à respectiva secretaria regional, de modo que estas entidades possam fiscalizar o cumprimento de todas as obrigações legais da entidade patronal para com o titular da autorização de residência, bem como à administração fiscal e aos serviços competentes da segurança social.[183] (grifo nosso)

Assim, o Estado mantém a possibilidade de regularizar casos excepcionais justificáveis sem, contudo, criar mecanismos de regularização extraordinária de imigrantes ilegais.

Essa Lei é expressão das políticas públicas no intuito de alcançar o bem estar coletivo, com clareza e coerência na representação racional do direito. Pode não ser o idealizado pelo grande contingente de imigrantes, especialmente os ilegais, mas é a teoria do possível, de modo a atender as expectativas da sociedade portuguesa, às diretrizes comunitárias, desestimular o ingresso irregular de estrangeiros em território português, combater a atuação das redes criminosas, sem, contudo, fechar as portas para o mundo e a realidade, segundo se extraia desde a exposição de motivos do seu Anteprojeto. Este é o discurso.

A análise jurídica deve ser racional de forma a procurar extrair o entendimento convencional aceito, que faz parte do aperfeiçoamento do direito, como destacado no pensamento de Roberto Mangabeira Unger.

---

[183] Ibid. p. 4307

> A análise jurídica racionalizadora é um modo de representar grandes pedaços do direito como expressões, conquanto expressões imperfeitas, de conjuntos ligados de políticas públicas e princípios. (...) O discurso generalizante e idealizador das políticas públicas interpreta o direito como um empreendimento social finalístico que procura alcançar esquemas abrangentes de dever moral e bem-estar. Pela reconstrução racional, penetrando cumulativamente e profundamente no conteúdo do direito, acabamos por entender pedaços do direito como fragmentos de um esquema inteligível da vida em sociedade. [...]
>
> As concepções ideais que representam o direito como uma aproximação imperfeita de um esquema inteligível e justificável são consideradas parcialmente já existentes dentro do direito. Os intérpretes não podem ser vistos como seus inventores. Elas não se apresentam, contudo, numa forma única e inequívoca, tampouco penetram completamente o direito. Assim, a análise jurídica tem dois trabalhos: reconhecer o elemento ideal embutido no direito, e então aperfeiçoas o direito e o seu entendimento convencionalmente aceito.[184]

As autoridades portuguesas nos discursos têm manifestado preocupação com os imigrantes, ante a necessidade de incluí-los socialmente e estudar soluções para a clandestinidade.

Como exposto, algumas medidas de legalização extraordinária dos imigrantes que se encontram ilegais em território português foram adotadas.

Assim, quem ingressou e se mantém clandestino em território português, necessita obter o visto adequado para poder desfrutar do tratamento igualitário aos nacionais portugueses. Entretanto, por seu turno, para que possam obter a legalização, exige-se que comprovem dispor de condições econômicas mínimas que lhes assegure a sobrevivência.

Em caso de permanência ilegal em território português, o estrangeiro estará sujeito a expulsão determinada pela autoridade administrativa, devidamente fundamentada, no entanto, o ato será consumado com a apresentação do estrangeiro detido pela autoridade policial, ao juiz do juízo de primeira instância criminal, na respectiva área de

---

[184] UNGER, R. M. *O direito e o futuro da democracia.* Tradução de Caio Farah Rodriguez e Marcio Soares Grandchamp, com consultoria do autor. São Paulo: Boitempo, 2004. p. 54

jurisdição para a sua validação. A detenção não poderá exceder o prazo limite de 60 (sessenta) dias, para que se conclua a execução da decisão de expulsão.

Contudo, se o cidadão estrangeiro, na fase de interrogatório judicial, declarar sua pretensão de abandonar o território nacional, poderá, por determinação do juiz competente, mediante documentação, ser entregue à custódia do Serviço de Estrangeiros e Fronteiras, com o objetivo de condução ao posto de fronteira, no mais curto espaço de tempo possível. A conseqüência será a interdição de ingressar em território português pelo prazo de 01 (um) ano.

A decisão de expulsão de autoria do diretor geral do Serviço de Estrangeiros e Fronteiras – SEF, é suscetível de impugnação judicial, com efeito devolutivo, perante os tribunais administrativos.

A lei 23/2007 regulamentou todo um procedimento de expulsão judicial, compreendido entre os seus artigos 150 e 180.

Ainda em relação ao tratamento dado ao trabalhador estrangeiro, há preocupação com a exploração da mão-de-obra e, especialmente, com o objetivo de coibir a prática da angariação de mão-de-obra ilegal, em geral relativo a atuação de grupos envolvidos com o crime organizado.

Importa a referência ao Decreto-Lei nº 27/2005, que define o Alto Comissariado para a Imigração e Minorias Étnicas, como serviço de coordenação e de natureza interministerial, e promove a integração dos Centros de Apoio ao Imigrante (Centros Nacionais de Apoio ao Imigrante – CNAIS e Centros Locais de Apoio ao Imigrante – CLAIS), constituídos como unidades orgânicas de acolhimento e informação de cidadãos imigrantes. Eis a introdução do Decreto:

> O Alto-Comissariado para a Imigração e Minorias Étnicas foi criado pelo Decreto-Lei nº 251/2002, de 22 de Novembro, na directa dependência do Primeiro-Ministro.
>
> O Alto-Comissariado 'tem como missão promover a integração dos imigrantes e minorias étnicas na sociedade portuguesa, assegurar a participação e a colaboração das associações representativas dos imigrantes, parceiros sociais e instituições de solidariedade social na definição das políticas de integração social e de combate à exclusão, assim como acompanhar a aplicação dos instrumentos legais de prevenção e proibição das discriminações

no exercício de direitos por motivos baseados na raça, cor, nacionalidade ou origem étnica[185].

E merece destaque a alínea 'e' do artigo 2º do referido Decreto-Lei, onde se observa a preocupação em assegurar a dignidade e oferta de oportunidades idênticas aos portugueses, porém, especificamente aos cidadãos legalmente residentes ou autorizados a permanecer em Portugal.

> artigo 2º
> [...]
> Contribuir para que todos os cidadãos legalmente residentes ou autorizados a permanecer em Portugal gozem de dignidade e de oportunidades idênticas;
> [...][186]

Sabe-se que os estrangeiros, de um modo geral enfrentam dificuldades e exploração da sua força de trabalho sem o respeito aos mínimos direitos trabalhistas, muito menos tratamento igualitário aos trabalhadores nacionais portugueses ou originários de Estados-membros da União Européia. E observando esta realidade, J. Soares Ribeiro, Delegado Adjunto do IDICT – Instituto de Desenvolvimento e Inspeção das Condições de Trabalho, em Portugal, órgão similar às Delegacias do Trabalho existentes no Brasil, explicando as razões do legislador português ter elaborado processos extraordinários de legalização, haja vista que "os meios de comunicação social se fizeram eco, consistente na existência de situações de indignidade e exploração inescrupulosa da mão-de-obra estrangeira."[187]

No intuito de coibir a prática de exploração inescrupulosa contra a mão-de-obra estrangeira, a Lei nº 23/2007 - Lei de Estrangeiros – mantendo a mesma linha do revogado Decreto-Lei nº 244/98, com a redação do Decreto-Lei nº 4/2001 – consagrou o combate ao ilícito

---

185 PORTUGAL. Presidência do Conselho de Ministros. Decreto-Lei nº 27, de 4 de fevereiro de 2005. *Diário da República*, I Série – A, 25 fev. 2005. Disponível em: <www.acime.gov.pt/modules.php?name=Downloads&d_op=viewdownload&cid=36.

186 Ibid.

187 RIBEIRO, J. S. Igualdade no trabalho de estrangeiros. In: CONGRESSO NACIONAL DE DIREITO DO TRABALHO, 5, 2002, Coimbra. **Memórias...** Coimbral: Almedina, 2003. p. 248-249.

mediante regime mais gravoso que o tratamento geral da legislação trabalhista. Trata-se do regime de contra-ordenações que, além das multas a que se sujeitam o trabalhador estrangeiro não habilitado com o adequado visto de trabalho e o empregador, também prevê responsabilização solidária do empregador, tomador da mão-de-obra e empreiteiro por descumprirem a legislação trabalhista. Destaca-se o previsto no art. 198 da Lei 23/2007:

Artigo 198.º
Exercício de actividade profissional não autorizado

1 – O exercício de uma actividade profissional independente por cidadão estrangeiro não habilitado com a adequada autorização de residência, quando exigível, constitui contra-ordenação punível com uma coima de E 300 a E 1200.

2 – Quem empregar cidadão estrangeiro não autorizado a exercer uma actividade profissional nos termos da presente lei fica sujeito, por cada um deles, à aplicação de uma das seguintes coimas:

a) De E 2000 a E 10 000, se empregar de um a quatro;

b) De E 4000 a E 15 000, se empregar de 5 a 10;

c) De E 6000 a E 30 000, se empregar de 11 a 50;

d) De E 10 000 a E 90 000, se empregar mais de 50.

3 – Pela prática das contra-ordenações previstas nos números anteriores podem ser aplicadas as sanções acessórias previstas nos artigos 21.º e seguintes do regime geral das contra-ordenações.

4 – O empregador, o utilizador, por força de contrato de prestação de serviços ou de utilização de trabalho temporário, e o empreiteiro geral são responsáveis solidariamente pelo pagamento das coimas previstas nos números anteriores, dos créditos salariais decorrentes do trabalho efectivamente recebido, pelo incumprimento da legislação laboral, pela não declaração de rendimentos sujeitos a descontos para a administração fiscal e a segurança social, relativamente ao trabalho prestado pelo trabalhador estrangeiro ilegal, e pelo pagamento das despesas necessárias à estada e ao afastamento dos cidadãos estrangeiros envolvidos.

5 – Responde também solidariamente, nos termos do número anterior, o dono da obra que não obtenha da outra parte contraente declaração de cumprimento das obrigações decorrentes da lei relativamente a trabalhadores estrangeiros eventualmente contratados.

6 – Caso o dono da obra seja a Administração Pública, o incumprimento do número anterior dá lugar a responsabilidade disciplinar.

7 – Constitui contra-ordenação muito grave nos termos da legislação laboral o incumprimento das obrigações previstas nos n.os 4 e 5.

8 – As infracções a que se referem os números anteriores podem ainda ser punidas, em caso de reincidência, com as sanções acessórias de publicidade da decisão condenatória, de interdição temporária do exercício de actividade no estabelecimento onde se verificou a infracção por um período até um ano e de privação de participar em arrematações ou concursos públicos por um período até dois anos.

9 – A publicidade da decisão condenatória consiste na publicação de um extracto com a caracterização da infracção e da norma violada, a identificação do infractor e a sanção aplicada no portal do SEF na Internet, num jornal de âmbito nacional e numa publicação periódica regional ou local, da área da sede do infractor, a expensas deste, bem como na remessa da mesma ao organismo responsável pela concessão de alvará ou autorização, quando aplicável.

10 – Em caso de não pagamento das quantias em dívida respeitantes a créditos salariais decorrentes de trabalho efectivamente prestado, bem como pelo pagamento das despesas necessárias à estada e ao afastamento dos cidadãos estrangeiros envolvidos, a liquidação efectuada no respectivo processo constitui título executivo, aplicando-se as normas do processo comum de execução para pagamento de quantia certa[188]. (grifo nosso)

A legislação atual reforçou a aplicação de multas a quem auxilie a prática da imigração ilegal, especialmente, quando com intenção lucrativa. O produto da aplicação das multas, cuja competência é do diretor-geral do Serviço de Estrangeiros e Fronteiras, reverte-se em 60% para o Estado e em 40% para o SEF.

Destaca-se, ainda, que há previsão de aplicação de multa, inclusive, para os casos considerados puníveis de permanência em território português por período superior ao autorizado, de conformidade com o artigo 192 da Lei nº 23/2007:

[188] PORTUGAL. Lei nº 23/2007, de 04 de julho de 2007. Aprova o regime jurídico de entrada, permanência, saída e afastamento de estrangeiros do território nacional. *Diário da República*, 1ª série – nº 127, 04 jul. 2007. p. 4326

CAPÍTULO X
Contra-ordenações

Artigo 192.º
Permanência ilegal

1 – A permanência de cidadão estrangeiro em território português por período superior ao autorizado constitui contra-ordenação punível com as coimas que a seguir se especificam:

a) De E 80 a E 160, se o período de permanência não exceder 30 dias;

b) De E 160 a E 320, se o período de permanência for superior a 30 dias mas não exceder 90 dias;

c) De E 320 a E 500, se o período de permanência for superior a 90 dias mas não exceder 180 dias;

d) De E 500 a E 700, se o período de permanência for superior a 180 dias.

2 – A mesma coima é aplicada quando a infracção prevista no número anterior for detectada à saída do País[189].

As sanções impostas ao tomador da mão-de-obra estrangeira em violação aos dispositivos legais acima transcritos são mais gravosas do que as normas trabalhistas relativas aos trabalhadores em geral. Denota-se preocupação com a situação do estrangeiro não documentado, que pela circunstância, encontra-se mais vulnerável à exploração inescrupulosa. Entretanto, há uma outra preocupação, que é a falta de recolhimentos ao fisco e à seguridade social.

Finalmente, importa salientar que pelo Aviso nº 95/2001, emitido pelo Ministério dos Negócios Estrangeiros, tornou-se público que, em 02/03/2000, o Governo da República Portuguesa depositou junto ao Secretariado-Geral da Organização das Nações Unidas, a declaração de adesão ao mecanismo previsto no art. 14 da Convenção Internacional sobre Eliminação de Todas as Formas de Discriminação Racial. Assim, reconheceu a competência do Comitê e designou o Alto Comissariado para a Imigração e Minorias Étnicas como órgão competente para receber e examinar as queixas de pessoas que se apresentem como vítimas de violação, por parte do Estado Português.

No ordenamento jurídico português tem vigência a Lei nº 134/ 99, com o objetivo de prevenção e proibição de todas as formas de discriminação racial que impliquem na violação de quaisquer direitos

[189] Ibid. pp. 4325-4326

fundamentais ou condicionamento do exercício de quaisquer direitos econômicos, sociais ou culturais, por quaisquer pessoas em razão de raça, cor, nacionalidade ou origem étnica. E considera como práticas discriminatórias "as ações ou omissões que, em razão de pertença de qualquer pessoa a determinada raça, cor nacionalidade ou origem étnica, violem o princípio da igualdade, designadamente.[190]"

A aplicação da referida Lei tem o acompanhamento da Comissão para a Igualdade e contra a Discriminação Racial e, de acordo com o art. 6º é constituída pelas seguintes entidades:

a) O Alto-Comissário para a Imigração e as Minorias Étnicas, que preside;
b) Dois representantes eleitos pela Assembléia da República;
c) Dois representantes do Governo, a designar pelos departamentos governamentais responsáveis pelo emprego, solidariedade e segurança social e pela educação;
d) Dois representantes das associações de imigrantes;
e) Dois representantes das associações anti-racistas;
f) Dois representantes das centrais sindicais;
g) Dois representantes das associações patronais;
h) Dois representantes das associações de defesa dos direitos humanos;
i) Três personalidades a designar pelos restantes membros.[191]

Como se observa, há o envolvimento de variados segmentos da sociedade portuguesa.

O envolvimento é necessário, considerando que o migrante tem sofrido em várias partes do mundo e preocupado autoridades de Estados e Organismos Internacionais. Eis notícia veiculada no endereço eletrônico do Alto Comissariado para a Imigração e Minorias Étnicas, em Portugal, sob o título "Bento XVI apelou à protecção de imigrantes"[192]:

---

[190] PORTUGAL. Lei nº 134/99, de 28 de agosto de 1999. *Diário da República*, n. 201/99, Série I-A, 28 ago. 1999. p. 5945 – 5947.

[191] PORTUGAL. Lei nº 134/99, de 28 de agosto de 1999. *Diário da República*, n. 201/99, Série I-A, 28 ago. 1999. p. 5945 – 5947.

[192] ALTO COMISSARIADO PARA A IMIGRAÇÃO E MINORIAS ÉTNICAS – ACIME. *Religião*: Bento XVI apelou à protecção de imigrantes. Publicado em 15 jan 2007. Disponível em <http://www.acime.gov.pt/modules.php?name=News&file=article&sid=1686>. Acesso em: 18 jan 2007.

De acordo com o Diário de Notícias de 15 de janeiro, o Papa apelou aos governos para que favoreçam a migração regular e a reunificação familiar, dando especial atenção às mulheres e crianças e adoptando medidas legislativas nesse sentido. O Pontífice falava a milhares de pessoas que ontem assistiram ao Ângelus, na Praça de São Pedro, em Roma.

No drama da família de Nazaré vemos as dolorosas condições de tantos imigrantes, especialmente os refugiados, exilados, deslocados, perseguidos. Vemos em particular as dificuldades da família imigrante: os problemas, as humilhações e a fragilidade, disse Bento XVI, que pediu medidas concretas aos políticos a favor dos imigrantes. A imigração não pode ser vista só como problema, mas sobretudo como um grande bem para a humanidade, que deve ser respeitado, afirmou[193].

---

[193] Alto Comissariado para a Imigração e Minorias Étnicas – ACIME. *Religião*: Bento XVI apelou à protecção de imigrantes. Publicado em 15 jan 2007. Disponível em <http://www.acime.gov.pt/modules.php?name=News&file=article&sid=1686>. Acesso em: 18 jan 2007.

CAPÍTULO 3

O Acordo entre Brasil e Portugal sobre contratação recíproca de nacionais

Em 22 de abril de 2000, foi assinado o Tratado de Amizade, Cooperação e Consulta entre a República Portuguesa e a República Federativa do Brasil, aprovado para ratificação por intermédio da Resolução da Assembléia da República nº 82/2000 e ratificado pelo Decreto do Presidente da República Portuguesa nº 79/2000.

Restou, assim, revogada a Convenção de Brasília, de 07 de setembro de 1971, sobre Igualdade de Direitos e Deveres entre Brasileiros e Portugueses.

De acordo com o artigo 15 do Tratado de amizade, cooperação e consulta entre a República Federativa do Brasil e a República Portuguesa:

> será atribuído mediante decisão do Ministério da Administração Interna, em Portugal, e do Ministério da Justiça, no Brasil, aos brasileiros e portugueses que o requeiram, desde que civilmente capazes e com residência habitual no país em que ele é requerido.[194]

Ressalta o Exmo. Juiz do Supremo Tribunal de Justiça de Portugal, Dr. Mário Torres que o gozo da igualdade de direitos depende de requerimento do interessado, residência habitual de no mínimo 3 anos e que o tratamento não implica em perda da nacionalidade. Vejamos:

---

[194] BRASIL. Decreto nº 3.927, de 19 de setembro de 2001. *Diário Oficial da União*, Poder Executivo, Brasília, DF, 20 set. 2001. Disponível: <http://www.planalto.gov.br/CCIVIL_03/decreto/2001/D3927.htm>. Acesso em: 07 nov. 2006.

Do regime de equiparação são exceptuados os direitos expressamente reservados pela Constituição de cada uma das Partes aos seus nacionais (artigo 14º). A titularidade do estatuto da igualdade não implica perda da nacionalidade, persistindo os direitos e deveres inerentes às respectivas nacionalidades, com exclusão dos que ofenderem a soberania nacional e a ordem pública do Estado da residência (artigo 13º). No entanto, o gozo de direitos políticos no Estado da residência – que depende de requerimento específico e de um mínimo de três anos de residência habitual – implica a suspensão do exercício dos mesmos direitos no Estado da nacionalidade.[195]

Desejando intensificar e estimular laços de amizade e cooperação, inclusive como forma de facilitar a circulação dos seus nacionais para a prestação de trabalho em seus territórios, os governos da República Federativa do Brasil e da República Portuguesa, assinaram, em 11/07/2003, para vigência por um período de (5) cinco anos, automaticamente prorrogável, salvo denúncia, um acordo sobre contratação recíproca de nacionais[196].

O acordo prevê em seu artigo 1º que os nacionais dos Estados Contratantes poderão ser contratados para todas as profissões cujo exercício não seja ou não esteja, permanente ou temporariamente, condicionado a estrangeiros. Aplica-se aos nacionais que, mediante contratos validados pelos órgãos competentes do Estado receptor, que se desloquem ao território deste Estado, por períodos limitados de tempo, para aí desenvolverem uma atividade profissional por conta de outrem.

Como se observa, o acordo não prevê a livre circulação de trabalhadores entre os dois países, pois prevê limitação de tempo para desenvolvimento de atividade profissional e mediante contratos de trabalho validados pelas autoridades competentes. Ademais, a entrada, a permanência e o emprego de nacionais efetuados ao abrigo do referido Acordo, serão regulados pela legislação em vigor no Estado receptor.

Apesar de ter sido considerado como mecanismo de regularização extraordinária de brasileiros que se encontram em território português,

---

[195] TORRES, M. O estatuto constitucional dos estrangeiros. *Scientia Jurídica*: Revista de Direito Comparado Português e Brasileiro, Braga, t L, n. 290, p. 25, mai/ago, 2001.

[196] ACORDO entre a República Portuguesa e a República Federativa do Brasil sobre contratação recíproca de nacionais. *Diário Oficial,* Brasília, DF, nº 141, 24 jul. 2003.

salvo melhor apreciação, não há nada que indique tal extraordinariedade, haja vista que os estrangeiros, no caso, brasileiros, ficam submetidos à burocracia e todas as exigências e seletividades da legislação em vigor.

O Acordo haverá de submeter-se às normas do Estado receptor pertinentes à entrada, permanência e o emprego de nacionais, com os vistos adequados emitidos nos termos da legislação em vigor.

Oportuna a ressalva contida no artigo 6º, nº 2 do Acordo de Seguridade Social, no sentido de preservar aqueles nacionais que se encontram no território do outro Estado contratante, assegurando-lhes atendimento quanto à solicitação de visto, mas condicionado à legalidade de sua situação e regularidade da permanência. Assim, aqueles que ingressaram no país de forma irregular, ou mesmo os que tenham ingressado de forma legal, mas encontram-se em permanência ilegal, não têm garantia de que a situação seja legalizada tão-somente pela vigência do Acordo. Terão de submeter-se às normas que tratam das condições para concessão de vistos. Vejamos:

> Artigo 6º
>
> 1. Aos nacionais de ambos os Estados Contratantes serão emitidos vistos adequados, nos termos da legislação em vigor no Estado receptor.
>
> 2. O fato de um nacional de um dos Estados Contratantes se encontrar no território do outro Estado Contratante à data da assinatura do presente Acordo é considerado razão atendível para a aceitação de um pedido de visto num posto consular de carreira fora da área de sua residência, desde que aí esteja em situação legal e tenha a sua permanência regularizada no Estado Contratante em que se encontra[197].

Preenchidos os requisitos e obtida a legalização para permanência nos países contratantes, assegura-se aos trabalhadores contratados ao abrigo do acordo de contratação recíproca de nacionais, as mesmas condições e proteção de natureza laboral previstos para os nacionais do Estado receptor. E, de conformidade com a legislação do Estado receptor, ainda ao abrigo do Acordo, poderão os nacionais

[197] ACORDO entre a República Portuguesa e a República Federativa do Brasil sobre contratação recíproca de nacionais. *Diário Oficial,* Brasília, DF, nº 141, 24 jul. 2003.

contratados transferir a remuneração auferida para o seu Estado de origem, em moeda livremente conversível.

Adiante dar-se-á destaque para o volume de capitais que são movimentados entre Brasil e Portugal, mesmo em números não exatos, das remessas de seus nacionais. Os números são expressivos, embora comente-se que não reflitam a realidade, considerando que são muitos os nacionais, especialmente no que diz respeito aos brasileiros em Portugal, que se encontram em situação ilegal.

Os trabalhadores brasileiros que buscam a imigração, como por exemplo, para Portugal, em regra, ao deixar o Brasil perdem a assistência previdenciária para a qual estavam contribuindo. Por seu turno, ao exercerem atividade de trabalho naquele país, passam a contribuir para a Previdência Social local, embora raramente dela venham futuramente a usufruir. Assim, no sentido de evitar uma lacuna correspondente ao tempo em que estes brasileiros se ausentaram do país, é possível que os Estados envolvidos no fluxo imigratório, como origem e destino, formalizem acordos, a exemplo do Acordo de Seguridade Social ou Segurança Social entre o Governo da República Federativa do Brasil e o Governo da República Portuguesa.

O Acordo de Seguridade Social foi assinado em 07 de maio de 1991, em Brasília, tendo entrado em vigor, no Brasil, em 25 de março de 1995, por meio do Decreto Legislativo nº 95, de 23 de dezembro de 1992, com o objetivo de melhorar a situação dos nacionais dos dois países no domínio social passando a ter executividade pelo Decreto nº 1457, de 17 de abril de 1995.

No artigo 2º do estão relacionadas as situações aplicáveis nos dois países. Vejamos:

> 1. O presente Acordo aplicar-se-á:
>
> I – No Brasil, à legislação sobre o regime geral de Seguridade Social, relativamente a:
>
> a) assistência médica;
> b) velhice;
> c) incapacidade laborativa temporária;
> d) invalidez;
> e) tempo de serviço;
> f) morte;
> natalidade;

g) salário-família;
h) acidente de trabalho e doenças profissionais.

II. Em Portugal, à legislação relativa:

a) ao regime geral de segurança social referente às prestações de doença, maternidade, invalidez, velhice e morte e às prestações familiares;
b) aos regimes especiais de segurança social estabelecidos para certas categorias de trabalhadores, na parte em que respeitem às prestações enumeradas na alínea precedente;
c) às prestações concedidas pelos Serviços Oficiais de Saúde, em conformidade com a Lei número 56/79 que instituiu o Serviço Nacional de Saúde;
d) ao regime de acidentes de trabalho e doenças profissionais[198].

Como previsto no seu artigo 3º, são beneficiários os nacionais de cada um dos Estados Contratantes, bem como outras pessoas que estejam ou tenham estado sujeitas à legislação mencionada no artigo 2º, com extensão de tratamento aos seus familiares e sobreviventes. E na sua executividade, prevê o artigo 6º que "uma pessoa que faça jus em um Estado Contratante ao direito a uma prestação prevista na legislação referida no Artigo 2º, conserva-lo-á, sem qualquer limitação, perante a entidade gestora desse Estado, quando se transferir para o território do outro Estado Contratante."

Apesar das críticas que o Acordo entre Portugal e Brasil sobre contratações recíprocas de nacionais tem recebido, notadamente, por não ter apresentado os resultados almejados, haja vista que não foram expressivas as regularizações de brasileiros após a sua assinatura, não se pode desprezar o esforço, ou pelo menos o ato de boa vontade em inserir os imigrantes na comunidade política. E cabe destacar que este esforço, mesmo sem os resultados imaginados, especialmente pelos brasileiros, ainda representa algo muito mais humanista do que erguer um muro ou fazer discriminação ostensiva. O Acordo mostra-se, pelo menos, de conformidade com os princípios da Carta Encíclica *Pacem in Terris* do Papa João XXIII:

---

[198] BRASIL. Decreto nº 1.457, de 17 de abril de 1995. Promulga o acordo de seguridade social ou segurança social entre o Governo da República Federativa do Brasil e o Governo da República Portuguesa. *Diário Oficial da União*, Brasília, DF, 18 abr. 1995. Disponível em: <http://www.planalto.gov.br/ccivil_03/1995/D1457.htm

> 106. Entre os direitos inerentes à pessoa, figura o de inserir-se na comunidade política, onde espera ser-lhe mais fácil reconstruir um futuro para si e para a própria família. Por conseguinte, incumbe aos respectivos poderes públicos o dever de acolher esses estranhos e, nos limites consentidos pelo bem da própria comunidade retamente entendido, o de lhes favorecer a integração na nova sociedade em que manifestem o propósito de inserir-se.
>
> 107. Aprovamos, pois, e louvamos publicamente, nesta oportunidade, todas aquelas iniciativas que, sob o impulso da solidariedade fraterna e da caridade cristã, se empenham em lenir a dor de quem se vê constrangido a arrancar-se de seu torrão natal em demanda de outras terras.[199]

Este trecho da Carta Encíclica foi extraído do ponto que faz referência ao problema dos refugiados políticos, entretanto, o seu conteúdo é bastante adequado à questão dos crescentes números de pessoas que alimentam os fluxos migratórios, motivados pela exclusão social em seus países de origem e se submetem a constrangimentos para conquistar a inserção social em outras terras.

O momento é de profunda reflexão, pois no passado, a questão dos refugiados políticos mereceu menção de Sua Santidade o Papa João XXIII, entretanto, por analogia, pode-se ter presente, sem dúvidas alguma tal preocupação para a questão dos imigrantes, haja vista que não deixam de ser refugiados. São refugiados da globalização econômica.

O discurso e a prática desassociada não é algo raro na linguagem política contemporânea, porque nem sempre enfrenta a realidade de forma clara e direta, ora por questões ideológicas, ora para atender interesses eleitoreiros. Assim, nem sempre quem tem o poder, tem habilidade e firmeza no processo decisório. Mangabeira Unger sempre oportuno na orientação da prática da análise jurídica expõe que:

> A linguagem da política contemporânea normalmente sobrepõe, mais ou menos diretamente, tais abstrações ideológicas tranqüilizadoras sobre promessas de ordem inferior a interesses organizados específicos. A cada passo, torna-se impossível dizer se as abstrações servem como um disfarce

---

[199] PAPA JOÃO XXIII. *Carta encíclica do Papa João XXIII*: pacem in terris. 1963. Disponível em: <http://www.vatican.va/holy_father/john_xxiii/encyclicals/documents/hf_j-xxiii_enc_110>. Acesso em: 07 ago. 2006

ideológico para a busca dos interesses ou se, ao contrário, a busca dos interesses está sendo desorientada pelas abstrações. O que falta, principalmente, é o que deveria ser o cerne do discurso político: o campo comum de trajetórias alternativas de mudança institucional e de políticas. Ajudar a desenvolver esse campo comum é uma das tarefas da prática conjunta de mapeamento e crítica. Uma exigência da realização dessa tarefa é que resistamos ao impulso de racionalizar ou idealizar as instituições e as leis que possuímos de fato.[200]

É tentadora a visão de que as leis que possuímos serão capazes de solucionar os problemas postos e que as instituições serão efetivas no atendimento às expectativas da sociedade.

3.1. O fenômeno recente da emigração brasileira e o perfil do brasileiro que emigra para Portugal

Dentre os problemas que justificam o estudo há de se destacar:

I. As dificuldades enfrentadas pelos trabalhadores brasileiros que emigraram para Portugal, onde, segundo informações colhidas junto à entidade Casa do Brasil de Lisboa, face a ilegalidade da grande maioria dos brasileiros, são comuns os relatos de perseguições, ações policiais de identificação, denúncias de ocorrências de violações a direitos humanos; detenções e condução à fronteira para expulsão.

II. Recusa ou excessiva demora e encarecimento do processo de legalização, no contexto de entraves burocráticos com o intuito de dificultar a efetivação do objetivo do Acordo formalizado entre Brasil e Portugal, que é a legalização recíproca de seus nacionais.

III. Limitações e exigências de ordem legislativa, que vinculam os Estados-membros, quanto à legalização de pessoas oriundas de Estados não-membros, com base em Recomendações do Conselho e no Tratado da União Européia.

[200] UNGER, R. M. *O direito e o futuro da democracia*. Tradução de Caio Farah Rodriguez e Marcio Soares Grandchamp, com consultoria do autor. São Paulo: Boitempo, 2004. p. 161-162.

IV. Há indicativos de que os imigrantes sem especialização são, freqüentemente, vítimas de atitudes discriminatórias, porém, sob o aspecto financeiro proporcionam benefícios para os cofres dos Estados envolvidos, tanto para o exportador como para o importador da mão-de-obra. Em relação ao Brasil, os brasileiros vivendo no exterior são responsáveis pela injeção de alguns bilhões de reais na economia brasileira por ano. E pelo lado de Portugal, a presença dos estrangeiros trabalhando em seu território, proporciona receitas para as contas do Estado, onde sobressaem as contribuições patronais e a contribuição do trabalhador para a seguridade social, além de impostos como IVA-consumo e o IRS.

V. Há o estigma de uma identidade negada que precisa ser resgatada, pois os estrangeiros, além de discriminados, desrespeitados nos seus direitos, estão mais vulneráveis à exploração e, na ilegalidade, tornam-se ideais para a economia que vive à sombra dos direitos. Em contrapartida, não podem ser desprezados, porque na economia internacionalizada a mão-de-obra imigrante é necessária para a produção de serviços essenciais e de bens, inclusive para tarefas difíceis e, normalmente, mal remuneradas.

Assim, face os problemas acima relacionados, justifica-se o interesse pelo estudo e pesquisa para conhecer as dificuldades enfrentadas pelos brasileiros que emigraram para Portugal, especialmente os entraves legais e burocráticos para a legalização da permanência naquele País.

É necessário conhecer o perfil do brasileiro não inserido no mercado de trabalho globalizado, em razão de sua falta de qualificação profissional, que segundo o Prof. Dr. Igor José de Reno Machado, ao contrário do que se pressupunha "a maioria das pessoas é pobre e com baixa formação escolar. Há mais garçons que dentistas, mais músicos que professores de ginástica, mais jogadores de futebol que todas as categorias de profissionais liberais juntas.[201]"

De um modo geral, a situação dos imigrantes em Portugal tem requerido a definição de uma política migratória, haja vista que dentre outros problemas, a irregularidade da entrada e permanência do imi-

[201] MACHADO, I. J. de R. *Estereótipos e preconceito na experiência dos imigrantes brasileiros no Porto, Portugal.* Disponível em: <http://www.ufscar.br/~igor/public/travessian.pdf> Acesso em: 23 ago. 2006.

grante propicia exploração de mão-de-obra, humilhações e violações de direitos.

A introdução do subitem oportuniza a evocação da Declaração Universal dos Direitos Humanos da Organização das Nações Unidas, de 1948, realçando uma das considerações de seu preâmbulo no sentido de que "na Carta, os povos das Nações Unidas proclamam, de novo, a sua fé nos direitos fundamentais do Homem, na dignidade e no valor da pessoa humana, na igualdade de direitos dos homens e das mulheres e se declaram resolvidos a favorecer o progresso social e a instaurar melhores condições de vida dentro de uma liberdade."[202]

Apesar das Convenções, tratados e previsões legislativas em respeito à não violação dos direitos fundamentais, os imigrantes enfrentam muitas barreiras e, apesar de contribuírem de forma positiva para o aperfeiçoamento da sociedade, suportam discriminações e variados tipos de exploração em frontal violação aos direitos humanos, em contradição ao princípio da igualdade – direito de primeira geração – previsto em diversos textos constitucionais, como o de Portugal, e no art. 7º, da Declaração Universal dos Direitos Humanos.

A globalização é contraditória e excludente, considerando que as fronteiras deixam de ser precisas para os capitais, mas estratificadoras para o homem, em razão da seletividade pela qualificação profissional. A mão-de-obra qualificada ingressa nos países pela entrada social, enquanto os menos capacitados, submetidos a constrangimentos entram pela porta dos fundos.

Dados estatísticos indicam que o perfil do imigrante brasileiro em Portugal, de conformidade com o Alto Comissariado para a Imigração e Minorias Étnicas – ACIME, em 2004 era o seguinte: total legalizado de 66.907[203], dos quais 13.815 homens e 15.141 mulheres, com Autorização de Residência[204]; idade média de 31,2 anos[205].

---

[202] Assembléia Geral das Nações Unidas. *Declaração Universal dos Direitos do Homem.* Disponível em: <http://www.dhnet.org.br/direitos/deconu/textos/integra.htm>. Acesso em: 27 já. 2007.

[203] Alto Comissariado para a imigração e minorias Étnicas – ACIME. *Serviço de Estrangeiros e Fronteiras – SEF.* Disponível em: <www.acime.gov.pt>. Acesso em: 23 ago. 2006. (o ideal é que o endereço caia onde a informação foi tirada e não na página geral.)

[204] Ibid.

[205] Alto Comissariado para a imigração e minorias Étnicas – ACIME. *Recenseamento Geral da População 2001.* Disponível em: <www.acime.gov.pt>. Acesso em: 23 ago. 2006. (o ideal é que o endereço caia onde a informação foi tirada e não na página geral.)

No indicador População Estrangeira por Grupos Sócio-econômicos, a população brasileira ativa em Portugal soma 22.977, como demonstra a tabela abaixo.

Tabela 1: População Estrangeira por Grupos Sócio-econômicos

Empresários e pequenos patrões	3004
Independentes	860
Dirigentes e quadros superiores	602
Quadros intelectuais e científicos	1643
Quadros intermediários	1900
Empregados do comércio e serviços	4753
Operários qualificados e semi-qualificados	5555
Operários não qualificados	4105
Outros ativos	555

Fonte: Alto comissariado para a imigração e minorias étnicas – acime, 2001.

Do quadro extrai-se que mais de 50% dos trabalhadores imigrantes brasileiros em situação já legalizada encontra-se nos quadros com mais facilidade de colocação no mercado de trabalho global. Ainda assim, parcela significativa situa-se na faixa dos não qualificados e dos empregados no comércio e serviços, estes preponderantes no segmento de bares e hotéis, enquanto os primeiros, como operários, no setor da construção civil.

O contingente oficial enfrenta dificuldades próprias da competitividade do mercado. Os maiores problemas são enfrentados pelas pessoas em condição irregular de permanência, submetendo-se a condições de trabalho mais precárias em troca de irrisória remuneração e sem acesso aos direitos fundamentais, normalmente no exercício de atividades rejeitadas pelos trabalhadores portugueses e trabalhadores oriundos dos países comunitários.

Em pesquisa realizada pela Profª Káchia Téchio, a respeito dos brasileiros não documentados, na qual fez uma análise comparativa entre os migrantes residentes em Lisboa e Madri, tendo como base a entrevista a 31 brasileiros residentes em Lisboa, quanto à formação escolar, maior incidência de pessoas com ensino médio completo e ensino médio incompleto.

Tabela 2: Formação escolar

Grau de instrução	Número	Percentual
Ensino fundamental completo	2	6,5
Ensino fundamental II incompleto	1	3,2
Ensino fundamental II completo	5	16,1
Ensino médio incompleto	4	12,9
Ensino médio completo	19	61,3
Ensino superior incompleto	0	0
Total	**31**	**100,00**

Fonte: TÉCHIO, K., 2006.

E quanto à ocupação principal, uma concentração maior de trabalhadores na construção civil e em atividades ligadas ao comércio.

Tabela 3: Ocupação principal

Ocupação	Número	Percentual
Empresários	2	6,5
Profissionais de nível técnico	1	3,2
Trabalhadores ligados ao comércio	7	22,6
Trabalhadores no ramo de alimentação	3	9,7
Trabalhadores no ramo de higiene, beleza e estética	3	9,7
Trabalhadores nos serviços domésticos, limpeza e segurança	2	6,5
Trabalhadores ligados ao entretenimento	1	3,2
Trabalhadores ligados à construção civil	9	29,0
Trabalhadores ligados à indústria pesada	2	6,5
Outros	1	3,2
Total	**31**	**100,00**

Fonte: TÉCHIO, K., 2006.

Apesar do reduzido número de entrevistados, infere-se que mesmo o trabalhador brasileiro não qualificado, destacado no quadro da População Estrangeira por Grupos Sócio-econômicos, não são precários em termos de educação, pois estão acima da média dos trabalhadores, por exemplo, da construção civil no Brasil e, possivelmente, da mesma forma em Portugal.

Não há dados oficiais sobre o número de imigrantes clandestinos, porém acredita-se que representem número bem superior aos que se encontram legalizados. Pode-se citar matéria jornalística veiculada no endereço eletrônico da BBC Brasil sobre pesquisa encomendada pelo Fundo Multilateral de Investimento do Banco Interamericano de Desenvolvimento – BID, divulgada em Lisboa dando conta que as remessas dos brasileiros que vivem em Portugal superaram as estimativas oficiais.

O governo português calcula que 67 mil imigrantes brasileiros viviam em Portugal em 2004 (último dado oficial), mas segundo estimativas extra-oficiais citados no estudo do BID, poderia haver até 250 mil brasileiros morando no país[206].

3.2. A situação do trabalhador imigrante brasileiro em Portugal. Os requisitos legais e os entraves burocráticos

Considerando que numeroso contingente de brasileiros encontra-se em território português, em situação de comprovada regularidade de residência e de trabalho, conforme alardeia a entidade Casa do Brasil de Lisboa, mesmo que pouco qualificados e estereotipados como menos intelectualizados, a pesquisa justifica-se a fim de confirmar ou não as denúncias dos fatos alardeados pela referida entidade, como humilhações, exploração de mão-de-obra, dificuldades de tornar-se imigrante legalizado e, caso confirmado, conhecer a dimensão dos entraves legais e burocráticos que retardam ou negam aos emigrantes brasileiros o reconhecimento de seus direitos, contrariando o ideal do Acordo sobre Contratação Recíproca de Nacionais, que corre o risco de fracasso diante desse cenário.

---

[206] BBC Brasil. *De Portugal*: remessa de brasileiros chega a R$ 1,2 bi. 26 maio. 2006. Disponível em: <http://www.bbc.co.uk/portuguese/reporterbbc/story/2006/05/060526_portugalbrasilremessasba.shtml>. Acesso em: 18 set. 2006

Os requisitos legais em relação a qualquer estrangeiro que pretenda trabalhar em Portugal, encontram-se sobejamente expostos no item 2.3 em que se procurou explorar a legislação portuguesa pertinente à imigração. A referida legislação mantém-se coerente com as diretrizes das Directivas do Conselho da União Européia, somado aos controles das fronteiras externas previstos no Acordo de Schengen, também abordado neste trabalho.

Atualmente, a Lei 23/2007, regula as condições de entrada, permanência, saída e afastamento de estrangeiros de Portugal. Surgiu em substituição ao Decreto-Lei nº 4/2001, que sucedeu o Decreto-Lei nº 244/98, porém sem avanços em termos de agilizar os procedimentos administrativos de regularização de imigrantes, inclusive, mantendo o tradicional emaranhado de vistos que são concedidos aos estrangeiros.

Exige-se do candidato à imigração, como requisito, a prova de que possui contrato de trabalho assinado no exterior com alguma entidade patronal portuguesa, para dar início ao processo administrativo para a concessão do visto de trabalho, mas de tramitação burocrática porque dependente da intervenção de várias entidades portuguesas como a Representação Consular, o Serviço de Estrangeiros e Fronteiras – S.E.F., a Inspeção-Geral do Trabalho – I.G.T. e o Instituto de Emprego e Formação Profissional – I.E.F.P.

E isto para ocupação das vagas de trabalho que, previamente, deverão ser analisadas se não há trabalhador nacional ou comunitário em condições de preenchê-la.

Em um estudo divulgado pelo Observatório da Imigração, em Portugal, sobre o impacto e reflexos do trabalho imigrante nas empresas portuguesas, Lourenço Xavier de Carvalho, destaca que "é um processo totalmente inviável e incompatível com a realidade e com os *timings* das empresas, 'que não podem esperar 3 meses' [...] acrescido de uma extrema burocracia."[207]

---

[207] CARVALHO, L. X. de. *Impactos e reflexos do trabalho imigrante nas empresas portuguesas*: uma visão qualitativa. Lisboa: Observatório da Imigração, 2006. p. 73. Disponível em: <http://www.oi.acime.gov.pt>. Acesso em 15 set. 2006

No mesmo item do estudo, tratando dos modelos de recrutamento de trabalhadores migrantes, o autor relaciona a insatisfação de alguns empresários diante dos entraves para poderem contratar um trabalhador que se encontra fora de Portugal e que ainda depende de processo para a obtenção do adequado visto. Vejamos:

> Precisamos de um trabalhador que está lá fora, vamos pedir o parecer do CE que demora um mês a responder que não há nacionais para o cargo e só aí começa o processo de trazer o trabalhador [...]. Não podemos estar à espera. (DRH de Empresa de Construção na região de Lisboa)
>
> Custa-me contratar um português com poucas competências e muito pouca vontade de trabalhar, porque não pude contratar um estrangeiro com melhores competências, só porque não estava legalizado („„) tentamos ser o mais cegos possível em relação à nacionalidade da pessoa. (Administrador de Empresa Hoteleira no Algarve).[208]

Comenta o autor que este modelo é extremamente burocratizado, findando por prejudicar as empresas, face o estrangulamento de suas atividades, ante a dificuldade de renovação de seu quadro de pessoal.

Quanto às dificuldades enfrentadas por muitos brasileiros para alcançar regularização ao abrigo do referido Acordo, convém destacar a observação feita por Eduardo Ferreira e outros, sobre os efeitos da imigração na economia portuguesa:

> Assim, ao abrigo do Acordo entre Portugal e Brasil sobre Contratação Recíproca de Nacionais celebrado em julho de 2003, o governo português prorrogou o prazo de permanência dos cidadãos brasileiros em situação irregular, desde que estes façam prova de ter entrado em Portugal até a data da celebração do Acordo, dia 11 de julho de 2003, e possuam um contrato de trabalho válido. Este Acordo vem permitir aos brasileiros que se encontram em Portugal (assim como aos portugueses no Brasil), obter um visto em qualquer consulado fora da sua área de residência, ao contrário do que acontecia até então, em que a lei estipulava que só o poderiam fazer no seu país de origem. Contudo, este procedimento levanta algumas dificuldades aos cidadãos brasileiros que se vêem obrigados a ir à vizinha Espanha a fim de obter um visto, criando-lhes uma sobrecarga financeira.

---

[208] CARVALHO, op. cit. p. 74.

Para facilitar o processo de legalização, procedeu-se a um registro prévio dos brasileiros que pretendiam legalizar-se. Cerca de 30 mil cidadãos brasileiros que se encontram em situação ilegal em Portugal manifestaram essa vontade. Contudo, nem todos chegarão a concluir o processo devido ao excessivo valor das coimas aplicadas.[209]

E esta realidade na qual se constata a dificuldade dos estrangeiros em Portugal, a começar pela burocracia, onerosidade e morosidade dos processos de regularização de permanência, foi levada oficialmente ao conhecimento do Presidente Aníbal Cavaco Silva, em documento elaborado por associações de imigrantes e instituições particulares de solidariedade social, da qual participou a Obra Católica Portuguesa de Migrações, a convite da Câmara Municipal do Seixal. No documento foram destacadas as boas práticas desenvolvidas pelo município de Seixal em relação aos imigrantes, como, também, relataram algumas das dificuldades enfrentadas, como:

> 1. A excessiva burocracia, morosidade e onerosidade na resolução dos processos de legalização;
> 2. a necessidade de estabelecer uma articulação efectiva dos diferentes sectores com as Embaixadas, aumentar a eficácia dos serviços de apoio aos imigrantes e outros organismos;
> (...)
> 4. a falta de sensibilização das embaixadas quanto à sua responsabilidade no acompanhamento dos cidadãos que se encontram em território português por motivos de saúde;
> (...)
> 7. o impedimento de acesso a reformas, a pensões sociais e de invalidez e outros mecanismos de protecção social a cidadãos estrangeiros em situação irregular, em comprovado contexto de precariedade;
> (...)
> 10. a fiscalização insuficiente às entidades empregadoras no que respeita aos contratos de trabalho, que quando inexistentes impossibilitam a prorrogação da permanência dos imigrantes trabalhadores em território nacional;

---

[209] FERREIRA, E. S.; RATO, H.; MORTÁGUA, M. J. *Viagens de Ulisses*: efeitos da imigração na economia portuguesa. Lisboa: Observatório da Imigração, 2004. p. 39-40. Disponível em: <www.oi.acime.gov.pt>. Acesso em: 15 set. 2006.

> 11. a ausência de mecanismos de protecção para os trabalhadores estrangeiros que denunciem casos de exploração e prática de trabalho ilegal;
> (...)
> 16. as dificuldades burocráticas e práticas discriminatórias no acesso ao crédito bancário.[210]

No mesmo documento dirigido ao Presidente da República houve o apelo para que o Portugal ratifique a Convenção Internacional de Protecção dos Direitos dos Trabalhadores Migrantes e seus familiares.

De conformidade com o Decreto-Lei nº 34/2003, de 25 de fevereiro de 2003, já possibilitava a regularização dos imigrantes indocumentados que tenham ingressado em Portugal em data anterior à vigência da norma, e que se encontrassem trabalhando e descontando para o Fisco e Seguridade Social, por um período superior a 90 dias.

Chegou-se ao ponto de 6.500 imigrantes serem beneficiados por uma medida extraordinária que lhes prorrogou por 90 dias a autorização de residência em Portugal, em ato do primeiro-ministro José Sócrates, durante sua visita ao Brasil em agosto de 2006, à vista de uma inusitada situação. Estas pessoas identificadas não conseguiam obter a autorização de residência, porque não conseguiam comprovar estarem regularmente trabalhando com contrato de trabalho, porém, estes não conseguiam um contrato de trabalho porque não atendiam o requisito para tanto, que é possuírem uma autorização de residência. Situação deveras curiosa.

A falta de regularização dos emigrantes, como conseqüência, dificulta a assistência e os tornam mais vulneráveis à exploração inescrupulosa no mercado de trabalho, gera instabilidade no emprego, o condiciona ao subemprego e baixos salários, em resumo, sem direitos sociais.

Na seqüência do que se relata a respeito da situação dos imigrantes brasileiros, em especial, não documentados, extrai-se o processo de coisificação porque passam estas pessoas, segundo a doutrina do Prof. Igor J. de Reno Machado, chamados de trabalhadores invisíveis

---

[210] OBRA CATÓLICA PORTUGUESA DE MIGRAÇÕES. *Associações de Imigrantes reúnem-se com Presidente da República*. 11 out. 2006. Disponível em: <http://www.agencia.ecclesia.pt/instituicao/pub/23/noticia.asp?jornalid=23¬iciaid=31918>. Acesso em: 26 jan. 2007.

pela Profª Kachia Téchio, do CEME – Centro de Estudos de Migrações e Minorias Étnicas e da Faculdade de Ciências Sociais e Humanas da Universidade Nova de Lisboa.

Os trabalhadores imigrantes considerados ilegais, porque não documentados, são os excluídos pela sociedade globalizada, geralmente pouco qualificados profissionalmente. São marginalizados, humilhados e esteriotipados negativamente, contra os quais são elevadas muralhas legais, burocráticas e sociais ao tentarem ultrapassar as fronteiras em busca de trabalho e melhores condições de vida.

Os imigrantes ilegais significam um desafio para os Estados imigrados, mas, também, uma contradição desta sociedade, porque apesar de desprezá-los, deles não pode prescindir, porque vitais para as suas necessidades como trabalhos domésticos, operários e serventes da construção civil, serviços em geral não interessantes para o trabalhador nacional. Oportuno transcrever a citação da Profª Kachia Téchio de um apontamento de Castles:

> As migrações de trabalhadores com fracas qualificações foi crucial para o desenvolvimento industrial após 1954 na maioria dos países ricos (...). Os países recém industrializados continuam a importar mão-de-obra não-qualificada, freqüentemente para a indústria da construção e para as plantações. No entanto, este recrutamento assume a forma de utilização sistemática de migrantes ilegais ou de pessoas em busca de asilo, cuja privação de direitos facilita a sua exploração. É, pois, uma das grandes ficções da nossa era que a 'nova economia' já não necessitaria de trabalhadores desqualificados[211].

Os imigrantes de pouca qualificação, realidade em que se enquadra grande parte dos brasileiros que se aventuram nos fluxos migratórios, são aceitos para executar aqueles trabalhos rejeitados pelos trabalhadores nacionais, por serem social e economicamente considerados tarefas menores, em geral insalubres, trabalhos penosos, perigosos e mal remunerados. E o estrangeiro se submete porque, apesar de serem baixos os salários e para exercer trabalhos considerados socialmente desprezíveis, a remuneração ainda é superior ao que receberiam para igual atividade em seu país de origem.

---

[211] Castles. S., 2005, p. 59 apud Téchio, K., 2006.

Este é um problema que se repete em várias partes do mundo, até mesmo com o trabalhador português que migra para outros Estados-Membros da União Européia, o que, de certa forma, coloca Portugal no lugar de país periférico, em comparação aos mais ricos da Europa, apesar de também europeu e considerar-se integrante do cenário do Primeiro Mundo. E bastante apropriada a seguinte observação, a respeito das relações de trabalho na União Européia:

> As directivas sobre a igualdade são também de uma extraordinária importância. E resultaram da constatação que os princípios democráticos tantas vezes apregoados pelos Estados e pelos seus responsáveis políticos, estavam longe de ter aplicação para largos estratos das suas populações trabalhadoras, em função da idade, de deficiências, etc. E mais do que isso, em função da sua raça e da sua origem territorial.
>
> E, neste caso, nem se pense que o problema é exclusivo dos cidadãos extracomunitários. O que se vem passando com os trabalhadores portugueses, por exemplo na Alemanha, na Holanda e na Espanha é de uma gravidade extrema. Na verdade, vão chegando freqüentes notícias de grandes desigualdades no que respeita à retribuição auferida quando comparada com a dos trabalhadores desses países a desempenhar as mesmas funções; para além de não terem, em muitos casos, qualquer protecção na saúde e nos acidentes de trabalho e viverem mesmo em condições indignas. E isto, perante a passividade mais completo das autoridades portuguesas e desses países.
>
> E se isto é assim para cidadãos comunitários, fácil é concluir o que será para cidadãos de outras origens.[212]

O brasileiro que opta pela migração e se submete a condições humilhantes, normalmente o faz porque raciocina no sentido de que no Brasil já se encontra em situação humilhante, certamente no desemprego, alimentando as estatísticas da linha de pobreza e o que é mais grave: é um excluído e sem perspectivas. Mesmo que a emigração não lhe proporcione a inclusão, pelo menos lhe possibilita trabalho e melhor remuneração do que receberia no Brasil.

---

[212] SILVA. J. A. F. da. *As relações de trabalho na União Européia*: breves reflexões: temas laborais luso-brasileiros. Coordenação Auta Madeira. São Paulo: LTr, 2006. p. 158-159.

Os países onde se constata a existência do chamado trabalho informal, isto é, sem registro e sem proteção da legislação trabalhista, inclusive com a presença dos denominados camelôs, feirantes e serviços gerais autônomos, como mecânicos, borracheiros, encanadores, consertos em geral, são atrativos para os fluxos migratórios de pessoas com baixo nível de escolaridade e qualificação técnica. Por isso o Brasil é atrativo para imigrantes de países mais pobres da América do Sul, enquanto Portugal e Espanha, na Europa.

A Profª Kachia efetivou pesquisa, por amostragem, no período entre outubro de 2004 a junho de 2005, envolvendo entrevistas com alguns brasileiros não documentados, ou seja, clandestinos em Portugal. De início, ao procurar saber como era o cotidiano desses brasileiros, logo foi indagada se da pesquisa poderia decorrer alguma melhoria em suas condições de vida e de outros imigrantes brasileiros.

Estes brasileiros são desamparados e procuram criar redes de confiança.

Segundo a Organização não governamental de proteção aos imigrantes brasileiros em Portugal, a Casa do Brasil de Lisboa, esta chamada "segunda vaga de imigrantes brasileiros" verificada a partir da década de 1990, concentra grande número de imigrantes não documentados. A concentração desses imigrantes tem ocorrido em maior quantidade em Lisboa, Setúbal e Oporto, além da região da Costa da Caparica, próxima a Lisboa. A Costa da Caparica guarda semelhança com a paisagem de cidades costeiras brasileiras, funcionando como cidade dormitório, mas que também atrai por ter custo de vida mais barato do que em Lisboa e oferecer oportunidades de trabalho em bares, restaurantes, lojas e outros serviços similares, além da presença de redes sociais como a dos futebolistas, capoeiristas, dançarinas, músicos, dentre outras .

Na Costa da Caparica a Profª Kachia descobriu a presença de uma figura comum no Brasil: o chapa. São aquelas pessoas que normalmente trabalham como diaristas "em qualquer tipo de trabalho, seja na construção civil, carregando ou descarregando caminhões, fazendo reparos em encanamentos, eletricidade, carpindo ou limpando terrenos, casas etc.".[213]

---

[213] Téchio, K. Imigrantes brasileiros não documentados: uma análise comparativa entre Lisboa e Madri. *Socius Working Papers*, Universidade Técnica de Lisboa, n. 1/2006, p. 8. Disponível em: <http://pascal.iseg.utl.pt/~socius/publicacoes/wp/wp200601.pdf>. Acesso em: 26 set. 2006.

De conformidade com a pesquisa de Kachia Téchio, 29,4 anos é a média de idade dos brasileiros em Portugal e que 48,4% dos imigrantes são originários do estado de Minas Gerais e que dos entrevistados, "61,3 possuem um índice de formação escolar a nível médio completo"[214].

Os empregadores de mão-de-obra imigrante não-documentada, como já relatado, auferem receitas decorrentes da exploração desses trabalhadores, porém, correm o risco de responderem perante a legislação que é proibitiva, e de pagarem multas caso sejam surpreendidos pela fiscalização do Serviço de Estrangeiros e Fronteiras – SEF. A pesquisadora acrescenta que:

> Os empresários em Portugal, sejam eles portugueses ou brasileiros, são bastante cuidadosos ao lidar com trabalhadores não documentados. Além de não haver um contrato formal, não fazem registros das horas trabalhadas; no período do verão não há folgas semanais e os valores pagos não incluem horas extras. Ainda, os pagamentos são realizados em moeda, ficando desta forma poucas possibilidades de comprovar os serviços prestados, a não ser pela 'palavra' dos trabalhadores, o que, no caso dos imigrantes não documentados, acaba valendo quase nada. Ainda, principalmente, na época do verão, o número de imigrantes eleva-se consideravelmente, renovando um estoque de mão de obra completamente vulnerável. Não irei tratar das questões de sonegação de impostos, e outras, possivelmente praticadas pelos empregadores e dos conseqüentes prejuízos para o Estado Português.[215]

Não é exigível maior esforço para extrair dessa prática os eventuais prejuízos para o Estado Português. A utilização de mão-de-obra imigrante não documentada traz prejuízos e exploração do trabalhador, mas, também para o Estado, haja vista que deixam de ser recolhidos aos cofres públicos os encargos sociais, especialmente a contribuição previdenciária. Extrai-se daí a consumação do enriquecimento ilícito do tomador dessa mão-de-obra, porque deixa de cumprir com as

---

[214] Ibid.

[215] TÉCHIO, K. Imigrantes brasileiros não documentados: uma análise comparativa entre Lisboa e Madri. *Socius Working Papers*, Universidade Técnica de Lisboa, n. 1/2006, p. 14. Disponível em: <http://pascal.iseg.utl.pt/~socius/publicacoes/wp/wp200601.pdf>. Acesso em: 26 set. 2006.

suas obrigações trabalhistas em relação ao prestador do serviço, além de não recolher para o Estado as obrigações sociais e fiscais. Assim, o Estado perde pelo fato de não reconhecer e legalizar a presença desses trabalhadores.

A informalidade do contrato de trabalho acentua a invisibilidade desses trabalhadores, inclusive sob o aspecto sindical e associativo, o que torna crítica a vulnerabilidade à exploração inescrupulosa da mão-de-obra, eis que a pesquisa constatou que, especialmente, nos meses de verão, é comum os trabalhadores se submeterem a jornadas de 16 horas diárias, durante os 7 dias da semana, sem contrato, pagamento de horas extraordinárias, enfim, desprotegidos de qualquer direito. Em um quadro comparativo de horas trabalhadas por semana pelos imigrantes brasileiros ilegais em Portugal e na Espanha, a autora da pesquisa apresentou o seguinte quadro, de conformidade com os dados recolhidos em 2005.

Tabela 4: Horas de trabalho (semana)

	LISBOA		MADRID	
Horas semanais	N	%	N	%
20 a 40	0	0	14	43,8
41 a 60	13	41,9	15	46,9
61 a 80	14	45,2	1	3,1
81 a 100	4	12,9	0	0
Integral/interna*	0	0	2	6,3
	31	**100,00**	**32**	**100,00**

* Residem no local de trabalho
Fonte: TÉCHIO, K., 2006.

Há uma maior concentração de trabalhadores imigrantes não documentados em Portugal, em regime de trabalho de 61 a 80 horas semanais. A exploração é mais acentuada em Portugal. Como relatado anteriormente, o nível de escolaridade situa-se na faixa de 61,3 dos imigrantes com nível médio de formação completo. Ainda, de acordo com a pesquisa da Prof. Kachia, a média de remuneração dos trabalhadores em Portugal situa-se em 839,52 euros[216], o que representa, aproximadamente, R$ 2.325,00, ao câmbio de 2,77 em 24 de janeiro de 2007, apenas para se ter uma idéia ilustrativa.

Acrescenta a pesquisa que:

> Estes trabalhadores parecem encontrar-se, ainda assim, acima das médias de qualificação portuguesas. Os trabalhadores chegados em Espanha, nos últimos tempos, possuem também maior qualificação profissional e maior formação escolar no país de origem. Verifica-se uma trajetória profissional momentaneamente descendente devida a migração e uma ruptura no processo formativo educacional, porém acompanhadas de aumento de rendimentos, o que justifica a migração.[217]

A melhor remuneração justifica as economias feitas por estes brasileiros para remessas ao Brasil, principalmente, por isso a concorrência travada entre as instituições financeiras a fim de captar estes recursos. Daí pode-se ainda inferir o quanto o Estado português deixa de arrecadar em razão da condição de clandestinidade desses imigrantes.

A pesquisa complementa destacando que a maior parte dos trabalhadores entrevistados tinham como ocupação no Brasil: atividade profissional de nível técnico (12,9%); trabalhadores ligados ao comércio (12,9); trabalhadores ligados à construção civil (12,9); trabalhadores ligados à indústria pesada (9,7%); trabalhadores na área administrativa (9,7%)

Em um outro estudo da Profª Kachia Téchio partindo de uma perspectiva de percepção e reconhecimento das vivências no espaço da experiência migratória de mulheres brasileiras, não documentadas, trabalhadoras em uma casa de alterne nos arredores de Lisboa, destacou que "segundo Machado, em sua tese intitulada Cárcere Público, demonstrou que o estereótipo da mulher brasileira em Portugal está ligado a alegria e sensualidade."[218]

---

[216] Téchio, K. Imigrantes brasileiros não documentados: uma análise comparativa entre Lisboa e Madri. *Socius Working Papers*, Universidade Técnica de Lisboa, n. 1/2006, p. 18. Disponível em: <http://pascal.iseg.utl.pt/~socius/publicacoes/wp/wp200601.pdf>. Acesso em: 26 set. 2006.

[217] Ibid., p. 17

[218] Machado, 2003 Apud Téchio, K., 2006.

A imagem do Brasil no exterior, em especial, dos brasileiros e brasileiras, não é das melhores, e não se pode criticar o estrangeiro pela visão que tem a respeito, normalmente associando os brasileiros a futebol, música, alegria, violência e sexo. Tem-se a impressão de que os brasileiros são mais respeitados pelo corpo do que pela capacidade de pensar e produzir algo além de dribles e rebolados.

Em matéria veiculada no endereço eletrônico da BBC Brasil.com, intitulada "Brasileiras são vítimas de assédio em Portugal", a jornalista Maria Luísa Cavalcante, enviada especial em Lisboa, destaca que segundo Carlos Trindade, presidente do Sindicato dos Trabalhadores de Serviços de Portaria, Vigilância, Limpeza e Domésticas (STAD), as imigrantes brasileiras que atuam como domésticas em Portugal são mais vítimas de assédio sexual do que as mulheres de outras nacionalidades.

Na mesma reportagem Heliana Bibas, à época ainda como presidente da Casa do Brasil de Lisboa confirmou o estereótipo, que é vergonhoso e precisa acabar. Entretanto, admite que o estereótipo foi construído pela cultura brasileira, com ênfase dada pela mídia. Eis o conteúdo da matéria jornalística:

> Os patrões têm essa idéia de que as brasileiras são mais acessíveis e alguns procuram um envolvimento com elas, diz Trindade. 'O problema é mais grave quando as imigrantes estão em situação irregular no país, pois os abusos aumentam. O trabalhador está mais frágil'.
>
> A paraibana Joana, de 26 anos, foi uma das vítimas do problema. Ela desembarcou em Lisboa em janeiro passado, deixando para trás o emprego de balconista e um filho de 6 anos. Determinada a juntar dinheiro para comprar uma casa, aceitou a passagem de um namorado português, que também arranjou para ela um trabalho como doméstica na casa de um casal. Pouco tempo depois, no entanto, começou a estranhar o comportamento do patrão.
>
> 'Ele começou a voltar mais cedo do trabalho, antes de a mulher chegar, e ficava tentando alguma coisa comigo', conta. 'Ele me dizia que eu tinha vindo em uma boa hora e que o casamento dele era uma fachada, dando a entender que eles já não transavam mais'.
>
> 'Aqui brasileira já tem uma fama. Muitas vêm mesmo para prostitutas. Mas por causa de uma, todas pagam. Mesmo as que querem trabalhar honestamente.'

Depois de 15 dias, nos quais não tirou as folgas semanais a que tinha direito, Joana pediu demissão. 'Quando acertamos as contas, minha patroa disse: vou te pagar o que você merece – 40 euros (cerca de R$ 112,00). Tínhamos combinado um salário mensal de 500 euros (aproximadamente R$ 1,4 mil)', lembra. 'Eu tinha terminado com o meu namorado e não tinha para onde ir. Passei duas noites na rua e só depois consegui um trabalho na casa de uma outra família.'

Choque

A solução encontrada por Joana parece ser a mais comum, segundo o presidente do Sindicato. 'Os casos de assédio são difíceis de provar porque as trabalhadoras ficam chocadas que não querem contestar. Preferem apenas sair do emprego', diz Trindade.

Foi o que fez também a paulista Stella, de 43 anos, em Portugal há um ano. Ao chegar, percebeu que não iria conseguir trabalho como manicure e cabelereira, como tinha no Brasil, e aceitou o emprego de doméstica na casa de uma idosa. Mas acabou se vendo obrigada a arrumar também o apartamento do neto solteiro da patroa, que mora no mesmo prédio.

'Uma vez cheguei à casa dele e o encontrei nu no meio da sala. Ele sabia que eu ia chegar e nem se preocupou em se vestir. Quando eu fui fazer a cama, reparei que ele tinha se masturbado e deixado tudo sujo de propósito', conta.

'Eu chorei o dia inteiro. Nunca me senti tão desrespeitada. Tenho um filho de 19 anos e sei que ele jamais faria uma coisa dessas. Mesmo sendo um trabalho que pagava bem, 600 euros, preferi voltar a procurar emprego em um salão de beleza'.

Heliana Bibas, presidente da Casa do Brasil de Lisboa, confirma que as mulheres brasileiras são vistas em Portugal como 'fáceis', mas, para ela, o assédio se agrava no caso das empregadas domésticas por causa do estereótipo que ronda a profissão. 'Nos livros, nas novelas, na história do Brasil em geral, a empregada é a mãe dos filhos bastardos do patrão, é a mulher com quem o menino da casa perde a virgindade. Isso é uma vergonha e tem que acabar', diz.

Ela lembra que, no entanto, as brasileiras têm aspectos muito positivos que fazem com que sejam preferidas diante das cabo-verdianas e ucranianas, suas maiores 'concorrentes' no mercado português do trabalho doméstico. 'Eu sempre ouço dizer que as brasileiras são preferidas para cuidar de idosos porque têm mais paciência e são mais carinhosas', diz.

> Carlos Trindade, do Sindicato, acredita que o fato de o idioma ser o mesmo também é uma vantagem para as brasileiras. 'Cria-se uma empatia maior e o trabalho pode se tornar mais fácil', afirma.[219]

O brasileiro é o maior responsável pela imagem construída e basta observar o seu comportamento.

A produção cultural do país, seja por intermédio da produção cinematográfica ou das telenovelas, que são produtos de exportação, apesar de algumas mensagens positivas, no geral expõem as mazelas do Brasil, os seus problemas sociais, as favelas – que foram transformadas até em pontos turísticos, com a devida permissão do tráfico de drogas –, a violência, a corrupção, a impunidade.

Não é que não existam problemas em outros países. A grande diferença é que os outros países se respeitam e passam ao mundo o que eles têm de melhor e não enfatizam a sua roupa suja.

E o pior é que a nossa propaganda negativa ainda é feita com subsídios do Estado, por intermédio do Ministério da Cultura, sob o rótulo de que todo esse lixo é cultura.

As telenovelas não fogem à regra, porque apesar de serem veículos de utilidade pública com mensagens de apelo social, como a sensibilização para os problemas das famílias de pessoas desaparecidas; preconceito e discriminação racial; dependência de álcool e drogas; as dificuldades enfrentadas no cotidiano pelas pessoas com necessidades especiais, também ajudam a construir uma identidade bastante distorcida que não corresponde ao senso comum dos brasileiros.

Boa parte das telenovelas – tipo exportação – passa a imagem de que no Brasil vive-se e aceita-se com bastante naturalidade a promiscuidade sexual; de que as relações sexuais dos jovens têm início aos 14 e 15 anos, inclusive, na própria residência dos pais e com a conivência destes, alimentando a instantânea transmutação de uma relação de namoro em relação de 'amantes'. Ademais, ainda se constrói a imagem de que o casamento é uma instituição decadente, porque, não raro mostra-se que as famílias vivem em escancarada

---

219 BBC Brasil. *Brasileiras são vítimas de assédio em Portugal.* Disponível em: <http://www.bbc.co.uk/portuguese/reporterbbc/story/2006/08/060810_domesticasportugalassediom1.shtml>. Acesso em: 22 fev. 2007.

desarmonia, sem contar que são corriqueiros e em número assustador os casos de traições conjugais em uma mesma novela.

Considerando que estes veículos de comunicação raramente abordam situações de estímulo aos estudos e ao comportamento ético, o estrangeiro não pode ser criticado por imaginar que o país é mostrado como um grande prostíbulo.

E onde está a base desta afirmação? Basta ligar a televisão e constatar que este tipo de mensagem está no veículo de maior audiência.

Assim, correspondem as informações colhidas no estudo da Profª Kachia Téchio, ao indicar que países como Alemanha, Itália, Suíça, Espanha e Portugal são receptores de mulheres jovens e meninas aliciadas pelo tráfico para a exploração sexual. E, segundo denúncia apresentada no 1º Seminário Internacional sobre Tráfico de Seres Humanos, ocorrido em Brasília – DF, no ano 2000:

> o Brasil responde com cerca de 15% das mulheres que deixam a América Latina para trabalhar em prostíbulos no mundo inteiro. Um estudo de Leal e Leal (2002) aponta que, das oitenta rotas de tráfico internacional de mulheres brasileiras apuradas, quarenta tinham como destino Espanha e Portugal.[220]

A pesquisadora mencionando dados da Fundação Helsinque, de 14 de abril de 2005, que estimam a existência de 75 mil mulheres brasileiras trabalhando na indústria do sexo em países da Europa, acrescentou que:

> a situação da migração ilegal feminina, para comercialização sexual, tem aumentado muito nos últimos anos na Europa. A PF – Polícia Federal Brasileira – a cada mês desmonta novas quadrilhas organizadas, através da intermediação entre proprietários de agências de turismo, agenciadores e receptores em casas nocturnas estrangeiras.
>
> A construção da identidade brasileira no exterior, ancorada em ícones como samba, carnaval, mulatas e futebol, contribui decisivamente na fomentação de um imaginário social que vê nas brasileiras produtos de

[220] Téchio, K. Imigrantes brasileiros não documentados: uma análise comparativa entre Lisboa e Madri. *Socius Working Papers,* Universidade Técnica de Lisboa, n. 1/2006, p. 9. Disponível em: <http://pascal.iseg.utl.pt/~socius/publicacoes/wp/wp200601.pdf>. Acesso em: 26 set. 2006.

fácil e rentável aceitação no mercado internacional do sexo. Este imaginário social europeu é conhecido e comentado entre as candidatas a imigração.

[...]

A formação acadêmica incompleta, a formação profissional não qualificada, somadas a fatores como idade, falta de domínio de outras línguas e articulada com as situações de ilegalidade, aproximam/empurram estas imigrantes para a sempre presente hipótese de trabalhar com a comercialização do sexo.[221]

Uma maneira de retratar com mais clareza a situação do imigrante brasileiro em Portugal pode ser extraída de uma "Declaração de 25 de novembro de 2005", emitida pela organização não-governamental de proteção ao imigrante brasileiro em Portugal, Casa do Brasil de Lisboa. Na Declaração a entidade expõe críticas à morosidade dos processos de regularização dos brasileiros com base no Acordo do Lula, ao tratamento inadequado por parte do Serviço de Estrangeiros e Fronteiras, como também, cobra das autoridades brasileiras uma postura inequívoca na defesa dos seus cidadãos. Eis alguns trechos desse documento:

DECLARAÇÃO DE 25 DE NOVEMBRO DE 2005

Os imigrantes brasileiros reunidos neste ato, convocado pela Casa do Brasil de Lisboa, vêm a público reivindicar ao governo português uma solução para a situação de irregularidade que afeta milhares de imigrantes brasileiros e de outras nacionalidades, com base no princípio de 'QUEM TRABALHA TEM QUE SER LEGALIZADO'.

Entendemos que as regularizações no âmbito do chamado 'processo do Lula' estão sendo cada vez mais dificultadas, o que consideramos inaceitável: todos aqueles que se inscreveram ao abrigo desse acordo têm de ser legalizados.

1) Consideramos urgente que o governo português, além de concluir os processos de legalização em curso, encontre um novo mecanismo que permita regularizar os muitos brasileiros não abrangidos pelo 'Acordo Lula' que se encontram trabalhando e residindo em Portugal.

[...]

---

[221] Ibid., p. 9-10.

3) Entendemos que esta nova lei de estrangeiro deve contemplar os seguintes pontos:

Simplificação do atual 'inferno burocrático' que é a relação entre o Estado português e o imigrante, que, pela lei em vigor, é considerado, na maioria dos casos, um não-residente, um trabalhador visitante;

[...]

Meios jurídicos de regularização dos trabalhadores estrangeiros indocumentados, muitos dos quais descontam para a Segurança Social e para as Finanças.

4) Acreditamos que é urgente haver uma mudança na forma de atuação do Serviço de Estrangeiros e Fronteiras. Os mais de 500 mil usuários desse serviço pagam taxas altas, mas são tratados como eternos suspeitos que têm que provar vezes sem conta a sua inocência. Os imigrantes são parte das classes trabalhadoras portuguesas e exigem ser tratados com dignidade. Muitos são empreendedores ou quadros nas empresas, e até no Estado. Os imigrantes não podem ser discriminados ou maltratados pelos serviços públicos.

5) Reivindicamos que o governo brasileiro assuma uma postura inequívoca de defesa dos seus cidadãos aqui residentes. O contacto direto e permanente dos representantes do governo com os brasileiros imigrantes em Portugal é essencial para ajudar a superar muitos dos problemas que os atingem.

6) Consideramos fundamental que os consulados brasileiros prestem bons serviços aos seus cidadãos, funcionando sobretudo como um órgão de apoio à comunidade brasileira e não apenas como uma entidade burocrática. Julgamos essencial, igualmente, que novos consulados sejam abertos ou que se criem formas de descentralizar os serviços consulares, hoje concentrados em Lisboa e no Porto, a fim de auxiliar o atendimento.

[...][222]

E os relatos de mal tratos podem ser constatados não apenas durante a permanência irregular no país escolhido para imigração, no caso sob análise, Portugal, mas verifica-se, também, no momento de consumar-se a deportação. Um estudo realizado pela Secretaria de Justiça e Defesa da Cidadania de São Paulo/Escritório de Prevenção e Combate ao Tráfico de Seres Humanos do Estado de São Paulo/ Governo do Estado de São Paulo, em parceria com algumas instituições

---

[222] PORTAL CASA DO BRASIL DE LISBOA. *Declaração de 25 de novembro de 2005.* Disponível em: <http://www.casadobrasil.pt>. Acesso em: 27 nov.

como, Departamento de Polícia Federal, Associação Brasileira de Defesa da Mulher, da Infância e da Juventude (ASBRAD), Serviço da Mulher Marginalizada (SMM), dentre outros, sob o título "Indícios de tráfico de pessoas no universo de deportadas e não admitidas que regressam ao Brasil via o aeroporto de Guarulhos", pode-se destacar alguns relatos feitos por pesquisadores em campo:

> Nas percepções das entrevistadas, as autoridades estrangeiras, ao recusarem o ingresso de brasileiras, estão faltando com o respeito às mulheres e têm uma imagem do Brasil e das brasileiras marcada pela idéia de prostituição, o que é utilizada para humilhá-las. Nos relatos dessas pessoas, esse tipo de ofensa aparece vinculado, sobretudo, às não admissões em Portugal.
>
> Me contou que foi muito mal tratada, passou por horas de interrogatório. Os policiais a revezavam com a prima que a acompanhava, inventaram respostas falsas para confundi-las. Ela se indignou e perguntou porque recebiam aquele tratamento, que pelo fato de serem policiais não tinham o direito de tratá-las daquela maneira. As moças disseram que os policiais ficaram dando risadas delas e foram confundidas com prostitutas. Foi negado o direito de fazer um telefonema.
> Táli, Diário de Campo, 15 de março de 2005
>
> O relato de uma estudante de 22 anos, não admitida em Portugal, reforça a impressão:
>
> O policial português queria que ela 'assumisse' que teria ido trabalhar como prostituta, mas declarou para mim a seguinte coisa, quase chorando: 'Juro por Deus não ter ido fazer isso, mas se tivesse também não negaria, pois não devo nada a ninguém. Não ia deixar minha mãe aqui sozinha[223].
> Diego, 17 de março de 2005
>
> Vôo de Lisboa, TAP 185, 17:30
>
> Neste vôo chegaram mais de 10 não admitidos. Entre eles, seis mulheres. O terminal 2 ficou lotado. Vi que tinha umas mulheres muito nervosas.

---

[223] BRASIL. Ministério da Justiça. Escritório de Prevenção e Combate ao Tráfico de Seres Humanos do Estado de São Paulo. *Indícios de tráfico de pessoas no universo de deportadas e não admitidas que regressam ao Brasil via o aeroporto de Guarulhos.* São Paulo, 2005. p. 21-22. Disponível em: <http://www.mj.gov.br/trafico/servicos/publicacoes/Relatorio%20Guarulhos%20-%20%20Mulheres%20Deportadas.pdf> Acesso em: 22 fev. 2007

> Resolvi, então, separá-las dos homens. Juntamos todos em um canto do terminal. Pedi calma a elas. A mais alterada discutiu com o agente da Polícia Federal. Reclamou demais dos maus-tratos e desconfianças dos policiais da imigração. Ela sempre dizia que tinha dinheiro o suficiente para viajar, além de cartão de crédito internacional. Reclamou do tratamento dos policiais, como se fosse garota de programa. As putas que estão lotando os países da Europa e denegrindo a imagem de brasileiras que vão para o exterior como turistas. Ela estava realmente inconformada, que ia falar com o Lula e com amigos influentes que tem em Brasília. Vai procurar seus direitos e contratar um bom advogado. Fiz uma gravação com as reclamações dela e das mulheres que a acompanhavam. Um advogado português que veio no mesmo vôo dessas mulheres ficou inconformado com os maus-tratos aos quais as brasileiras foram submetidas e ofereceu ajuda profissional.
>
> Carly, Diário de Campo, 16 de março de 2005.

Com os dados ressaltados pela pesquisa não é difícil concluir que os brasileiros passam por constrangimentos ao tentarem ingressar no território da União Européia, considerando Portugal como direção sob estudo, mas, também, durante a permanência até alcançar a tão almejada regularização, bem como, no momento em que de deparam com a deportação.

3.2.1. *As denúncias de perseguições e violações de direitos humanos contra brasileiros em Portugal*

Ainda tomando como referência a pesquisa levada a efeito pela Prof[a] Kachia Téchio, divulgada em seu trabalho já mencionado, "Imigrantes brasileiros não documentados", no tópico "Retratos de uma humilhação laboral: a nova estrutura social", a autora destaca que, no geral, o trabalho dos imigrantes não documentados compreende a execução de tarefas simples, embora necessários para o pleno funcionamento da atividade empresarial, como atendimento ao público, serviços de limpeza, lavar roupas, por exemplo.

No levantamento do cotidiano dos trabalhadores, em especial, o trabalho das mulheres, a pesquisadora noticia algumas ocorrências de abusos e humilhações relatados por alguns entrevistados. Vejamos:

eu nunca tinha feito isso, nunca tinha trabalhado fora de casa, mas aprendi rápido, aprendi mexer na chapa (dos hambúrgueres), limpar 'sanita' com lixívia'. Só me apavorava quando tinha que ir atender mesa, não entendia o que eles falavam. Mas a gente se acostuma rápido. (Maria Luiza, parda, 29 anos)

Comecei a trabalhar numa loja de calçados, fiquei três dias. O patrão me mandava subir e descer numa escadinha o tempo todo. Dizia que era pra eu ir vendo os sapatos e aprender. Acha que olhando sapato a gente aprende? Ele queria era ficar olhando minha bunda. (Maria Joana, branca, 17 anos).

Eu trabalho das quatro da tarde à meia noite. Já faz dez meses que to nesse emprego (uma lanchonete), logo no começo tava lavando a louça e o gerente passou por trás e me deu um tapa na bunda. Falei que não gostava daquilo. Ele disse que era coisa de 'colega' de trabalho. Falou imitando sotaque brasileiro. Me senti muito mal, humilhada. Mas não podia fazer nada. Continuei lavando a louça e não deu pra segurar, comecei a chorar. Um freguês também português que viu tudo chegou no balcão e disse 'viu o que você fez? Pra quê fazer isso?' aí o gerente ficou com raiva, resmungou que eu nem trabalhava direito, que brasileiro era tudo cheio de mania, de enrolar só pra não trabalhar. (Maria Luíza, parda, 29 anos).

Trabalhei num escritório, o sujeito que me contratou era todo sorrisos, disse que ia me dar um contrato para conseguir o visto. Logo na primeira semana chegou no meio da tarde com uma garrafa de vinho e disse 'esse vinho custou 16 euros, vamos beber na tua casa depois das seis'. Era um velho nojento, tinha os dentes da frente tudo podre. Quando vinha falar comigo, chegava por trás e sempre colocava a mão no meu ombro, pior, era verão, parei de usar blusa de alcinha. Ele baixava a cabeça assim ao lado da minha, quase me beijava. Agüentei aquilo por três meses, ficava nervosa, ia no banheiro chorava e lavava a cara. Tinha dor de estômago, nem conseguia comer. Nos dias que ele viajava ou ia pra rua era um alívio. Todo dia chegava sorrindo como se aquilo fosse um namora, dizia que tinha sonhado comigo e contava umas coisas nojentas, pedia se era verdade que toda brasileira era boa de cama. Depois como eu nunca aceitava ele começou a se irritar, ficou grosseiro, quando eu pedia do contrato ele dizia que o contador não tinha feito, que pra semana saia e se atirava pra cima de mim de novo. Vi que nunca ia ter contrato e também já tava ficando doente, mesmo que tivesse contrato eu não ia agüentar aquilo. Já tava deprimida, quando encontrava meus amigos me arrepiava se encostassem em mim, chorava fácil. Graças a Deus minhas amigas viram o que eu tava passando e me ajudaram achar outro emprego de ajudante de cozinha. (Maria Rosa, negra, 32 anos).[224]

Dos depoimentos se extrai a que ponto chegam as humilhações que os trabalhadores imigrantes não documentados têm de enfrentar. São pessoas vulneráveis a todo tipo de exploração, não apenas em relação aos abusos cometidos contra os direitos trabalhistas, haja vista o excesso de jornada de trabalho sem a correspondente remuneração, inclusive, com horas extraordinárias, sem os devidos recolhimentos previdenciários, além das repugnantes violações aos direitos humanos e à dignidade do ser humano.

A vulnerabilidade coloca os trabalhadores não documentados à mercê de inescrupulosos empregadores, que se aproveitam da situação para tentar saciar seus instintos, sem titubeios na prática de assédios sexual e moral. Isto porque conscientes de que tais trabalhadores estão à margem, invisíveis para as entidades assistenciais, sindicais, ministério público e impossibilitados de denunciar tais abusos, pois correm o risco de serem expulsos do país em razão de estarem clandestinos no território português.

De que vale todo um ordenamento jurídico comprometido com o respeito aos direitos humanos, especialmente, por força de convenções e tratados, se estas pessoas, por estarem não documentados, ficam à margem da proteção legal?

De que vale o discurso político de que há intenção de respeitar os direitos humanos e adotar medidas reguladoras para que estes imigrantes possam sair da clandestinidade, se o discurso está desassociado da prática? Não é tarefa fácil lidar com os desafios da sociedade globalizada, especialmente quando nem todos que têm nas mãos o poder de tomar decisões ou, pelo menos influenciá-las, são tão ativos.

É inevitável que surjam os questionamentos sobre porque motivos não ocorre a legalização desses trabalhadores imigrantes não

---

[224] TÉCHIO, K. Imigrantes brasileiros não documentados: uma análise comparativa entre Lisboa e Madri. *Socius Working Papers*, Universidade Técnica de Lisboa, n. 1/2006, p. 22-23. Disponível em: <http://pascal.iseg.utl.pt/~socius/publicacoes/wp/wp200601.pdf>. Acesso em: 26 set. 2006.

documentados. Os Estados envolvidos, no caso Brasil e Portugal, estão auferindo suas vantagens com a imigração de pessoas com o perfil desqualificado para o cenário da globalização. Por seu turno, os empregadores estão levando avante os seus empreendimentos com redução de custos, face o descumprimento de obrigações trabalhistas e fiscais.

O trabalhador é levado a pensar que está mesmo abandonado, como se extrai deste depoimento noticiado pela Profª Kachia Téchio:

> Maria José conta ainda que
>
> Chão limpo, louça lavada, mesas arrumadas e atendidas... Se isso tá bem feito, se o trabalho que tinha que ser feito, ta feito, e bem feito! Que diferença faz se tenho ou não documento? Se sou branca ou negra? Gorda ou magra? Eles precisam da gente, precisam que a gente trabalhe. Se tem brasileiro trabalhando aqui é porque falta português pra fazer esse tipo de trabalho. Então porque que não reconhecem? Por que tratam a gente como cachorro? É verdade mesmo, aqui na Costa tem muito cachorro com vida melhor que imigrante, porque eles moram dentro dos apartamentos com os donos e imigrante mora empilhado em quartos, nos barracos da mata e até em garagem. (Maria José, parda, 39 anos).[225]

As violações se perpetuam! Os trabalhadores não têm a quem reclamar, porque ainda se expõem ao risco de serem denunciados por estarem irregularmente no país. Ademais, algumas das organizações não-governamentais que poderiam adotar alguma gestão no sentido de socorrê-los, estão centralizadas em Lisboa, ou mesmo em outros poucos grandes centros, porém distantes das ocorrências, considerando, ainda, que os trabalhadores são submetidos a excessivas jornadas de trabalho, sem direito a folgas, enfim, com muitas dificuldades para se deslocarem à procura de ajuda.

A violência praticada contra o trabalhador imigrante não se restringe aos assédios acima descritos de conformidade com a pesquisa da Profª Kachia Téchio. Ocorre, também, pela irresponsabilidade de algumas entidades ligadas à área de segurança pública que divulgam

---

[225] TÉCHIO, K. Imigrantes brasileiros não documentados: uma análise comparativa entre Lisboa e Madri. *Socius Working Papers*, Universidade Técnica de Lisboa, n. 1/2006, p. 25. Disponível em: <http://pascal.iseg.utl.pt/~socius/publicacoes/wp/wp200601.pdf>. Acesso em: 26 set. 2006.

nos órgãos de comunicação notícias, sem base comprovada, a respeito de práticas marginais que atribuem a imigrantes brasileiros, numa demonstração que mais se justifica pelo preconceito.

A organização não governamental de assistência ao imigrante brasileiro em Portugal, já mencionada, a Casa do Brasil de Lisboa, em seu portal na rede mundial de computadores informa que o Sindicato de Profissionais de Polícia estaria sendo alvo de nota de repúdio de associações de imigrantes brasileiros em Portugal, em razão de ter emitido declaração associando o aumento da criminalidade em Portugal à presença dos imigrantes brasileiros naquele país. Se este tipo de declaração não é pautada em estudo criterioso, mas em mera suposição ou desconfiança, normalmente alimentada por preconceito, sobretudo, trata-se de uma irresponsabilidade, haja vista que, somado à força da imprensa na formação da opinião pública, termina por criar um estigma, uma preconcepção deturpada e alicerce para a xenofobia. Eis a íntegra da nota de repúdio das associações de imigrantes brasileiros:

NOTA À COMUNICAÇÃO SOCIAL

As associações de imigrantes brasileiros em Portugal repudiam vivamente as declarações de responsáveis do Sindicato Profissional de Polícia, relacionando os imigrantes brasileiros ao suposto aumento da criminalidade em Portugal. Trata-se de uma mentira, como provam todos os estudos sobre segurança pública, nomeadamente os feitos por instituições oficiais ou acadêmicas.

Os imigrantes brasileiros em Portugal são gente de bem. Qualquer generalização de actos criminosos individuais é uma leviandade e um acto objectivo de xenofobia e discriminação, punível de acordo com a legislação portuguesa.

O cidadão português de origem brasileira que assassinou dois agentes policiais é um criminoso internacional, condenado no Brasil, ligado ao tráfico de armas e sequer residia em Portugal. Esclarecemos ainda que grande parte dos estrangeiros detidos ou condenados a cumprir pena em prisões portuguesas são 'correios' do tráfico de drogas e não imigrantes em Portugal.

A ligação entre imigração e criminalidade obedece, em geral, a fins políticos e eleitorais, como se vê em muitos países europeus. Vindo de agentes policiais com representatividade sindical, mais grave se tornam essas afirmações, por gerarem intranqüilidade na população, a quem têm obrigação de proteger.

Aplaudimos a rapidez e firmeza demonstradas pelo governo português e pela Comissão Permanente da CIDR na resposta às declarações em questão e solicitamos publicamente ao Ministério da Administração Interna e à Comissão pela Igualdade e contra a Discriminação Racial (CIDR) o maior rigor na aplicação das medidas legais que se impõe.

Lisboa, 9 de maio de 2006

Casa do Brasil de Lisboa; Associação Mais Brasil; Associação Brasileira de Portugal; Associação dos Amigos Brasileiros na Madeira e AACILUS – Associação de Apoio Racial a Imigrações para as Comunidades Sul Americanas e Africanas.[226]

Se a generalização fosse a regra, a par das denúncias de assédios moral e sexual relatados na pesquisa da Profª Kachia Téchio, poderia se concluir pelo absurdo de que todos os empregadores em Portugal são assediadores, além de inescrupulosos aproveitadores de mão-de-obra estrangeira. O que também seria leviano afirmar!

Há dificuldade em aferir-se a dimensão e a natureza da violência e dos crimes praticados contra os imigrantes, em especial, o racismo, em razão da ausência ou ineficácia no recolhimento de dados oficiais nos Estados-membros da União Européia, como noticia o Relatório Anual de 2006 do EUMC.[227]

De certa forma as atitudes políticas e a mídia contribuem para difundir alarmismos, criar medos e prevenção coletiva contra estrangeiros, indo mais além do que aparelhos ideológicos a serviço do Estado, mas como veículo formador de opinião.

---

[226] PORTAL CASA DO BRASIL DE LISBOA. *Associações de imigrantes brasileiros repudiam as declarações de responsáveis do Sindicato de Profissionais de Polícia.* Disponível em: <http://www.casadobrasil.info/article.php3?id_article=91>. Acesso em: 27 set. 2006.

[227] Relatório Anual 2006 do EUMC – Resumo para os meios de comunicação social. O relatório é compilado com base nas informações enviadas ao EUMC pelos seus pontos focais nacionais (PFN) nos Estados Membros da União Européia. Os PFN são os parceiros contratuais da EUMC, nos quais se incluem organizações não governamentais (ONG) anti-racistas, organismos nacionais especializados no domínio da igualdade de tratamento, institutos dos direitos humanos e centros universitários de investigação sobre questões relativas às migrações. O EUMC apresenta o seu relatório anual ao Parlamento Europeu, enviando-o também ao Conselho e à Comissão Européia. As conclusões do relatório são igualmente disponibilizadas aos Estados-Membros da UE.

EUROPA. European Comission. Employment and social affairs. Action against discrimination, civil society. *Relatório anual 2006.* Disponível em http://ec.europa.eu/employment_social/fundamental_rights/legis/lgdirect_en.htm – acesso em 29 set. 2006.

Estudo realizado pelo Observatório da Comunicação – OBERCOM, para o Alto Comissariado para a Imigração e Minorias Étnicas – ACIME, publicado em Lisboa, em fevereiro de 2003, destacou a necessidade de reformas que integrassem os imigrantes, face a existência de redes criminosas de imigração irregular, exploração de mão-de-obra estrangeira e notícias de ocorrências de delitos relacionados às comunidades minoritárias.

Em 2001 a agenda nacional dos media relativamente à imigração ficou marcada pelos sucessivos diagnósticos acerca da imigração, pela proclamação constante da necessidade de reformas políticas que ajudem à integração dos imigrantes e das minorias étnicas, pela denúncia de situações de exploração laboral, existência de redes de máfias associadas à imigração em geral e, em particular, à prostituição, pelo noticiar de crimes e delitos relacionados com as comunidades minoritárias. Títulos como 'Tráfico de droga – João Garcia em prisão preventiva' (Público), 'Máfias do Leste viram-se para a moeda falsa' (A Capital), 'Autor da facada em prisão domiciliária – Resolvido crime racista dos Olivais' (24 Horas); 'Imigrante: legaliza-te! / Redes organizadas de tráfico de seres humanos/ Quem quer empregar um imigrante do Leste?' (Diário de Leiria), 'Ucraniano mata mulher' (Correio da Manhã), preenchem os jornais nacionais.

A discussão sobre a imigração a nível mundial também foi alvo da atenção da imprensa portuguesa. Na Alemanha, a nova lei da imigração suscitou controvérsia, gerando discussões e uma sucessão de debates sobre o racismo e a xenofobia; na Áustria, Jorg Heider foi eleito primeiro ministro e as suas posições políticas de anti-semitismo foram questionadas por toda a Europa; em Itália, a chegada de milhares de Curdos à costa italiana obrigaram o governo italiano a declarar estado de emergência; em Durban, África do Sul, as Nações Unidas organizaram um encontro sobre Racismo; na Austrália, a recusa em ajudar os refugiados Afegãos a bordo de um barco norueguês em águas australianas, originou a discussão sobre o estatuto dos refugiados e sobre a política de imigração, etc.

A visibilidade proporcionada pelos media sobre esta temática não pode, seguramente, deixar de marcar as representações e as imagens que os portugueses têm acerca da imigração e dos imigrantes da sociedade portuguesa, bem como sobre a actuação política neste sector. Neste sentido os meios de comunicação social geram não só informação, mas produzem opiniões e influenciam a construção do discurso.

É neste sentido que se orientam os estudos sobre os efeitos do *agenda setting* que procuram analisar a capacidade dos meios de comunicação social em influenciar a opinião pública não só sobre o que pensar, mas também como pensar determinados temas em detrimento de outros.[228]

Os meios de comunicação produzem opinião, geram o interesse da sociedade para determinados temas e até influenciam a formulação de políticas públicas. Por isso, deve-se ter apurado cuidado no valor da informação que é veiculada para a sociedade.

Onde estão as autoridades? Onde está a atuação do Ministério Público ou de um Ouvidor Geral, por exemplo?

A Constituição da República Portuguesa no artigo 23º instaura a figura do Provedor de Justiça, como órgão independente, cujo titular é designado pela Assembléia da República, com a missão de apreciar, sem poder decisório, as queixas apresentadas pelos cidadãos, em razão de ações ou omissões dos poderes públicos, com a incumbência de dirigir aos órgãos competentes as recomendações necessárias à prevenção e reparação de injustiças[229].

Apesar de não se tratar de racismo especificamente contra brasileiros, porém, contra estrangeiros e outras formas de intolerância e discriminação por intermédio da Internet, valendo destacar providência adotada pelo Provedor de Justiça:

> Procurando, dentro das suas competências, fazer face ao fenômeno do racismo na Internet, consubstanciado na existência de número crescente de sites, de acesso generalizado, que promovem sentimentos racistas, xenófobos e de intolerância e outras formas de discriminação, o Provedor de Justiça dirigiu-se ao instituto público regulador do sector, no sentido de as empresas que prestam serviços de Internet serem sensibilizadas para o problema e para o papel que podem desempenhar na sua prevenção. Neste contexto, foi sugerida, a título indicativo, a inclusão, nos contratos-tipo de

---

[228] Observatório da Comunicação – OBERCOM; Fundação para Ciência e Tecnologia. *Representações (imagens) dos imigrantes e das minorias étnicas na imprensa.* Lisboa, fev. 2003. p. 24-25. Disponível em: <http://www.acime.gov.pt>. Acesso em: 17 jan. 2007.

[229] Portugal. *Constituição da República Portuguesa.* 7. revisão constitucional. 2005. Disponível em: <http://www.portugal.gov.pt/Portal/PT/Portugal/Sistema_Politico/Constituicao/>. Acesso em: 24 jan. 2007.

fornecimento de alojamento de páginas, da proibição de conteúdos manifestamente contrários a valores jurídico-constitucionais estruturantes de um Estado de direito, desde logo, aqueles que relevam jurídico-penalmente. Paralelamente, foi feita sensibilização junto das entidades estaduais responsáveis pelo ensino público, básico e secundário, com a sugestão de eventual filtragem de conteúdos nos computadores das escolas com acesso à Internet.[230]

É louvável esta preocupação e atitude, inclusive, em consonância com a vontade constitucional portuguesa.

Não se pode generalizar, porque situações problemáticas emergem em qualquer grupo social, independente do seu padrão econômico e de sua origem étnica. O fato é que parcela da sociedade portuguesa e, em especial, da sua intelectualidade parece deslumbrada sempre com o fato de ter pés na Casa Grande, isto é, no chamado Primeiro Mundo, mas precisando ser sempre relembrada, de que está entre os mais pobres deste Primeiro Mundo. E precisam ter presente que os seus nacionais também não são tratados pelos seus pares da União Européia, de igual para igual. Os portugueses que migram para outros países da Comunidade, no geral, são utilizados para realizarem os trabalhos que os mais nobres não querem fazer.

Nem assim é fácil tomar consciência e minimizar o preconceito.

Em março de 2005, o jornalista José António Baço por intermédio de um artigo veiculado no Observatório da Imprensa – ISSN 1519-7670 – Ano 11 – nº 318 – 01/03/2005, no Caderno de Cidadania, sob o título "Brasileiros em Portugal – Volta pra tua terra, pá!", com a narrativa de alguns casos apurados na comunicação social portuguesa em tom discriminatório em relação aos brasileiros que se encontram em Portugal, fez não apenas uma matéria jornalística, mas uma autocrítica digna de transcrição, por guardar pertinência com o objeto deste trabalho. O autor inicia seu artigo com um importante questionamento:

---

[230] PROVEDOR DE JUSTIÇA. Na defesa do cidadão. *Migrações*: o caso português: enquadramento normativo geral e actuação do Provedor de Justiça: primeiro relatório sobre Direitos Humanos na Federação Ibero-Americana de Ombudsman (FIO). Disponível em: <http://www.provedor-jus.pt>. Acesso em: 20 jul. 2006

Será xenofobia? O fato é que nos últimos tempos têm havido, na comunicação social portuguesa, muitas referências aos 'brasileiros'. E sempre com um indisfarçado tom de estigmatização. Os casos são inúmeros.

** Caso 1: a cronista de um grande semanário comenta, em jeito de ironia, as escolhas dos marqueteiros 'brasileiros' que trabalharam na campanha do candidato a primeiro-ministro Pedro Santana Lopes, derrotado nas eleições de 20 de fevereiro;

(...)

**Caso 3: ao analisar os insucessos do Futebol Clube do Porto no campeonato nacional, o comentarista de uma emissora de televisão joga ao ataque e diz que a culpa é dos 'brasileiros' enfeudados no clube;

**Caso 4: agência de publicidade veicula um anúncio para recrutar um designer e diz que os candidatos não precisam ter muita criatividade: a condição é não ser 'um gênio brasileiro' em plágio e idéias gastas'. Quer dizer, o sujeito pode até ser fraco como profissional, mas não pode vir dos trópicos;

**Caso 5: o repórter de televisão queixa-se, ao vivo, do operador de câmera 'brasileiro' que lhe estaria a tapar a visão num jogo de futebol;

**Caso 6: isso tudo sem falar no clássico dos clássicos: os professores universitários (inclusive nos cursos de Comunicação) que, ao indicarem livros, fazem sempre a ressalva: há uma tradução para o português, mas é feita por um 'brasileiro'. Então, os alunos empinam o nariz e fazem um infalível arzinho de nojo.

Marqueteiros, jogadores de futebol, publicitários, operadores de câmera ou intelectuais. Era fácil ver apenas profissionais a desempenharem uma função. E como seria lógico, analisar se esse trabalho é bom ou malfeito (vale dizer que são atividades em que os brasileiros se destacam). Mas, não. É preciso deixar claro que eles são 'brasileiros'. É assim que a palavra 'brasileiro', usada insistentemente em tom negativo, começa a tomar a forma de estereótipo. E o estereótipo é irmão do preconceito.

O fato é que há cada vez mais brasileiros em Portugal (já superam os 100 mil, o que representa 1% da população do país) e isso acaba por provocar algumas 'acomodações' no mercado de trabalho. E em tempos de crise econômica esse fato adquire alguma expressão. Mas o povo português não reclama, salvos casos pontuais e pouco significativos.

O problema é que a reprodução desse estigma do 'brasileiro' muitas vezes é feita por pessoas cultas e influentes que, em teoria, deveriam ser avessas a esse tipo de atitude. É a forma refinada que as elites pensantes – e com espaço na mídia – encontram para substituir o popular 'volta para a tua terra, pá!'.

Seria possível tentar encontrar inúmeras explicações para o fato, mas basta apenas uma. É uma questão de geo-exclusão. É a nossa incapacidade para olhar o outro 'terceiro-mundista' (em que pese a carga ideológica da expressão) como um igual. Há também um certo atavismo que remete à nossa história colonial. Nós, portugueses, somos os colonizadores. Nós os portugueses, somos um povo europeu, culto e moderno. E não podemos agora ser colonizados por essas hordas de botucudos que vêm do tal terceiro mundo.

O pior é que muitos desses brasileiros não se contentam com o lugar que lhes reservamos nas obras da construção civil. E não gostamos do estrangeiro que nos olha nos olhos. O problema (filosófico, bem visto) é que olhar o outro obriga a olhar para nós próprios. Um exercício que traz à tona aquela realidade que estamos sempre a varrer para debaixo do tapete. Não somos assim tão modernos. Nem tão cultos. Parecemos uma espécie de semi-periferia na Europa. De colonizadores do passado passamos a colonizados culturalmente pelas grandes potências. E isso o que incomoda nos estrangeiros: eles nos obrigam a olhar para nós próprios. E nem sempre gostamos do que vemos.[231]

O artigo é uma autocrítica feita por um intelectual português, de onde se extraem algumas contradições da intelectualidade portuguesa que tem acesso à mídia para exposição do seu lado mal resolvido em relação aos brasileiros. Culpou-se os brasileiros pelo insucesso do Futebol Clube do Porto, como se Portugal fosse digno de algum mérito em termos de futebol e, no entanto, sob o comando de um brasileiro, o selecionado de futebol português tem alcançado os raros sucessos nesse esporte, tanto no campeonato europeu, como durante a Copa do Mundo de futebol.

E que coisa mais medíocre do que fazer cara de nojo porque a tradução de uma obra foi feita para o português por um 'brasileiro'! E dentro de uma universidade? E é assim que se constrói a intelectualidade portuguesa?

Tem razão o autor do artigo quando escreve que "eles nos obrigam a olhar para nós próprios[232]". E os brasileiros também precisam

---

[231] BAÇO, J. A. Brasileiros em Portugal: volta pra tua terra, pá!. *Observatório da Imprensa*, a. 11, n. 318, mar. 2005. Disponível em: <http://observatorio.ultimosegundo.ig.com.br/artigos.asp?cod=318CID002> Acesso em: 22 fev. 2007

[232] Ibid.

olhar para si próprios! Se como escreveu o autor, "nós, portugueses, somos os colonizadores. Nós, portugueses, somos um povo europeu, culto e moderno[233]". Os brasileiros precisam também fazer a autocrítica para deixarem o estigma de que foram colonizados, pois a ex--colônia se desenvolveu, tem um povo heróico para vencer suas adversidades, criativo, talentoso, responsável por inscrever o país no clube das maiores economias do mundo e com potencial de ainda ter espaço para crescer. E apesar de considerados botocudos do terceiro mundo.

Os colonizadores, ainda mantendo ar de superioridade, não foram suficientemente inteligentes para enriquecer com os valores de suas ex-colônias. Certamente são europeus, modernos e cultos, mas não significa que deixem de ser semi-periféricos, na expressão utilizada pelo autor do artigo sob comento. No que há de se concordar: "é uma questão de geo-exclusão".

As atitudes de racismo e discriminação quanto à origem e à cor estão presentes em todos os quadrantes, inclusive, no universo dos esportes, o que motivou atletas de nome internacional a lançarem protesto diante da mídia por ocasião das partidas da Copa do Mundo de futebol.

Os brasileiros que ainda não estão regularizados em Portugal vivem sobressaltados, sob constante ameaça de serem expulsos do país, haja vista a fiscalização realizada pelo Serviço de Estrangeiros e Fronteiras.

Os brasileiros têm contado com a ativa atuação de organismos de defesa dos imigrantes, a exemplo da Casa do Brasil de Lisboa, que, em 07 de abril de 2006, por intermédio de sua então presidente, Heliana Gaspar Bibas, afirmou à Rádio Renascença, Açores, Portugal, que há imigrantes brasileiros em Portugal abrangidos pelo Acordo Lula, que estão a ser expulsos do país. Eis alguns trechos da declaração, por ocasião do Fórum Nacional de Associações de Imigrantes, que se reuniram nos Açores para debater a política de imigração portuguesa:

---

[233] Ibid.

O Acordo Lula é um acordo de legalização firmado em 11 de junho de 2003, aquando da visita do presidente brasileiro, Lula da Silva, a Portugal, que prevê que todos os brasileiros que entraram no país até a data de assinatura do protocolo e que tenham um contrato de trabalho válido se possam manter em Portugal.

No entanto, segundo a presidente da Casa do Brasil alguns dos imigrantes abrangidos por esse plano estão a receber notificações para abandonar o país. Eliana Gaspar Bibas, acusa o governo português de não conseguir resolver os seus problemas na política de imigração, quer ao nível dos mecanismos de expulsão quer em termos burocráticos.

'Não tem cabimento a maneira como as coisas estão a ser conduzidas', disse aos microfones da Renascença, porque há 'pessoas que estão no âmbito do Acordo Lula que estão a ser notificadas para abandonar o país e isso foge, no seu entender, ao espírito que está por trás dos discursos institucionais, dos discursos do Governo, tanto do ministro da Administração Interna, como o ministro da Presidência e do próprio Alto Comissário para a Imigração e Minorias.

[...]

As associações de imigrantes dos PALOP (Países Africanos de Língua Oficial Portuguesa) pretendem com este encontro criar um documento com propostas para uma melhor política de imigração em Portugal, além de uma posição sobre a forma como a política de expulsões está a ser levada a cabo pelas autoridades portuguesas.

[...]

Casa do Brasil já apresentou queixa ao Governo Brasileiro

Não é a primeira vez que esta entidade se pronuncia acerca da expulsão de imigrantes em Portugal. Há cerca de uma semana, a Casa do Brasil enviou um manifesto para a Comissão de Relações Exteriores e Defesa Nacional a denunciar a suposta expulsão de imigrantes brasileiros em Portugal, em conseqüência de buscas realizadas pelo Serviço de Estrangeiros e Fronteiras.[234]

Como já mencionado no estudo, há uma dissonância entre o discurso e a prática das autoridades portuguesas em relação à política de imigração, e pode-se dizer, em relação ao tratamento destinado aos estrangeiros, mesmo que estejam em situação irregular no país e passíveis de deportação.

---

[234] PINTO, D. *JornalismoPortoNet*: expulsões de imigrantes debatida nos Açores. Disponível em: <http:jpn.icicom.up.pt/2006/04/07/expulsões_de_imigrantes_debatida_nos_acores.html>. Acesso em: 31 jan. 2007

3.2.2. *As perspectivas dos trabalhadores brasileiros em Portugal*

Apesar do discurso e das demonstrações de boa vontade de algumas autoridades portuguesas, a exemplo do próprio Primeiro Ministro de Portugal, José Sócrates que, segundo matéria jornalística de autoria da jornalista Denize Bacoccina, em 09 de agosto de 2006, por ocasião de sua visita ao Brasil, declarou que Portugal vai facilitar legalização de estrangeiros, o discurso não tem demonstrado na prática, embora se reconheça, pelo menos, manifestações de boa vontade. Eis o conteúdo:

> O primeiro-ministro de Portugal, José Sócrates, anunciou em visita ao Brasil que o governo vai aprovar uma nova lei de imigração para facilitar a legalização de estrangeiros que vivem hoje ilegalmente no país.
>
> De imediato, a nova legislação deve legalizar a situação de 6,5 mil brasileiros, de acordo com o governo português, que poderão ficar no país por 90 dias. A nova lei deve ser aprovada nesta quinta-feira pelo Conselho de Ministros, que depois encaminha o projeto ao Parlamento.
>
> Nem o governo português nem o governo brasileiro souberam informar o número de brasileiros que vivem em Portugal. Em discurso no Palácio do Planalto ao lado do presidente Luiz Inácio Lula da Silva, Sócrates disse que 18 mil brasileiros já tiveram a situação regularizada desde 2003, quando na primeira viagem ao país o presidente Lula negociou o acordo que ficou conhecido como Acordo Lula.[235]

Da parte do Alto Comissariado para a Imigração e Minorias Étnicas há no discurso a intenção de ver Portugal despontar como sociedade global, porém com senso humanitário, multicultural, praticando efetiva inclusão social com respeito aos direitos humanos.

A despeito da legislação restritiva e da comentada falta de boa vontade do serviço público português no atendimento ao imigrante, a questão é um desafio que se impõe, haja vista que Portugal tem número bastante superior de emigrantes espalhados pelo mundo, em razão do seu tradicional perfil. Sempre conviveu com o perfil emigra-

---

[235] BACOCCINA, D. Portugal vai facilitar legalização de estrangeiros. *Terra*: viver no exterior. Disponível em: <http://noticias.terra.com.br/mundo/vivernoexterior/interna/0,,OI1092727-EI1292,00.html>. Acesso em: 23 out. 2006.

tório, inclusive para o Brasil, mas agora precisa amadurecer para bem conviver e administrar o fluxo no sentido inverso.

Oportuna a intervenção do Alto Comissário, P. António Vaz Pinto, durante a inauguração do Centro Nacional de Apoio ao Imigrante – CNAI, de Lisboa, no sentido de que:

> Tenho da imigração uma visão extremamente positiva, em termos demográficos, financeiros, econômicos, culturais, religiosos e humanos, mas evidentemente, um fenômeno com a dimensão e a variedade que este tem, não pode deixar também de trazer problemas, que na primeira fase, de entrada e de permanência, quer na segunda fase, que é aquela em que nos encontramos aqui, de acolhimento e integração. Os problemas da língua, da cidadania, do trabalho, da exploração, do reconhecimento das habilitações, e sobretudo até, diria, de uma mentalidade muitas vezes levada pelo medo, que tem atitudes e reacções de xenofobia e até de racismo.
>
> A imigração foi eleita como uma das prioridades deste governo. E de facto, tem-se caminhado, ao longo destes quase dois anos. Refiro-me a avanços muito claros no campo legal, dos diversos diplomas, e àquilo que se tem feito, e continua a fazer, na área da informação e da reflexão, na colaboração entre o Estado e a sociedade civil, na colaboração entre instituições e pessoas. Mas há muito ainda a fazer...
>
> É grande tradição portuguesa o diálogo cultural com povos tão diferentes e tão espalhados. É bom estarmos conscientes e lembrados de que, apesar de serem cerca de 500 mil os imigrantes que se encontram neste momento em Portugal, temos dez vezes mais emigrantes espalhados pelo mundo. Este simples facto envolve responsabilidades.
>
> Considero que a imigração, para todos nós, muito mais do que um problema, é um desafio e uma oportunidade. Um dos maiores historiadores do século XX, o professor Arnold Toynbee, dizia que a vitalidade de um Estado, ou de uma sociedade, se afere, de um modo muito esquemático, à capacidade de resposta ao desafio. Uma sociedade que não é capaz de responder aos desafios, está a morrer. Aquela que é capaz de os superar manifesta vitalidade a abre-se ao futuro. É exactamente assim que eu entendo a imigração: como um grande desafio e uma grande oportunidade para o Estado e para a sociedade civil. Queremos um país com mais humanidade e humanismo, uma sociedade de inclusão, a expressão livre da multiculturalidade, a justiça para todos. Mais direitos humanos, mais dignidade.[236]

---

236 PINTO, A. V. Uma visão positiva da imigração. *Boletim Informativo do Alto Comissariado para a Imigração e Minorias Étnicas,* Lisboa, n. 17, abr. 2004. Editorial.

No mesmo evento o Primeiro-Ministro de Portugal, José Sócrates enfatizou que:

> o Centro Nacional de Apoio ao Imigrante pretende ser o rosto humano da administração pública portuguesa perante quem nos procura. O Governo português criou condições para que, a partir de hoje, os imigrantes possam recorrer a este Centro – e, a partir da próxima semana, também ao Centro do Porto – para tratar de questões diversas ligadas com a sua legalização, com o acesso à segurança social, à educação para os seus filhos, à protecção no emprego, à saúde, ao apoio jurídico, apoio ao reagrupamento familiar e para resolver muitas outras questões.
>
> (...)
>
> Queremos que os imigrantes conheçam os seus direitos e os seus deveres e que participem de forma livre e esclarecida no desenvolvimento econômico, social e cultural do nosso País. Queremos que o façam sem abdicar da sua condição de cidadãos e que se empenhem nas diferentes esferas da sociedade portuguesa.
>
> [...]
>
> O primeiro desafio é o do combate ao racismo, à xenofobia e à exclusão social. É um combate que queremos enfrentar de forma positiva, valorizando a diversidade e a tolerância face à diferença. Ao longo de uma História de quase nove séculos, os portugueses, já por diversas vezes, foram postos à prova no contacto com outros povos e outras culturas, e o resultado foi sempre uma soma e não uma subtracção.
>
> [...]
>
> O segundo desafio é o da promoção do acesso ao emprego em igualdade de circunstância, através do combate ao mercado paralelo e à exploração de mão-de-obra imigrante. Este é um problema que obriga ao envolvimento das associações, dos sindicatos e das próprias empresas, que não podem descurar a sua responsabilidade social. Destaco, neste particular, os esforços de algumas entidades, públicas e privadas, no apoio ao reconhecimento das habilitações e de competências dos estrangeiros, que consideramos importante na promoção do papel que os imigrantes podem desempenhar na sociedade portuguesa.
>
> [...]
>
> O terceiro desafio é o da integração efectiva das segundas gerações de imigrantes, combatendo a guetisação, favorecendo uma inserção pró-activa no sistema de ensino e no mercado de trabalho. [...] Só assim conseguiremos a abordagem global e integrada que referi, única forma de dar resposta a este desafio que se coloca à sociedade portuguesa: o desafio do acolhimento e integração dos imigrantes, baseado numa visão humanista e personalista, uma visão positiva da imigração.

Hoje, em Portugal, se considerarmos, para além dos imigrantes legalizados, aqueles que poderão ainda não estar nessa situação, podemos dizer que há cerca de 10% da população activa composta por estrangeiros e 5% da população total.[237]

Do discurso extrai-se o compromisso do governo português, em uma atitude positiva diante do fenômeno da imigração, que requer o envolvimento das associações, dos sindicatos, dos setores público e privado, em busca da promoção da igualdade de direitos entre portugueses e estrangeiros, entre homens e mulheres. É uma visão positiva no sentido de criar condições para que a inserção dos imigrantes na sociedade portuguesa efetive-se de forma harmoniosa.

A situação sob o aspecto legislativo não é das mais promissoras para muitos trabalhadores imigrantes brasileiros que se encontram em Portugal, especialmente, aqueles que ingressaram após o Acordo entre a República Federativa do Brasil e a República Portuguesa sobre Contratação Recíproca de Nacionais e que se encontram sem visto regular.

O aludido Acordo, como mecanismo de regularização extraordinário de estrangeiros, é específico em dar tratamento especial àqueles nacionais de um dos Estados contratantes que se encontram no território do outro Contratante, desde que à data da assinatura do Acordo, estejam em situação legal e tenham a permanência regularizada no Estado Contratante, como previsto no item 2 do artigo 6º, transcrito no Capítulo 6 deste trabalho. E é notório que é elevado o número de brasileiros que se encontram em situação irregular.

Como exposto, a nova lei de imigrantes – Lei 23/2007 – tem recebido muitas críticas por ter um caráter restritivo à imigração.

Seriam boas as perspectivas caso fosse aventada a possibilidade de anistia para os imigrantes, em especial, os brasileiros, em razão da existência do Acordo de Contratação Recíproca e do Tratado de Amizade, mesmo que não atendam os requisitos explícitos no item 2 do artigo 6º do referido Acordo.

Ressalte-se que aqueles que ingressaram no território de um dos Estados Contratantes em data anterior ao Acordo, têm maior probabilidade de regularização da permanência e de trabalho.

---

[237] Sócrates, J. apud. Pinto, A. V., 2004. p. 9-10.

O Brasil concedeu anistia, recentemente, em 1981, 1988 e 1998, o que significou a regularização de milhares de estrangeiros residentes no Brasil, que saíram da clandestinidade livrando-se da exploração a que estavam sujeitos. Isto é, uma ação jurídica do Estado que possibilita aos estrangeiros residentes no país de forma irregular, em desconformidade com a legislação de imigração, que regularizem suas permanências no país, sem a imputação de penalidades.

Além dos obstáculos decorrentes da legislação restritiva, somam-se as críticas de que o processo de regularização de estrangeiros é lento e burocrático. Entretanto, em Portugal, desde 2006, existe um programa de desburocratização denominado SIMPLEX. No programa SIMPLEX – versão 2007 anunciado pelo Primeiro-Ministro José Sócrates, constam 235 medidas, a maioria de impacto direto na vida dos cidadãos, sendo que 20 das quais de impacto relevante na melhoria da qualidade da relação entre a Administração Pública e os cidadãos e as empresas, conforme noticiado no Jornal de Negócios, em 31/01/2007, na coluna de Economia, por Filomena Lança.[238]

E chamou a atenção uma matéria veiculada no Jornal Correio da Manhã, em Lisboa, no dia 10 de agosto de 2006, no caderno Política, sob o título "6.500 brasileiros vão ter acesso a uma autorização especial de residência. Simplex anunciado para imigrantes."

A reportagem enfatiza, sobretudo, o surrealismo da dificuldade enfrentada pelos imigrantes para a obtenção de autorização de residência, verdadeira caminhada em círculo, sem ponto de partida nem de chegada, haja vista que para a concessão da autorização de residência, é necessário que o interessado comprove possuir contrato de trabalho, entretanto, esta pessoa não consegue trabalhar formalmente, ou seja, com contrato de trabalho assinado, porque não tem como comprovar possuir autorização de residência.

Com o objetivo de dar solução à enorme dificuldade para se conquistar a autorização de residência, porque burocrático e inusitado, o primeiro-ministro José Sócrates resolveu anunciar um procedimento Simplex a fim de atender o desbloqueio da situação emperrada em

---

[238] LANÇA, F. Programa contém 235 medidas: as 20 medidas em destaque no Simplex 2007. *Jornal de Negócios*, Lisboa, 26 jan. 2007. Disponível em: <http://www.negocios.pt/default.asp?Session=&SqlPage=Content_Economia&CpContentId=289726>. Acesso em: 31 jan. 2007

que se encontram os imigrantes, em referência aos brasileiros. Eis alguns importantes trechos da matéria divulgada:

> Sócrates queria o assunto fora da agenda do encontro com Lula da Silva, mas foi pela situação 'de círculo vicioso kafkiano', questão que envolve 6500 imigrantes brasileiros, que o primeiro-ministro português teve de começar a sua comunicação à Imprensa dos dois países. E Sócrates tirou um 'coelho da cartola': anunciou um procedimento 'simplex' para rápido desbloqueamento da situação em que vivem estes brasileiros em Portugal.
>
> São casos identificados de pessoas que não obtém autorização de residência por não terem contrato de trabalho e o círculo fecha-se porque não conseguem contrato de trabalho por lhes ser exigida autorização de residência. Assim, Sócrates garante que a partir de agora o SEF recebeu ordens para, de imediato, atribuir a esses imigrantes uma autorização de residência com a duração de 90 dias. Estes imigrantes são casos identificados pelo Alto Comissariado para a Imigração e Minorias Étnicas. Mas Sócrates lembrou também que a nova Lei de Imigração 'vai tornar mais fácil a integração dos brasileiros em Portugal'.
>
> Sócrates revelou que até o seu gabinete tem dois brasileiros a trabalhar (o fotógrafo oficial e outro técnico vindo da área do jornalismo) elogiando-os pela capacidade profissional.
>
> Porém, o dossiê imigrantes brasileiros em Portugal está longe de resolução total e Lula fez questão de o frisar na sua intervenção, garantindo ao seu 'amigo Sócrates' que não descansará 'até que toda a comunidade brasileira possa viver e trabalhar com dignidade em Portugal.
>
> [...][239]

Da matéria jornalística extrai-se o quanto é difícil o processo de regularização dos brasileiros em Portugal, que chega ao ponto de configurar-se um "círculo vicioso kafkiano", como destacado pelo jornalista. Ressalte-se, ainda, que o assunto dossiê imigrantes brasileiros não fazia parte da agenda do primeiro-ministro Sócrates a ser discutida com o Presidente Luiz Inácio. A questão veio à pauta, mais por pressão do que simpatia.

---

[239] SILVA, E. 6500 brasileiros vão ter acesso a uma autorização especial de residência. Simplex anunciado para imigrantes. *Correio da Manhã*, Lisboa, 10 ago. 2006. Caderno de Política. Disponível em: <http://correiomanha.pt/noticia.asp?id=210997&ideselect=90&idCanal=90&p=200>. Acesso em: 31 jan. 2007

Não há notícias de portugueses que estejam enfrentando tamanhas dificuldades e algum "círculo vicioso kafkiano" para viver e trabalhar com dignidade no Brasil. Ao que está cada dia mais demonstrado, o brasileiro mantém a histórica receptividade em relação a Portugal desde 1500.

Quanto às perspectivas dos brasileiros, devem correr para aproveitar as oportunidades tipo relâmpago que aparecem, como esta de atribuir a estes brasileiros o visto de residência por 90 dias. É a oportunidade de driblar o "círculo vicioso kafkiano" e, com a autorização de residência em mãos, andar ligeiro para, tempestivamente, conquistar um contrato de trabalho, ou melhor dizendo, como o brasileiro tem trabalhado na informalidade, é a chance de obter um contrato formal e perseverar na batalha para alcançar a legalização para viver em Portugal.

No dia 26 de janeiro de 2006, Gustavo Behr ao assumir a presidência da Casa do Brasil de Lisboa, organização não governamental de apoio aos imigrantes, para cumprir mandato de 2 anos, com a promessa de lutar pelos direitos dos imigrantes e mudar a imagem estereotipada da mulher brasileira em Portugal. Noticiou o Alto Comissariado para a Imigração e Minorias Étnicas, em 26.01.2007, que "a luta pela legalização dos imigrantes que se encontram em situação irregular é a grande batalha de Gustavo Behr, que pretende igualmente dar destaque às questões da mulher brasileira, que em Portugal tem uma imagem estereotipada ligada ao turismo sexual."[240]

É uma boa perspectiva para os estrangeiros, especialmente, brasileiros, porque o advogado Gustavo Behr vive em Portugal há quase 20 anos, é operador do Direito e conhecedor da questão da imigração. Ademais, defende o estabelecimento de parcerias com outras associações de estrangeiros, o fortalecimento da representação dos brasileiros em Portugal e participação nos organismos portugueses e da União Européia relacionados à imigração.

Por ocasião da visita do primeiro-ministro José Sócrates,ao Brasil, em agosto de 2006, ainda noticiou o jornalista Paulo Baldaia, enviado

---

[240] Alto Comissariado para a Imigração e Minorias Étnicas – ACIME. *Associações*: novo presidente da Casa do Brasil promete mudar a imagem da mulher brasileira. 2007. Disponível em: <http://www.acime.gov.pt/modules,php?name=News&file=article&sid= 1703 >. Acesso em: 26 jan. 2007.

especial ao Brasil, no Jornal de Notícias de 09 de agosto de 2006, que ao chegar ao Brasil, o primeiro-ministro de Portugal considerou que a questão da imigração já não fazia parte da agenda entre os dois países, com o argumento de que ao abrigo do Acordo Lula 'Portugal fez um grande esforço para legalizar os imigrantes brasileiros que estão no país'. Acrescentou ter interesse no movimento de imigrantes, desde que a entrada e permanência aconteça na forma legal e Portugal tenha condições de recebê-los.

Por seu turno, o Ministro das Relações Exteriores do Brasil não pretende gerar contencioso com Portugal, "mas não deixa de apontar os problemas que julga estarem a impedir que um maior número de brasileiros se legalize em Portugal. Actualmente, calcula-se que mais de 60 mil estejam nessas condições".[241]

Um bom sinal de perspectiva refere-se o discurso do Presidente Luiz Inácio, garantindo ao seu 'amigo Sócrates' que não descansará 'até que toda a comunidade brasileira possa viver e trabalhar com dignidade em Portugal'. É bem verdade que o discurso deu-se em fase de campanha, considerando que o eleitorado em Portugal é expressivo, porém, confia-se no sentido humanitário e, tratando-se de uma manifestação em um encontro diplomático, encara-se como um compromisso assumido e, oxalá possa ser observado nas ações.

É sabido que não interessa ao governo brasileiro gerar um contencioso com Portugal, entretanto, nota-se que o Acordo de Contratação Recíproca formalizado pelo Presidente Luiz Inácio,em julho de 2003, não tem sido suficiente para atender a expectativa de regularização de permanência dos brasileiros que se encontram em Portugal. Nota-se que alguns avanços acontecem quando o governo brasileiro mantém o discurso, como demonstrado acima.

O panorama das perspectivas dos brasileiros que se encontram em Portugal, ainda não documentados, depende de atitudes como demonstrado acima. Entretanto, após a ultrapassagem dos obstáculos relativos à documentação para inserção na sociedade portuguesa, os emigrantes passam a enfrentar outro problema que é a permanência no emprego, face a reorganização do mercado de trabalho decorrente

---

[241] Baldaia, P. Imigração tem de ser regulada. *Jornal de Notícias*, Lisboa, 09 ago. 2006. Disponível em: <http://jn.sapo.pt/2006/08/09/primeiro_plano/>. Acesso em: 31 jan. 2007.

do processo de globalização, além da competitividade com os trabalhadores nacionais, comunitários e outros estrangeiros com melhor capacitação e domínios de outros idiomas. E vale mencionar as breves reflexões de J.A. Ferreira da Silva, Presidente da Associação Luso-Brasileira de Juristas do Trabalho – JUTRA, acerca das relações de trabalho na União Européia, para quem:

> [...] Quer na União Européia no seu conjunto, quer em cada um dos países que a compõem a questão do emprego tornou-se central nas últimas décadas.
>
> Após um período em que a estabilidade do emprego era um dado mais ou menos seguro por toda a Europa, tendo a generalidade das pessoas um emprego garantido para toda a vida, passou-se a uma situação de profunda instabilidade em que as empresas exigem e os governos impõem políticas denominadas 'flexíveis' no que concerne às relações de trabalho, com o argumento de que assim se reorganizarão os mercados de trabalho e se combaterá o desemprego.[...][242]

E o autor complementou anotando que, naquela oportunidade, o desemprego rondava, "os 10% na Alemanha, na Espanha e na França. Em Portugal é de mais de 7%. E o desemprego dos jovens em toda a UE é de mais de 18%."[243]

Finalmente, uma esperança a mais para os imigrantes que buscam tratamento igualitário e respeito aos direitos humanos, resta se a União Européia em conjunto ou, Portugal, mesmo que independente da ratificação comunitária, venha a ratificar a Convenção Internacional sobre a Proteção dos Direitos de Todos os Trabalhadores Migrantes e dos Membros das suas Famílias.

---

[242] Ibid. ,p. 155.

[243] Ibid.

CAPÍTULO 4

O fluxo migratório de Brasil para Portugal. Benefícios para os dois países

Segundo a pesquisa de Kachia Téchio mencionada no item 3.3 do trabalho, a idade média dos imigrantes brasileiros que ingressam em Portugal é de 29,4 anos, contribuem para reduzir a média de idade da população local, representando força de trabalho jovem para produzir.

Um fato comentado e tido como problema decorrente da imigração é que o imigrante tira o emprego do trabalhador nacional. Eduardo Ferreira destaca uma abordagem ponderada que a mão-de-obra imigrante funciona de forma suplementar e que suas características de flexibilidade tendem a favorecer a economia do país onde está inserida:

> Os segmentos primários do mercado de trabalho (good jobs) são caracterizados por uma estabilidade relativa, boas condições de trabalho, rendimento estável, pequenas flutuações cíclicas, possibilidade de promoção e altos salários. Características dos segmentos secundários (bad jobs) são relações instáveis com más condições de trabalho e pouca exigência de qualificação, rendimento instável, desemprego freqüente, grandes flutuações cíclicas e raras possibilidades de promoção.
>
> Na lógica deste dualismo a integração da mão-de-obra imigrante será efectuada através do mercado de trabalho secundário, dado que o seu nível de qualificação é geralmente inferior ao da mão-de-obra nacional. Tal significa que a imigração vai facilitar a mobilidade dos nacionais na ascensão do mercado de trabalho secundário para o primário e, com isso, ascender a um nível salarial superior.
>
> Contudo, dado que nem todos os nacionais podem ter lugar no segmento primário – nomeadamente por falta de formação profissional – uma

parte da mão-de-obra nacional fica exposta a uma maior concorrência no mercado de trabalho.[244]

Em seu trabalho "Implicações da Imigração Estimulada por Redes Ilegais de Aliciamento", o Prof. Igor J. de Reno Machado relata reportagem contendo informação prestada por um administrador do Banco do Brasil S/A, em Portugal:

> Em outra reportagem da Gazeta, do dia 22/04/2004, de Rodrigo Mesquita, notifica-se a soma total de remessas enviadas por emigrantes brasileiros em Portugal. Em 2003, as remessas por meio do Banco do Brasil (BB) chegaram a 100 milhões de euros, segundo o administrador do banco em Portugal, Gladstone Siqueira. O volume real de transferências, entretanto, deve ter situado-se em torno do 350 a 400 milhões de euros, mas este '(é) um número difícil de ser mensurado porque boa parte dessas remessas passa por canais que não são controlados pelo Banco Central brasileiro', diz o administrador para a reportagem. O crescimento das remessas, entretanto, é fruto de uma estratégia especializada, implementada anteriormente entre emigrantes brasileiros no Japão. Esta pedagogia da emigração significou a busca de novos clientes através da abertura de contas e inclui a abertura de cinco novas agências do BB em Portugal, que já possui 30.000 clientes, cobrindo uma boa parte da emigração brasileira neste país.
>
> A reportagem introduz essas informações e termina com o seguinte texto:'O Banco do Brasil em Portugal encerrou o exercício de 2003 com um resultado líquido positivo de US$ 4,477 milhões e ativos de US$ 528 milhões. As captações interbancárias ficaram em US$ 250 milhões de acordo com o balanço já aprovado'. Este final é interessante, pois acentua a relação emigrante-dinheiro que indiquei acima.[245]

Completa o Prof. Igor Machado que a perspectiva sobre o emigrante brasileiro resume-se ao que ele pode representar em termos de negócios, especialmente, sobre o volume de dinheiro que estas pessoas

---

[244] Baldaia, P. Imigração tem de ser regulada. *Jornal de Notícias*, Lisboa, 09 ago. 2006. p. 46. Disponível em: <http://jn.sapo.pt/2006/08/09/primeiro_plano/>. Acesso em: 31 jan. 2007.

[245] Machado, I. J. de R. Implicações da imigração estimulada por redes ilegais de aliciamento: o caso dos brasileiros em Portugal, *Socius Working Papers*, Universidade Técnica de Lisboa, n. 3, p. 2, 2005. Disponível em: <http://www.oi.acime.gov.pt;modules.php?name=news&file=article&sid=880>. Acesso em: 26 set. 2006

movimentam com suas remessas para o Brasil, o que representa um nicho negocial de mercado.

A visão do Banco, cumprindo a sua missão como intermediador financeiro, não poderia ser outra, pois a regularização da situação jurídica dos imigrantes não compete ao Banco, mas a outras instituições, notadamente, os Estados envolvidos no processo do fluxo migratório.

A rentabilidade proporcionada pelos emigrantes brasileiros que alimentam o fluxo migratório tendo como destino Portugal, tem estimulado não apenas a abertura de outras agências bancárias para aproveitamento do filão de mercado, não apenas do Banco do Brasil, mas de outros congêneres nacionais e estrangeiros, a exemplo do que ocorre com o Japão, onde se encontram milhares de brasileiros.

Os números das remessas fogem ao controle do Banco Central do Brasil, bem como ao do Banco de Portugal, haja vista que estas remessas acontecem por outros canais informais, como por intermédio de portadores e pelos Correios.

O fato é que as remessas são constantes, e que independente da situação do emigrante, o volume das remessas em dinheiro representam expressivas divisas para o equilíbrio da balança de pagamentos do Brasil. Mesmo não havendo controles sobre o montante das remessas informais, o certo é que ocorre a sua internalização no Brasil, normalmente nas regiões de origem dos emigrantes, findando por alimentar a poupança interna e irrigar a economia do país.

É fato que não há controles sobre o montante das remessas, como também é fato que estas são expressivas, do mesmo modo que as estimativas quanto ao número de brasileiros que vivem em Portugal. Oportuna a matéria jornalística divulgada em Lisboa pela BBC Brasil, em 26 de maio de 2006, a respeito do estudo Análise dos Mercados das Remessas Brasil/Portugal, encomendada pelo Fundo Multilateral de Investimento do Banco Interamericano de Desenvolvimento – BID.

> De Portugal: Remessa de brasileiros chega a R$ 1,2 bi.
>
> Os brasileiros que vivem em Portugal podem estar enviando 420 milhões de euros (cerca de R$ 1,2 bilhão) para casa todos os anos, segundo pesquisa encomendada pelo Fundo Multilateral de Investimento do Banco Interamericano de Desenvolvimento (BID), divulgada em Lisboa.

O valor é maior do que as estimativas anteriores do governo português, que calculou as remessas em 269 milhões de euros (cerca de R$ 810 milhões) no ano passado, segundo o estudo Análise dos Mercados das Remessas Brasil/Portugal.

A diferença é atribuída, basicamente, às diferentes estimativas em relação ao número de brasileiros vivendo em Portugal.

O governo português calcula que 67 mil imigrantes brasileiros viviam em Portugal em 2004 (último dado oficial), mas segundo estimativas extra-oficiais citadas pelo estudo do BID, poderia haver até 250 mil brasileiros morando no país.

Poupança

O estudo foi apresentado no Ministério das Finanças, em Lisboa, em uma conferência com a **presença de autoridades do governo português, pesquisadores acadêmicos, banqueiros e executivos de empresas de transferência de dinheiro em Portugal, Brasil e Estados Unidos**.

O estudo conduzido pela empresa de consultoria CESO CI foi encomendado pelo Fundo Multilateral de Investimento e pelo Fundo de Cooperação Técnica, administrado pelo Banco Interamericano de Desenvolvimento.

O estudo foi baseado em dados oficiais, documentos, legislação referente às remessas, entrevistas com operadores do mercado e uma pesquisa com mil imigrantes brasileiros vivendo em Portugal.

Segundo a pesquisa, quase 80% desses imigrantes estão no país há menos de cinco anos. Metade deles ganha menos de 10 mil euros (cerca de R$ 30 mil) por ano, e **três em cada quatro das pessoas que responderam à pesquisa enviam dinheiro regularmente para o Brasil.**

A média das remessas é de 320 euros (cerca de R$ 963).

O estudo também mostrou que dois em cada três imigrantes usam empresas de transferência para enviar o dinheiro para casa.

O estudo conclui que os bancos brasileiros e portugueses deveriam desenvolver produtos e serviços que permitam aos imigrantes receber mais benefícios de seu dinheiro.

Ele cita como possível modelo o português Sistema Poupança-Imigrante, que encoraja os imigrantes portugueses a poupar em Portugal.[246] (grifo nosso).

---

[246] BBC Brasil. *De Portugal*: remessa de brasileiros chega a R$ 1,2 bi. 26 maio. 2006. Disponível em: <http://www.bbc.co.uk/portuguese/reporterbbc/story/2006/05/060526_portugalbrasilremessasba.shtml>. Acesso em: 18 set. 2006

O Estado receptor do imigrante também aufere vantagens sob vários aspectos, inclusive considerando este valor agregado, pois esta mão-de-obra tem se submetido a qualquer tipo de trabalho, especialmente aquele em que há mais dificuldade de ocupação pelo trabalhador nacional por representarem trabalhos menos qualificados e de baixa remuneração. O imigrante quer é trabalhar e, conseqüentemente, integrar-se à comunidade com regularidade, pagar os seus impostos, ter uma vida normal com dignidade como qualquer cidadão.

Ademais, o imigrante ao regularizar-se perante a legislação, reduz os focos de exploração porque passa a ter garantias e proteção direta da legislação trabalhista e, conseqüentemente, deixa de ser objeto de consumo das redes criminosas de imigração ilegal e tráfico de pessoas.

Importa salientar que o trabalhador imigrante documentado, inserido no mercado de trabalho, além de gerar riquezas com o fruto do seu trabalho, com os seus impostos gera receita, inclusive, para o sistema previdenciário do país receptor do fluxo migratório.

Nesse sentido destaca Eduardo Ferreira que:

> [...] Os estudos sobre a temática apontam no sentido de que os impostos pagos pelos imigrantes são superiores às prestações sociais de que usufruem. Esta diferença aumenta quando o volume de imigrantes em situação irregular é elevado – como é o caso de Portugal. Na realidade, grande parte dos trabalhadores em situação irregular pagam os respectivos impostos – e os seus empregadores pagam as contribuições para a segurança social – mas fazem um uso limitado dos serviços sociais excepto, em geral, dos serviços de educação. Em parte, porque são jovens e com saúde, mas também por terem medo de se expor a controlo naqueles serviços.[247]

O imigrante é interessante, também, sob este aspecto para o país que o acolhe, haja vista que, independente de encontrar-se documentado, mas se exerce atividade de trabalho, submete-se ao pagamento das contribuições previdenciárias. Há o recolhimento da contribuição, que alimenta o sistema previdenciário do Estado que, em contrapartida terá poucos dispêndios em relação a este trabalhador contribuinte,

---

[247] FERREIRA, E. S.; RATO, H.; MORTÁGUA, M. J. *Viagens de Ulisses*: efeitos da imigração na economia portuguesa. Lisboa: Observatório da Imigração, 2004. p. 52. Disponível em: <www.oi.acime.gov.pt>. Acesso em: 15 set. 2006.

considerando que não é recorrente com freqüência aos serviços do Estado, além do fato de que a grande maioria não pensa em ficar definitivamente fora do Brasil. Portanto, estes trabalhadores contribuirão sem, contudo, representar gastos futuros para a Previdência Social, no caso, portuguesa.

Considerando a idade média de 29,4 anos dos brasileiros que têm imigrado para Portugal, conforme estudo da Profª Kachia Téchio mencionado no item 3.2 deste trabalho, a tendência é que trabalhem com vigor ajudando o desenvolvimento de Portugal e, com suas contribuições financiam o sistema previdenciário.

> Quanto à redução demográfica, Portugal não tem tido propriamente taxas de crescimento populacional negativas. Tem-se assistido ao envelhecimento da população, donde que pelo menos no futuro se colocará a questão da compensação da despesa pela receita, desde logo no subsistema das pensões e reformas (que consomem, entre nós, mais de metade das despesas sociais). Uma via possível de atenuação deste problema é a imigração, quando aliada com uma eficaz luta contra o trabalho clandestino. E essa alternativa foi recentemente apontada também por um estudo promovido pelo *World Economic Forum*, discutido no penúltimo *meeting* do Fórum em Davos, na Suiça.
>
> Portugal tem sido um destino preferencial para nacionais dos PALOP, do Brasil e, mais recentemente, de países do leste europeu. Assim, se tem compensado a progressiva regressão da taxa de natalidade [...].
>
> Por outro lado, se contribuem para o financiamento actual do sistema, igualmente muitos deles acabarão por gozar as suas pensões e reformas no país de origem, desviando rendimentos do país de pagamento (Portugal).[248]

Em uma análise sob este aspecto econômico, já seria o suficiente para sensibilizar as autoridades de Brasil e Portugal a adotarem atitude mais positiva sob os aspectos jurídico e político, no sentido de reconhecer o imigrante como pessoa e não como alvo de coisificação, como bem intitula o Prof. Igor Machado. E o governo brasileiro é presente no discurso, embora necessite ser mais pragmático em relação aos brasileiros imigrantes residentes em Portugal.

---

[248] TÉCHIO, K. Imigrantes brasileiros não documentados: uma análise comparativa entre Lisboa e Madri. *Socius Working Papers*, Universidade Técnica de Lisboa, n. 1/2006, p. 187. Disponível em: <http://pascal.iseg.utl.pt/~socius/publicacoes/wp/wp200601.pdf>. Acesso em: 26 set. 2006.

Pela reportagem divulgada no endereço eletrônico da BBC Brasil.com, em Lisboa, resta clara a situação dos imigrantes. Reconhecidamente os imigrantes, independente de serem documentados ou não, representam aos olhos das autoridades, banqueiros e mesmo pesquisadores acadêmicos, uma excelente oportunidade de negócios. É a coisificação presente. Em nenhum momento fez-se referência à condição desumana em que muitos dos imigrantes encontram-se, tampouco, sobre gestões no sentido de torná-los visíveis, legalizados.

Quando o assunto são as remessas de dinheiro pelos migrantes, para as instituições financeiras interessadas em lucros e para os governos, o que menos aparenta importar e menos se discute é a questão da cidadania. O interesse maior reside em alcançar as remessas dos imigrantes ilegais que transitam pelo mercado paralelo. E, com toda razão, o Prof. Igor Machado lança crítica a respeito dessa forma de encarar a questão do imigrante ilegal, que enriquece a tese de que este sofre um processo de coisificação, quando deixa de ser visto como pessoa, mas observado pelo valor agregado e oportunidade de ganhos que representa para o mercado e para o sistema financeiro. É o aspecto econômico superando o jurídico, com os auspícios do aspecto político, bem característico do processo de globalização. Eis a opinião do Prof. Igor Machado, fazendo referência a uma reportagem do jornal Valor Econômico, intitulada "Remessas de brasileiros atraem bancos locais", divulgada em 06/05/2004, sobre a disputa dos bancos brasileiros que entraram na disputa pelas remessas dos brasileiros:

> [...] Na reportagem mencionada acima a situação dos emigrantes brasileiros é, ao menos, considerada. Discute-se sobre a situação de ilegalidade dos brasileiros, lastimando-a. Mas apenas porque ela é um empecilho à maior remessa de dinheiro por vias legais. Assim, o diretor executivo do Bradesco, Guilherme Lembi, deplora o fato de que a ilegalidade afasta os emigrantes dos sistemas legais de envio de dinheiro e estimula o mercado paralelo. As estratégias para enfrentar este medo não passam por uma discussão sobre a cidadania do emigrante, mas apenas por estratégias que os façam perder o medo de enviar dinheiro legalmente. Em suma, não importa a situação legal do migrante, contanto que ele não tenha receios de usar os bancos para remeter suas economias e pagar suas taxas.[249]

[249] Machado, I. J. de R. *Estereótipos e preconceito na experiência dos imigrantes brasileiros no Porto, Portugal.* p. 5 Disponível em: <http://www.ufscar.br/~igor/public/travessian.pdf> Acesso em: 23 ago. 2006.

O Prof. Igor José de R. Machado bem explica este processo de coisificação do migrante analisando a questão das remessas sob o enfoque do Estado de origem e do país receptor, para quem:

> No fenômeno moderno de migrações internacionais as pessoas são tratadas como coisas, em várias instâncias. Imaginamos que é a coisificação do migrante que permite a exploração radical a que estão sujeitos tanto no país de origem, antes do ato de emigrar, e no país de recepção, após a entrada na nova sociedade. A coisificação acaba por reduzir os emigrantes a produtores de trabalho e, como tais, passam a ser tratados como cifras, problemas, soluções e todo um cardápio de discursos que se referem apenas à capacidade dessas pessoas de produzir valor e menos sobre a cidadania do migrante. Nessa hipótese é que o tráfico só é possível numa sociedade como a portuguesa (mas poderíamos dizer Espanha, Itália, Inglaterra, EUA, etc.) por que o migrante, antes de ser pessoa, é coisa.[250]

A legislação portuguesa em vigor penaliza mediante cobrança de multas diretamente do imigrante trangressor do regime jurídico de entrada, permanência, saída e afastamento do seu território. A regência pelo Decreto-Lei nº 34/2003 elevou as multas que passaram a variar de 80 Euros e 700 Euros, a depender do excesso verificado no período de permanência.

Não deixa de ser mais uma forma de arrecadação sobre o valor produzido pelo imigrante. Nesse sentido, vale mais uma vez destacar o trabalho do Prof. Igor Machado, para quem:

> As multas direcionadas à rede de aliciadores e de traficantes de pessoas também aumentaram, como forma de coibir o crime. Mas nada se diz sobre a restituição ao imigrante daquilo que as máfias lhe extraíram, ou seja, dinheiro na forma de trabalho mal-remunerado ou não remunerado. Nesse sentido, o governo avança também sobre o valor produzido pelos imigrantes é entre Estado e redes ilegais de tráfico/exploração do trabalho:
>
> O artigo 142º do DL 4/2001, estabelece que:
>
> As empresas transportadoras bem como todos quantos transportem para um porto ou aeroporto nacional cidadãos estrangeiros não habilitados com visto de escala quando dele careçam ficam sujeitos, por cada estrangeiro, à aplicação de uma coima de 88 000$00 a 196 000$00 (439 Euros a 978 Euros).

[250] Ibid., p. 3

Já o mesmo artigo 142º, no DL 34/2003, aumenta o valor da multa:

> As empresas transportadoras bem como todos quantos no exercício de uma actividade profissional transportem para território português estrangeiros cuja entrada seja recusada ou que não reúnam os requisitos de entrada no País, previstos no capítulo II do presente diploma, ficam sujeitos, por cada um deles, à aplicação de uma coima de E$ 3000 a E$ 5000 no caso de pessoas colectivas e de E$ 2000 a E$ 3500 no caso de pessoas singulares.[251]

A respeito dessas considerações sobre o valor produzido pelos imigrantes, em razão do seu ingresso de forma irregular em território português, acentua o Prof. Igor J. de Reno Machado a lógica do migrante-coisa. A lógica é que o migrante, sob este enfoque, proporciona receita para o país de destino, receptor do migrante, no caso Portugal, bem como para o país de origem, no caso o Brasil, porque aufere receitas em decorrência das remessas desses brasileiros no exterior, independente de se encontrarem em situação legal ou não.

Na questão sob estudo, observa-se que de forma diplomática o Governo brasileiro não aprofunda na discussão, tampouco exerce qualquer tipo de pressão que se noticie. De certa forma, os imigrantes brasileiros espalhados pelo mundo representam solução para parte de alguns problemas brasileiros, como redução dos índices de desemprego e do déficit habitacional, além do fato de serem considerados importantes números na balança de pagamentos do país, graças às remessas de dólares que fazem para suas famílias em suas cidades de origem.

---

[251] MACHADO, I. J. de R. *Estereótipos e preconceito na experiência dos imigrantes brasileiros no Porto, Portugal.* p. 11 Disponível em: <http://www.ufscar.br/~igor/public/travessian.pdf> Acesso em: 23 ago. 2006.

CAPÍTULO 5

A presença do crime transnacional no fluxo migratório e a cooperação jurídica internacional na repressão

O tráfico de pessoas não é prática recente e está associado à exploração do homem pelo homem. Ao longo da história da humanidade, os vencedores vêm subjugando os vencidos sempre favorecendo a escravização, mais exatamente, a exploração da mão-de-obra dos homens e cometimento de abusos sexuais contra as mulheres.

A globalização tem provocado acentuadas transformações no mundo, especialmente sob os aspectos político e econômico. Nesse contexto as organizações criminosas também evoluíram sob a forma de redes, ultrapassando fronteiras e fragilizando as estruturas e instituições dos Estados.

O Papa Bento XVI tem manifestado preocupação com a problemática dos fluxos migratórios. No particular, a Igreja Católica no Brasil tem demonstrado atitude em relação a este mesmo problema, especialmente, por intermédio do Centro Scalabriniano de Estudos Migratórios e Pastoral dos Brasileiros no Exterior, da Confederação Nacional dos Bispos do Brasil – CNBB. Em artigo intitulado "Vaticano lança Documento sobre Migrações", a Ir. Rosita Milesi, mscs, teceu comentários a respeito deste documento denominado "A Caridade de Cristo para com os Migrantes" (Erga Migrantes Caritas Christi), como um chamamento para a reflexão e adoção de medidas para as transformações da realidade estrutural da sociedade contemporânea, destacando que:

> A Santa Sé veria com bons olhos a correção dos desequilíbrios criados pela 'globalização sem regras' (n. 29) do mundo moderno e assegura

> que esta correção seria o primeiro passo para resolver os problemas da migração irregular, evitando que o migrante se torne 'objeto de tráfico e exploração por parte de organizações criminosas' (n. 29). A Igreja católica condena 'o novo capítulo da escravidão' que se verifica no mundo atual com o tráfico de mulheres e crianças, um pouco por todo o mundo, e considera que é fundamental distinguir, no que diz respeito ao acolhimento de migrantes, os conceitos de primeiro acolhimento (limitado no tempo), de acolhimento propriamente dito e de integração. [...][252]

De conformidade com o Escritório das Nações Unidas contra a Droga e o Crime – UNODC, a maior parte dessa movimentação ilegal de pessoas é representado por mulheres para fins de exploração sexual comercial, enquanto a menor parcela representada por homens, normalmente relacionada à imigração ilegal.

Contraditório o universo da globalização quando de um lado há a indução aos movimentos transfronteiriços, enquanto por outro lado, os Estados criam limitações legais e burocráticas em relação aos imigrantes.

Na mesma linha de raciocínio do tráfico de drogas, que tem a rentabilidade influenciada em razão das proibições que geram uma demanda reprimida, ou seja, a maior procura diante da reduzida oferta ditando o mercado, encontra-se o tráfico de pessoas. Isto porque as organizações crescem e ganham com a questão do tráfico de pessoas e imigração ilegal, diante do crescente número de pessoas interessadas em tentar melhores condições de vida em outros países, mas que enfrentam dificuldades de transpor as barreiras, tanto de ordem legal como física.

Por diversos fatores a procura pela imigração tem sido maior que as possibilidades, haja vista as limitações impostas pelos Estados receptores, o que conduz à profissionalização dos movimentos de pessoas nos espaços transnacionais por intermédio de redes de agenciadores de imigração.

---

[252] IRMÃ RITA MILESI. *Vaticano lança Documento sobre Migrações*: a caridade de Cristo para com os migrantes. Brasília: Centro Scalabriniano de Estudos Migratórios. Instituto Migrações e Direitos Humanos. Pastoral dos Brasileiros no Exterior (CNBB), 2004. Disponível em: <http://www.migrante.org.br/artigo_vaticano_migracoes.doc>. Acesso em: 27 jan. 2007.

Como profissionalização o prof. Igor José de Reno Machado entende:

> as estruturas que facilitam e acentuam o movimento de pessoas em espaços transnacionais: agenciadores de imigração de variados tipos, desde aqueles que lucram apenas com a venda de passagens até aqueles que cobram para colocar o migrante no mercado de trabalho, falsificam documentos. Há também os que, além de fazer tudo isso, exploram o próprio trabalho dos imigrantes, numa espécie de ultra-radicalização na extração de mais-valia. Os preços pagos são irrisórios, muitas vezes não são pagos, os documentos são apropriados como forma de fragilização etc.[253].

O desenvolvimento do crime organizado transnacional provocou a discussão no âmbito da Organização das Nações Unidas, que findou por formalizar a denominada Convenção de Palermo – Convenção das Nações Unidas contra o Crime Organizado, adotada pela ONU, em 15 de novembro de 2000, tendo o governo brasileiro depositado o instrumento de ratificação junto à Secretaria-Geral da Organização das Nações Unidas, em 29 de janeiro de 2004. O Congresso Nacional aprovou o texto da Convenção por meio do Decreto Legislativo nº 231, de 29 de maio de 2003, entrando em vigor a partir da publicação do Decreto nº 5015, de 12 de março de 2004.

O Protocolo Adicional à Convenção das Nações Unidas contra a Criminalidade Organizada Transnacional, relativo à Prevenção, Repressão e Punição do Tráfico de Pessoas, em especial de Mulheres e Crianças, foi adotado pela Assembléia Geral – Resolução nº. 55/25, de 15 de Novembro de 2000 – e já ratificado por Portugal, conforme Decreto do PR nº. 19/2004, de 2 de Abril, complementa, no específico domínio constante da sua denominação, aquela Convenção, de modo que os dois instrumentos jurídicos devem ser interpretados conjuntamente, por força das disposições conjugadas do artigo 37º da Convenção e do artigo 1º do Protocolo.

---

[253] MACHADO, I. J. de R. Implicações da imigração estimulada por redes ilegais de aliciamento: o caso dos brasileiros em Portugal, *Socius Working Papers*, Universidade Técnica de Lisboa, n. 3, p. 2, 2005. Disponível em: <http://www.oi.acime.gov.pt;modules.php?name=news&file=article&sid=880>. Acesso em: 26 set. 2006

A Convenção objetiva promover a cooperação na prevenção e combate à criminalidade organizada transnacional. Em sua elaboração houve preocupação em expor o entendimento sobre o significado de bem, confisco, bloqueio ou apreensão, grupo criminoso organizado[254] e produto de crime[255], como fez constar em seu artigo 2º.

No seu texto aborda a criminalização da participação em grupo criminoso organizado, ao conclamar os Estados Partes para a adoção de medidas legislativas ou outras que se façam necessárias para a caracterização como infração penal a práticas intencionais, como:

> art. 5º -
>
> a) um dos atos seguintes, ou ambos, enquanto infrações penais distintas das que impliquem a tentativa ou a consumação da atividade criminosa:
>
> i) o entendimento com uma ou mais pessoas para a prática de uma infração grave, com uma intenção direta ou indiretamente relacionada com a obtenção de um benefício econômico ou outro benefício material e, quando assim prescrever o direito interno, envolvendo um ato praticado por um dos participantes para concretizar o que foi acordado ou envolvendo a participação de um grupo criminoso organizado;
>
> ii) a conduta de qualquer pessoa que, conhecendo a finalidade e a atividade criminosa geral de um grupo criminoso organizado, ou a sua intenção de cometer as infrações em questão, participe ativamente em:
>
> a) atividades ilícitas do grupo criminoso organizado;
>
> b) outras atividades do grupo criminoso organizado, sabendo que a sua participação contribuirá para a finalidade criminosa acima referida;
>
> c) O ato de organizar, dirigir, ajudar, incitar, facilitar ou aconselhar a prática de uma infração grave que envolva a participação de um grupo criminoso organizado. [...][256]

---

[254] Grupo criminoso organizado – grupo estruturado de três ou mais pessoas, existente há algum tempo e atuando concertadamente com o propósito de cometer uma ou mais infrações graves ou enunciadas na presente Convenção, com a intenção de obter, direta ou indiretamente, um benefício econômico ou outro benefício material.

[255] Produto de crime – os bens de qualquer tipo, provenientes, direta ou indiretamente, da prática de um crime.

[256] PROTOCOLO adicional à Convenção das Nações Unidas contra a criminalidade organizada transnacional relativo à prevenção, à repressão e à punição do tráfico de Pessoas, em especial de mulheres e crianças. Disponível em: <http://www.gddc.pt/cooperacao/materia-penal/textos-mpenal/onu/protocolotr%E1ficopt.pdf>. Acesso em: 27 jan. 2007.

A criminalidade alcançou níveis de organização e sofisticação que deixou de preocupar e exigir medidas apenas dos estados isoladamente. O combate às organizações criminosas requer políticas específicas, agressivas, com suporte de inteligência e planos de ações com a articulação de vários países. Ainda mais porque, deve-se ter presente o raciocínio de que mesmo que alguns Estados não estejam sendo alvo direto das práticas criminosas organizadas em seus territórios, não estão seguros de que não serão atingidos pelas conseqüências da criminalidade.

Apropriada a mensagem do então Secretário-Geral da Organização das Nações Unidas, Kofi Annan, por ocasião do Dia Internacional dos Migrantes, em 18 de dezembro de 2003, conclamando os Estados a tomarem parte da Convenção Internacional sobre a Protecção dos Direitos de Todos os Trabalhadores Migrantes e dos Membros das suas Famílias:

> Ao criarmos esse quadro, recordemos as pessoas que estão no cerne desta questão – os próprios migrantes. Muitos são coagidos a migrar, empreendem uma viagem perigosa e suportam privações nos novos países onde se fixam. Muitos continuam a ser vulneráveis à exploração e à violência por parte de traficantes, contrabandistas e empregadores sem escrúpulos. Além disso, nos últimos anos, em certas sociedades, os migrantes têm sido difamados, enquanto outros viram os seus direitos ser-lhes negados, em nome da segurança nacional. Não obstante todos estes obstáculos, a imensa maioria dos migrantes contribui de uma forma muito positiva para a nova sociedade e as remessas de muitos deles apóiam a economia dos seus países de origem.
>
> É preciso fazer muito mais para garantir o respeito pelos direitos humanos dos trabalhadores migrantes e suas famílias – estejam ou não numa situação regular, quer se encontrem documentados ou não. É por este motivo que apelo aos Estados para que se tornem partes na Convenção Internacional sobre a Protecção dos Direitos de Todos os Trabalhadores Migrantes e dos Membros das suas Famílias, que entrou em vigor em Julho deste ano. Nos termos da Convenção, os países que a ratifiquem são obrigados a respeitar os direitos humanos essenciais e as liberdades fundamentais dos trabalhadores migrantes no Estado para onde migraram. Isso é uma parte vital dos esforços para combater a exploração dos trabalhadores migrantes e dos membros das suas famílias.[257]

---

[257] Anan, K. Mensagem por ocasião do Dia Internacional dos Migrantes, em 18 dez 2003. *Centro de Informação das Nações Unidas em Portugal.* Disponível em: <http://www.onuportugal.pe>. Acesso em: 18 jan. 2007.

E a preocupação não é de agora, pois como mencionado anteriormente, o artigo 8º do Anexo I à Convenção 97 da O.I.T. sobre trabalhadores migrantes, revisada em 1949, já determinava a aplicação de sanções apropriadas a qualquer pessoa que esteja fomentando a imigração clandestina ou ilegal, ou seja, um dos problemas que mais preocupam as autoridades relacionadas ao controle dos fluxos migratórios, haja vista a atuação de agenciadores inescrupulosos que alimentam a criminalidade transnacional intermediando tráfico de pessoas e imigração clandestina.

Como mencionado, historicamente, Portugal manteve um perfil de país originário de emigração. Entretanto, o progressivo processo de globalização da economia e redução das barreiras, somado ao desmoronamento do bloco soviético possibilitou o crescimento do fluxo migratório para países da Europa Ocidental, em especial, Portugal.

Com a mudança do perfil de Portugal para país de recepção de fluxo migratório, mais acentuado entre as décadas de 1980 e 1990, houve o início de um processo extraordinário de regularização com o Decreto-Lei nº 212, de 12/10/1992 e a aprovação do Decreto-Lei nº 59/93, de 03/03/1993, a fim de regular a entrada e permanência de estrangeiros no país, bem como, criminalizar condutas facilitadoras da imigração ilegal.

De acordo com o Dr. Júlio Alberto C. Pereira, Procurador da República, Diretor do Serviço de Estrangeiros e Fronteiras, de Portugal:

> a abertura do processo de regularização extraordinária de 1992, a adesão de Portugal ao Acordo de Schengen e a respectiva convenção de aplicação em março de 1995, e um período de legalização extraordinária, em 1996 (Lei nº 16/96, de 24 de maio), colocaram o nosso país na rota européia da imigração ilegal.[258]

O incremento no fluxo imigratório de brasileiros para Portugal, verificado a partir do final da década de 90, trouxe uma nova forma de inserção dos imigrantes na sociedade portuguesa. Antes a inserção dava-se, predominantemente, por canais sociais não profissionalizados mediados pela própria comunidade.

---

[258] PEREIRA, J. A. C. Direito à emigração e imigração com direitos. *Revista do Ministério Público*: estudos, Lisboa, a. 23, n. 90, p. 117, abr./jun., 2002.

A inserção por intermédio de profissionais que exploram em toda a estrutura da imigração ilegal fragiliza a pessoa imigrante, praticamente mantendo-o refém da situação, haja vista que humilhados e reduzidos à condição de mercadoria e por estarem irregulares de acordo com a legislação em vigor.

A ilegalidade do transporte e contratação de trabalhadores migrantes os coloca sob sérios riscos de serem violados os direitos humanos e liberdades fundamentais.

O recrutamento de mão-de-obra para migração clandestina encontra ambiente favorável em muitos países em desenvolvimento, onde existe má distribuição de rendas, pobreza e exclusão social, desemprego e subemprego. Soma-se ao fato de que o trabalhador migrante ilegal, por ser destituído de estatuto jurídico e social, torna-se alvo de exploração, tanto pelas redes ilegais de colocação em outro território, como pelos tomadores desse tipo de mão-de-obra.

O trabalhador migrante ilegal fica à mercê do empregador, obrigado a aceitar qualquer tipo de trabalho, muitas vezes assemelhando-se à escravatura ou a trabalho forçado. Dificilmente recorre à justiça, haja vista o receio de ser descoberto na clandestinidade e expulso do país.

Normalmente, em razão de problemas econômicos os países passam a adotar medidas restritivas à migração legal de trabalhadores estrangeiros, o que estimula a ação de grupos criminosos que ganham dinheiro explorando o fluxo de imigrantes pelas vias ilegais.

Alguns países têm introduzido em seus ordenamentos jurídicos penas mais severas para punir, tanto os intermediários que recrutam mão-de-obra ilegal, como para os empregadores que dela se utilizam.

Acima, no discurso de Kofi Annan, mencionou-se a Convenção Internacional sobre a Proteção dos Direitos de Todos os Trabalhadores Migrantes e dos Membros de suas Famílias, que nos termos do seu artigo 68 convida os Estados-Partes, inclusive Estados em trânsito, à cooperação "a fim de prevenir e eliminar os movimentos e o trabalho ilegais ou clandestinos de trabalhadores migrantes em situação irregular[259]".

---

[259] ANAN, K.. Mensagem por ocasião do Dia Internacional dos Migrantes, em 18 dez 2003. *Centro de Informação das Nações Unidas em Portugal.* Disponível em: <http://www.onuportugal.pe>. Acesso em: 18 jan. 2007.

Para que o objetivo da repressão ao trabalho ilegal ou clandestino de trabalhadores migrantes em situação irregular, de acordo com o referido artigo, os Estados-Partes devem adotar as seguintes providências:

> Artigo 68º
> [...]
> a) medidas apropriadas contra a difusão de informação enganadora respeitante à emigração e à imigração;
> b) medidas destinadas a detectar e a eliminar os movimentos ilegais ou clandestinos de trabalhadores migrantes e de membros das suas famílias e a impor sanções eficazes às pessoas, grupos ou entidades que organizem, realizem ou participem na organização ou direção de tais movimentos;
> c) medidas destinadas a impor sanções eficazes às pessoas, grupos ou entidades que recorram à violência, à ameaça ou à intimidação contra os trabalhadores migrantes ou os membros das suas famílias que se encontrem em situação irregular.
> 2. Os Estados de emprego adotam todas as medidas adequadas e eficazes para eliminar o emprego, no seu território, de trabalhadores migrantes em situação irregular, impondo nomeadamente, se for caso disso, sanções aos seus empregadores. Tais medidas não prejudicam os direitos que assistem aos trabalhadores migrantes relativamente ao seu empregador, emergentes da sua situação laboral[260].

A Lei de imigração, aprovada pela Assembléia da República, em Portugal, revogou o Decreto-Lei nº 244/1998, com as alterações introduzidas pelos Decretos-Leis nºs 4/2001 e 34/2003, de 10/01/2001 e 25/02/2003, veicula proposta de recrudescimento do combate à imigração ilegal e, conseqüentemente, ao crime organizado transnacional que age em redes de imigração ilegal e tráfico de pessoas.

A partir do artigo 183 penaliza práticas como o auxílio à imigração ilegal, agravando-se a pena se a conduta praticada tiver intenção lucrativa ou se o cidadão estrangeiro for mantido em condições desumanas, degradantes ou que ponham sua vida em risco.

---

[260] Assembléia Geral das Nações Unidas. Resolução 45/158, de 18 de dezembro de 1990. Direitos humanos: os direitos dos imigrantes. Disponível: <http:www.csem.org.br/docs/convencao_onu_port.doc>. Acesso em: 13. abr.. 2007.

No artigo 184 prescreve como delito a fundação de grupo ou associação – e dela fazer parte – dirigida à prática dos crimes previstos no artigo anterior. E, no artigo 185 a prática de aliciar ou angariar, com intenção lucrativa, para introdução no mercado de trabalho, cidadãos estrangeiros não habilitados com autorização de residência. No Artigo 186 ainda penaliza quem contrair casamento com o objetivo único de proporcionar a um nacional de Estado terceiros a obtenção de um visto ou de uma autorização de residência ou fraude à lei da nacionalidade.

O Governo brasileiro tem procurado cumprir o seu papel na repressão ao crime organizado transnacional, nas suas mais variadas formas de manifestação, inclusive na vertente relativa ao tráfico de pessoas. Para tanto, o Presidente Luiz Inácio Lula da Silva, por intermédio do Decreto nº 5.948, de 26/10/2006[261], aprovou a Política Nacional de Enfrentamento ao Tráfico de Pessoas e instituiu o Grupo de Trabalho Interministerial com o objetivo de elaborar proposta do Plano Nacional de Enfrentamento ao Tráfico de Pessoas – PNETP.

De conformidade com o Ministério da Justiça "o tráfico de pessoas constitui hoje a terceira atividade comercial ilícita mais lucrativa, depois do contrabando de drogas e de armas, movimentando cerca de US$ 31,6 bilhões anualmente."[262]

O governo brasileiro objetiva sensibilizar a sociedade sobre a questão do tráfico de pessoas, mas também combatê-lo de forma coordenada e sistemática.

O referido Grupo de Trabalho será coordenado conjuntamente pelos representantes da Secretaria Especial de Políticas para as Mulheres, da Secretaria Especial dos Direitos Humanos e do Ministério da Justiça. E será integrado por um representante, titular e suplente,

---

[261] BRASIL. Decreto nº 5.948, de 26 outubro de 2006. Aprova a política nacional de enfrentamento ao tráfico de pessoas e institui grupo de trabalho interministerial com o objetivo de elaborar proposta do Pano Nacional d Enfrentamento ao Tráfico de Pessoas – Pnetp. *Diário Oficial da União*, Poder Executivo, Brasília, DF, 27 out. 2006. p. 9 Disponível em: <http://www.planalto.gov.br/ccivil_03/_ato2004-2006/2006/Decreto/D5948.htm>. Acesso em: 1 nov. 2006.

[262] BRASIL. Ministério da Justiça. Política nacional une esforços no combate ao tráfico de pessoas no Brasil. *Agência MJ de notícias.* Disponível em: <http://www.mj.gov.br/noticias/especiais/2006/novembro/mtesp141106-tsh.htm >.Acesso em: 14 fev. 2007

de cada um dos seguintes órgãos, além do Ministério Público Federal e do Ministério Público do Trabalho, como convidados:

I. Secretaria Especial dos Direitos Humanos da Presidência da República;
II. Secretaria Especial de Políticas para as Mulheres, da Presidência da República;
III. Secretaria Especial de Políticas de Promoção da Igualdade Racial da Presidência da República;
IV. Casa Civil da Presidência da República;
V. Ministério da Justiça;
VI. Ministério do Desenvolvimento Social e Combate à Fome;
VII. Ministério da Saúde;
VIII. Ministério do Trabalho e Emprego;
IX. Ministério do Desenvolvimento Agrário;
X. Ministério da Educação;
XI. Ministério das Relações Exteriores;
XII. Ministério do Turismo;
XIII. Ministério da Cultura; e
XIV. Advocacia-Geral da União.

Em relação à Política Nacional de Enfrentamento ao Tráfico de Pessoas, tem por finalidade o estabelecimento de princípios, diretrizes e ações preventivas e repressivas ao tráfico de pessoas e de atenção às vítimas, de acordo com as normas e instrumentos nacionais e internacionais de direitos humanos e a legislação pátria.

Importante disposição consta do Anexo ao Decreto nº 5.948, ao definir a abrangência da expressão tráfico de pessoas. E assim consta:

> Art. 2º Para os efeitos desta Política, adota-se a expressão "tráfico de pessoas" conforme o Protocolo Adicional à Convenção das Nações Unidas contra o Crime Organizado Transnacional Relativo à Prevenção, Repressão e Punição do Tráfico de Pessoas, em especial Mulheres e Crianças, que a define como o recrutamento, o transporte, a transferência, o alojamento ou o acolhimento de pessoas, recorrendo à ameaça ou uso da força ou a outras formas de coação, ao rapto, à fraude, ao engano, ao abuso de autoridade ou à situação de vulnerabilidade ou à entrega ou aceitação de pagamentos ou benefícios para obter o consentimento de uma pessoa que tenha autoridade sobre outra para fins de exploração. A exploração incluirá, no mínimo, a exploração da prostituição de outrem ou outras formas de explo-

ração sexual, o trabalho ou serviços forçados, escravatura ou práticas similares à escravatura, a servidão ou a remoção de órgãos[263].

A escravatura ou práticas similares à escravatura compreende a intermediação, promoção ou facilitação do recrutamento, do transporte, da transferência, do alojamento ou do acolhimento de pessoas para fins de exploração, o que também configura o tráfico de pessoas.

Ademais, em perfeita consonância com os princípios que norteiam o perfil constitucional brasileiro, a Política Nacional de Enfrentamento ao Tráfico de Pessoas será norteada pelo: respeito à dignidade da pessoa humana; não-discriminação por motivo de gênero, orientação sexual, origem étnica ou social, procedência, nacionalidade, atuação profissional, raça, religião, faixa etária, situação migratória ou outro status; proteção e assistência integral às vítimas diretas ou indiretas, independentemente de nacionalidade e de colaboração em processos judiciais; promoção e garantia da cidadania e dos direitos humanos; respeito aos tratados e convenções internacionais de direitos humanos; universalidade, indivisibilidade e interdependência dos direitos humanos.

Dentre as diretrizes específicas de prevenção e repressão ao tráfico de pessoas, além do envolvimento da sociedade civil, encontra-se a cooperação entre órgãos policiais nacionais e internacionais, bem como a cooperação jurídica internacional.

Destaca-se a atuação do Departamento de Polícia Federal pelo sucesso alcançado em suas operações no combate ao crime organizado, o que se confirmou no contato mantido com o Chefe da Divisão de Direitos Humanos, da Coordenação-Geral de Defesa Institucional, daquele Departamento, Dr. Felipe Tavares Seixas, em 15 de fevereiro de 2007. Eis algumas operações relativas ao combate ao tráfico de pessoas, mencionadas pelo referido Delegado, conforme Relatórios de Operações do Departamento de Polícia Federal, concernentes aos exercícios de 2005 e até fevereiro de 2007.

---

[263] BRASIL. Decreto nº 5.948, de 26 outubro de 2006. Aprova a política nacional de enfrentamento ao tráfico de pessoas e institui grupo de trabalho interministerial com o objetivo de elaborar proposta do Pano Nacional d Enfrentamento ao Tráfico de Pessoas – Pnetp. *Diário Oficial da União*, Poder Executivo, Brasília, DF, 27 out. 2006. p. 9 Disponível em: <http://www.planalto.gov.br/ccivil_03/_ato2004-2006/2006/Decreto/D5948.htm>. Acesso em: 1 nov. 2006.

DPF-2005 – Operações:

Castanhola – Com o objetivo de desarticular uma quadrilha que atuava no tráfico internacional de mulheres para Espanha e Portugal, a operação Castanhola foi realizada no dia 14 de abril. Foram 7 pessoas presas na cidade de Anápolis. Também aconteceram ações de repressão na Espanha e Portugal, que resultaram na prisão de 5 pessoas na cidade de Santander (Espanha). A Polícia Federal informa que, simultaneamente, as polícias portuguesa e espanhola realizaram ações nos prostíbulos europeus, chamados "clubes", detectando-se a presença de várias mulheres brasileiras servindo à prostituição, as quais serão deportadas para o Brasil, aguardando-se as prisões dos receptadores estrangeiros. Os presos foram indiciados por crimes de formação de quadrilha e tráfico internacional de pessoas, podendo ser condenados com penas de até 11 anos de reclusão.[264]

Bye Bye Brasil – PF desencadeou no dia 14 de setembro a operação Bye Bye Brasil para desmontar uma organização criminosa especializada em introduzir brasileiros de forma ilegal no exterior, principalmente nos EUA. 200 policiais cumpriram dezenas de mandados de prisão em Criciúma, base da quadrilha. 26 pessoas foram presas e outras oito são procuradas no exterior com a ajuda da Interpol. 15 carros, 6 motos e 2 jet-skis foram apreendidos[265].

Babilônia – Operação Babilônia prendeu no dia 05 agosto no estado de Goiás integrantes de uma quadrilha internacional envolvida com o tráfico de seres humanos. Trata-se da terceira operação da Polícia Federal no estado de Goiás para combater quadrilhas que praticam esse crime. Dentre os seis envolvidos sujeitos de mandados de prisão encontram-se um aliciador português e outro espanhol, residentes no Brasil e principais membros da quadrilha. A ação aconteceu simultaneamente na Espanha, com a prisão de uma pessoa[266].

---

[264] BRASIL. Ministério da Justiça. Departamento de Polícia Federal. *Operações 2005*: castanhola. Disponível em: <http://www.dpf.gov.br/DCS/Resumo_OP_2005.htm#Castanhola>. Acesso em: 15 fev. 2007

[265] BRASIL. Ministério da Justiça. Departamento de Polícia Federal. *Operações 2005*: bye bye Brasil. Disponível em: <http://www.dpf.gov.br/DCS/Resumo_OP_2005.htm#Bye %20Bye%20Brasil> Acesso em: 15 fev. 2007.

Disponível em: <http://www.dpf.gov.br/DCS/Resumo_OP_2005.htm> . Acesso em 15 fev 2007

[266] BRASIL. Ministério da Justiça. Departamento de Polícia Federal. *Operações 2005*: babilônia. Disponível em: <http://www.dpf.gov.br/DCS/Resumo_OP_2005.htm# Babilônia>. Acesso em: 15 fev. 2007.

A Delegacia de Defesa Institucional da Polícia Federal em Goiás (Delinst), com suporte da Coordenação-Geral de Defesa Institucional, (CGDI), e através da Divisão de Direitos Humanos do Departamento de Polícia Federal, (DDH), dentro da mesma motivação que desencadeou as operações Castanhola e Castelo, que tenciona a extinção dessa prática criminosa no País, investigou a quadrilha objeto da Operação Babilônia por sessenta dias partindo do depoimento de uma vítima aliciada e arrependida.[267]

"**Caraxué** – Na manhã do dia 18 de outubro, a Polícia Federal deflagrou a Operação Caraxué com o objetivo de identificar e prender uma quadrilha especializada no aliciamento de pessoas para o exercício da prostituição na Europa"[268].

Lusa – A Polícia Federal deflagrou no dia 18 de junho a Operação Lusa para desarticular uma quadrilha envolvida com o tráfico de mulheres para fins de exploração sexual. Foram presas duas pessoas, sendo uma estrangeira e um motorista de táxi, que intermediavam a ida de mulheres para a Europa com fins de prostituição. A Polícia também deteve cinco brasileiras que embarcariam com destino à cidade do Porto (Portugal), que foram liberadas depois de prestarem esclarecimentos[269].

Castela e Madri – A Superintendência Regional da Polícia Federal em Goiás desencadeou, no dia 6 de setembro, as operações Castela e Madri. As ações têm como objetivo prender integrantes de quadrilhas especializadas em tráfico de mulheres para fins de exploração sexual. Além de Goiás, as operações acontecem simultaneamente na Espanha[270].

Mediador III – Policiais federais da Superintendência Regional da PF no Espírito Santo prenderam nesta quinta-feira, 03, no Aeroporto de Vitória (ES) e no município de Serra (ES), uma quadrilha que traficava pessoas para a Europa. A operação chamada de 'Mediador III' teve início às 10:00 horas, ocasião em que os federais prenderam em flagrante no Aeroporto de Vitória três homens quando tentavam embarcar uma jovem para o exterior. Em seguida os policiais, cumprindo Mandado de Prisão

---

[267] Ibid.

[268] Brasil. Ministério da Justiça. Departamento de Polícia Federal. *Operações 2005*: caraxué. Disponível em: <http://www.dpf.gov.br/DCS/Resumo_OP_2005.htm>. Acesso em: 15 fev. 2007.

[269] BRASIL. Ministério da Justiça. Departamento de Polícia Federal. *Operações 2005*: lusa. Disponível em: <http://www.dpf.gov.br/DCS/Resumo_OP_2005.htm>. Acesso em: 15 fev. 2007.

[270] BRASIL. Ministério da Justiça. Departamento de Polícia Federal. *Operações 2005*: castela e madri. Disponível em: <http://www.dpf.gov.br/DCS/Resumo_OP_2005.htm>. Acesso em: 15 fev. 2007

Preventiva, expedido pela Justiça Federal, prenderam outros integrantes da quadrilha no bairro Cidade Continental, no município de Serra, região metropolitana da Grande Vitória (ES)[271].

Tarô – A Polícia Federal, em conjunto com a Polícia Judiciária Suíça, deflagrou no dia 28 de março a Operação Tarô para desarticular uma organização criminosa internacional que praticava o tráfico de mulheres para fins de exploração sexual. As investigações, que iniciaram em 2005, descobriram que o grupo era liderado por um suíço, que por intermédio de aliciadores, recrutava mulheres brasileiras em Belo Horizonte e Região Metropolitana, enviando-as para prostituição em Zurique, Suíça."[272]

Sodoma – Operação 'Sodoma' teve início durante a tarde do dia 22 de janeiro, quando os federais, em cumprimento a Mandado de Prisão Preventiva expedido pela Justiça Federal, prenderam no Aeroporto de Vitória três mulheres integrantes de uma quadrilha que traficava pessoas para a Europa.[273]

A cooperação judiciária internacional dá-se por intermédio de acordos que possibilitam a extradição. A título de ilustração, cite-se que o Supremo Tribunal Federal julgou pedido de Extradição nº 976-1, requerido pelo Governo de Portugal. O requerimento baseou-se na imputação dos delitos de auxílio à imigração ilegal e contrafação de moeda e associação criminosa. A extradição em relação ao delito de contrafação de moeda e associação criminosa foi deferida, embora indeferida quanto ao delito de auxílio à imigração ilegal. Este porque o extraditando já estaria submetido a processo criminal e condenado pela Justiça Federal brasileira, com recurso de apelação à época pendente de julgamento, perante o Tribunal Regional Federal da 3ª Região.

---

[271] BRASIL. Ministério da Justiça. Departamento de Polícia Federal. *Operações 2005*: mediador III. Disponível em: <http://www.dpf.gov.br/DCS/Resumo_OP_2005.htm>. Acesso em: 15 fev. 2007

[272] BRASIL. Ministério da Justiça. Departamento de Polícia Federal. *Operações 2005*: tarô. Disponível em: <http://www.dpf.gov.br/DCS/Resumo_OP_2005.htm>. Acesso em: 15 fev. 2007

[273] BRASIL. Ministério da Justiça. Departamento de Polícia Federal. *Operações 2005*: sodoma. Disponível em: <http://www.dpf.gov.br/DCS/Resumo_OP_2005.htm>. Acesso em: 15 fev. 2007

Eis os trechos definidores do voto relator do Min. Carlos Veloso:

> [...] Correto o parecer.
>
> No que concerne aos delitos de auxílio à imigração ilegal e associação de auxílio à imigração ilegal, artigos 134.1 e 2, e 135.1 do DL. 244/98, responde o extraditando, no Brasil, a processo criminal, tendo sido condenado à pena de 5 (cinco) anos de reclusão como incurso nas sanções do art. 231 do Código Penal. Quanto ao delito do art. 288 do Código Penal, foi absolvido. Foi interposta apelação, que deverá ser julgada pelo TRF/3ª Região.
>
> É dizer, pelos mesmos fatos deduzidos na ação penal em curso perante a Justiça de Portugal – facilitação de saída de mulheres brasileiras para exercerem a prostituição em Portugal – está o extraditando sendo processado no Brasil, já condenado pelo Juízo de 1º grau. A extradição, no ponto, é de ser indeferida. Na Ext 936-Itália, de que fui relator, decidiu o Supremo Tribunal Federal.
>
> [...]
>
> Registre-se, ao cabo, que o extraditando está condenado, no Brasil, conforme dito linhas atrás, à pena de 5 (cinco) anos de reclusão – sentença ainda pendente de recurso – pela prática do delito do art. 231 do Código Penal. Isso não impede que o Presidente da República, Chefe de Estado, ordene, com fundamento no art. 89, caput, combinado com o art. 67, ambos da Lei 6.816/80, a efetivação imediata da entrega do extraditando: Ext. 621-Itália, Relator Ministro Celso de Mello, 'DJ' de 12.5.1995; Ext. 579-Alemanda, Relator Ministro Celso de Mello, 'DJ' de 15.4.1994; Ext. 369-Portugal, Relator Ministro Djacy Falcão; Ext 859-Uruguai, Relator Ministro Carlos Velloso, 'DJ' de 19.12.2003; Ext. 947-Paraguai, Ministro Carlos Velloso, 'DJ' de 30.9.2005; Ext. 804-Alemanha, Relator Ministro Celso de Mello, 'DJ' de 27.9.2002.
>
> Do exposto, defiro, em parte, o pedido de extradição, relativamente aos crimes de contrafacção de moeda e de associação criminosa, previstos nos arts. 262.1, e 299.1, do Código Penal de Portugal, subordinada a sua efetivação ao disposto nos arts. 66, 67 e 89 do Estatuto do Estrangeiro, Lei 6.815/80[274].

---

[274] BRASIL. Supremo Tribunal Federal. Extradição nº 976-1, do Tribunal Pleno. Requerente: Governo de Portugal. Extraditando: José Luis Viegas dos Santos. Relator: Ministro Carlos Velloso. *Diário de Justiça,* Brasília, DF, 10 mar. 2006. Disponível em: http://www.stf.gov.br/jurisprudencia/>. Acesso em: 23 jan. 2007.

Em matéria veiculada pela Secretaria Especial de Políticas para as Mulheres da Presidência da República, por ocasião da aprovação da Política Nacional de Enfrentamento ao Tráfico de Pessoas:

> o tráfico de pessoas passa a ser caracterizado conforme o Protocolo Adicional à Convenção das Nações Unidas contra o Crime Organizado Transnacional relativo ao tráfico de pessoas, em especial às mulheres. São considerados crimes, recrutamento, transporte, transferência, alojamento ou acolhimento de pessoas, mediante ameaça, uso da força, abuso de autoridade, entrega de pagamentos ou benefícios para fins de exploração sexual.[275]

Na mesma matéria veiculada constam importantes informações a respeito da participação do Brasil nas redes internacionais do tráfico de pessoas, bem como acerca de dados da Organização Internacional do Trabalho sobre estimativas de quantidade de pessoas traficadas em todo o mundo. Vejamos:

> Dados da Organização Internacional do Trabalho (OIT), divulgados em 2005, revelaram que cerca de 2,4 milhões de pessoas já foram traficadas em todo o mundo. Deste total, 43% foram vítimas de exploração sexual e 32% para exploração econômica. Os 25% restantes são casos de pessoas traficadas para uma combinação dessas duas formas.
>
> A participação do Brasil nas redes internacionais do tráfico de pessoas é favorecida pelo baixo custo operacional, pela existência de boas redes de comunicação, de bancos e casas de câmbio e de portos e aeroportos. Levantamento do Ministério da Justiça apurou que a situação é mais grave no Ceará, São Paulo, Rio de Janeiro e Goiás. Em Goiás, o aliciamento acontece principalmente no interior. As vítimas, na sua maioria, são mulheres, com idade entre 15 e 25 anos[276].

Como observado, tanto o Brasil como Portugal adotam medidas legislativas com o objetivo de reprimir o tráfico de pessoas e a imigração ilegal, especialmente praticados por organizações criminosas.

Além das providências em seus ordenamentos jurídicos, em 11 de julho de 2003, foi assinado o Acordo de Cooperação entre a

---

[275] BRASIL. Presidência da República. Política nacional de enfrentamento ao tráfico de pessoas é aprovada. *Notícias*. Úlitmas notícias. Disponível em: <http://www.presidencia.gov.br/noticias/ultimas_noticias/pol_trafpess/>. Acesso em: 1 nov. 2006.

[276] Ibid.

República Federativa do Brasil e a República Portuguesa para a Prevenção e a Repressão do Tráfico Ilícito de Imigrantes, considerando, em especial, o fato de ambos são signatários do Protocolo contra o Tráfico de Migrantes por Terra, Mar e Ar, adicional da Convenção das Nações Unidas contra o Crime Organizado Transnacional – Convenção de Palermo.

O referido Acordo tem como objetivo o intercâmbio de experiências, informações e outras formas de cooperação em matéria de controle dos fluxos migratórios, bem como o desenvolvimento de ações de formação teórica e prática em matérias diretamente relacionadas com o controle de estrangeiros e a circulação de pessoas, com a finalidade de prevenir e reprimir a ação das organizações que atuam no tráfico ilícito de migrantes.

Oportuno o artigo de autoria de Luis Varese, representante do Alto Comissariado das Nações Unidas para Refugiados no Brasil (ACNUR) expressando preocupação daquela entidade com as violações de direitos humanos no combate ao tráfico de migrantes, com a impunidade dos traficantes e com a necessidade de inclusão social dos imigrantes:

> [...] Não podemos confundir migrantes com refugiados. O migrante deixa seu país de maneira voluntária. O refugiado é obrigado a deixá-lo e, sobretudo, não pode voltar sem correr o risco de ser morto ou encarcerado. Mas a preocupação do Acnur (Alto Comissariado das Nações Unidas para Refugiados) é que medidas de controle migratório e combate ao tráfico de migrantes muitas vezes violam os direitos humanos, especialmente o direito ao refúgio e ao asilo. As cadeias de muitos países ricos estão cheias de migrantes e solicitantes de refúgio, mas não de traficantes de pessoas. Pagam, uma vez mais, os justos pelos pecadores, numa espécie de 'dano colateral' contra os direitos humanos e a proteção internacional.
>
> [...]
>
> Também é preciso promover a inclusão social e a tolerância para maximizar o potencial desenvolvimentista das migrações. O Brasil, sempre sob a orientação do Ministério da Justiça, defende com bravura essa posição. [...][277]

[277] VARESE, L. Derrubar muros, e não levantá-los. *Folha de São Paulo*, São Paulo, 03 de novembro de 2006. Disponível em: <http://www1.folha.uol.com.br/fsp/opiniao/fz0311200608.htm>. Acesso em: 27 dez. 2006.

Como se observa, cada país legisla sobre que condições um estrangeiro pode trabalhar em seu território. O fato de um estrangeiro trabalhar descumprindo as exigências, estará infringindo as leis locais e, por ser indocumentado, totalmente desamparado com relação à segurança do exercício dos direitos trabalhistas e previdenciários, e de meios legais para defender-se, fica à mercê de quem lhes dá trabalho e explora. Esta realidade os tornam vulneráveis à exploração pelo tráfico de pessoas.

Em relação à mão-de-obra estrangeira que, por falta de qualificação, não tem facilidade de ingresso e permanência em outro país, torna-se alvo das redes ilegais de aliciamento e tráfico de pessoas. Esta situação mais se agrava na medida em que mais se limita a possibilidade de migração regular e se dificulta a regularização daqueles que já migraram e encontram-se na clandestinidade.

As pessoas muitas vezes, sem perspectivas em seus países de origem, ao se aventurarem a uma nova vida em outros países, tornam-se vulneráveis às falsas promessas e propostas de trabalho. Preocupado com o tráfico de pessoas, D. Laurindo Guizzardi, Bispo responsável pela pastoral dos brasileiros no exterior, em visita a Portugal manifestou-se expressando sua apreensão, segundo destaque no link de notícias da Embaixada de Portugal:

> Muitas pessoas são iludidas e levadas para a imigração com o propósito de um trabalho honesto, mas quando ao país de destino são encaminhadas para a prostituição", disse adiantando que a Igreja brasileira vai utilizar os meios de comunicação social para alertar a população para este fenômeno.[278]

A economia do crime organizado tem ampliado a cada dia as suas formas de atuar, ganhando características globais com ramificações e interligações. E a repressão no mundo, no geral, não tem alcançado os resultados almejados, haja vista que a atividade criminosa, por estar cada vez mais organizada e interconectada às mais variadas organizações similares espalhadas pelo mundo, sempre tem

---

[278] Bispo Laurindo Guizzardi. Imigrantes. *Embaixada de Portugal*: notícias. Disponível em <http://www.embaixadadeportugal.org.br/destaques/detalhe.php?cod_noticia=45>. Acesso em: 08 jan. 2007.

buscado formas inteligentes para driblar a repressão e atender a demanda crescente e lucrativa.

As organizações criminosas negociam com tudo aquilo que possa ter valor agregado, especialmente devido às proibições legais. Nesse contexto, aumenta o valor da mercadoria transacionada pelo crime organizado quando existe o fator proibição ou restrição que, em conseqüência, gera a possibilidade de estabelecimento de um mercado paralelo, à margem da legalidade.

Quando são muito severas as restrições à imigração, como há mercado e interesse por mão-de-obra mais barata, menos protegida pela legislação e com enormes dificuldades de fazer valor os direitos, no caso do imigrante, estabelece-se o ambiente propício à atuação das organizações criminosas, porque pode intermediar a imigração ilegal, o tráfico de pessoas e obter lucros. Exemplo de que a proibição gera demanda, ou como prefere Manuel Castells: a procura rege a demanda.

A regência da oferta pela procura verifica-se não apenas na imigração ilegal, mas onde há proibição e valor agregado como no contrabando, agiotagem, tráfico de drogas ilícitas, tráfico de pessoas, de órgãos humanos e de informações, seqüestro e extorsão, por exemplo.

Obviamente não se pode generalizar, entretanto, em algumas dessas diversificações de ações do crime organizado se não houvessem tantas restrições ou proibições, deixaria de representar bom negócio para a organização criminosa. Pode-se cogitar que, se houvesse menos restrições na legalização de imigrantes, poderia inviabilizar a imigração ilegal como negócio rentável, o que também aplica-se aos negócios relativos ao tráfico de drogas, segundo alguns observadores do assunto.

Oportuna a observação de Manuel Castells ao escrever sobre as conexões do crime organizado, onde citou a relação de atividades criminosas, elaborada pela Conferência da ONU em 1994 sobre o crime organizado. Eis o que escreveu Castells sobre o contrabando de imigrantes ilegais:

> (3) Contrabando de imigrantes ilegais – A mistura resultante da miséria existente em todo o mundo, desterro de populações inteiras de suas origens e dinamismo das maiores economias do planeta leva milhões de

> pessoas à emigração. Por outro lado, controles de fronteiras cada vez mais rigorosos, principalmente nas sociedades afluentes, tentam conter o fluxo de imigrantes. Essas tendências contraditórias oferecem às organizações criminosas uma oportunidade excepcional de ganhar acesso a um imenso mercado: o tráfico *coyote* em escala global. O relatório da ONU de 1994 cita dados de fontes confiáveis que estimulam o volume do tráfico ilegal de imigrantes dos países pobres para os mais ricos em cerca de um milhão de pessoas por ano, 20% dos quais representados por chineses. Esses dados praticamente não consideram os setecentos mil imigrantes ilegais que chegam a cada ano nos Estados Unidos das mais diversas maneiras. O número real de imigrantes ilegais no mundo deve ser mais elevado que as estimativas apresentadas pela ONU. A imigração ilegal controlada por organizações criminosas não constitui apenas fonte de lucro originado dos pagamentos efetuados pelos potenciais imigrantes (por exemplo, cerca de US$3,5 bilhões anuais, calculados por estimativa somente no México e na região do Caribe). Também mantém muitos deles em regime de trabalho escravo durante muito tempo para que possam pagar as dívidas contraídas, acrescidas de altos juros. Assim, os imigrantes são expostos a fraudes, abusos, violência e morte. Além disso, por ameaçarem superar em número a entrada de pessoas pelas vias legais de imigração, desencadeiam uma reação xenofóbica que, manipulada por políticos demagogos, vem destruindo a tolerância cultural e os sentimentos de solidariedade na maioria dos países.[279]

Destaque-se, finalmente, que as ações no sentido de reprimir são fundamentais, porém devem ser associadas a medidas que estrangulem a economia das organizações criminosas, isto é, combater com austeridade a lavagem de dinheiro.

As atividades criminosas envolvendo o tráfico de pessoas para trabalho escravo, prostituição, migração ilegal e o tráfico de drogas, além do irracional agir do terrorismo, ultrapassa fronteiras ganhando características de crime transnacional.

As organizações criminosas necessitam de capital para alimentar seus processos financiando suas ações. Entretanto, o dinheiro proveniente da atividade criminosa ou de outras fontes igualmente ilícitas precisa ser reciclado, ou seja, desvincular-se de sua origem, normalmente por intermédio de sucessivas operações, a fim de ser reconhe-

---

[279] CASTELLS, M. *O fim do milênio.* 7. ed. São Paulo: Paz e Terra, 2003. 559 p. (A era da informação:economia, sociedade e cultura, v. 3).

cido como oriundo de alguma atividade legalmente estabelecida. É o que nos acostumamos a denominar de lavagem de dinheiro.

A imigração ilegal, além de servir de via ao tráfico de pessoas, também poder servir à lavagem de dinheiro sob a forma de remessas das poupanças feitas pelos estrangeiros. Considerando o fato do imigrante encontrar-se em situação irregular de permanência, procura fazer suas remessas de forma a não ser identificado, sob o risco de exposição e ser alcançado pela fiscalização dos Serviços de Estrangeiros e Fronteiras, a exemplo de Portugal.

São muitos os operadores financeiros na intermediação de remessas financeiras feitas pelos imigrantes. E a preocupação com os controles, inclusive para combater a lavagem de dinheiro, extrai-se do Estudo sobre a Análise do Mercado de Remessas Portugal/Brasil:

> dentro do conjunto de iniciativas empreendidas pelo Banco Interamericano de Desenvolvimento (Fundo Multilateral de Investimentos), com o objectivo de conhecer o perfil dos remetentes e dos destinatários de remessas para a América Latina e Caraíbas.
>
> Quanto ao controlo do número e montante das transferências – no caso do montante exigível por lei –, ele é efectuado em todas as empresas onde foi possível obter esta informação. O objectivo é monitorizar o volume de remessas por indivíduo, bem como a origem e destino de fundos mais avultados, de modo a combater o branqueamento de capitais. Foi admitido, em alguns dos contactos que realizámos, que as normas sobre identificação do ordenador e controle das remessas passaram a ser mais rigorosas depois de 11 de setembro de 2001, seja por simples cumprimento da lei, seja por normas internas aos operadores[280].

A lavagem de dinheiro é conseqüência natural da criminalidade sem fronteiras, de vital importância para a sobrevivência das organizações criminosas, que dela dependem, como o ser humano depende do oxigênio para sobreviver.

---

[280] BANCO INTERAMERICANO DE DESENVOLVIMENTO – BID. Fundo Multilateral de Investimentos. *Análise do mercado de remessas Portugal/Brasil.* Versão final. (Financiado pelo fundo português de cooperação técnica). Disponível em: < http://www.iadb.org/news/docs/PortugalBrasil.pdf>. Acesso em: 20 nov. 2006

CONSIDERAÇÕES FINAIS

Com base nas informações colhidas pelas pesquisas referidas no estudo Viagens de Ulisses: efeitos da imigração na economia portuguesa, utilizada neste trabalho, a presença dos imigrantes em Portugal, dentre eles os brasileiros, nos fluxos posteriores à integração daquele país à União Européia, tem contribuído positivamente para o impulso da produção e do emprego.

Os imigrantes suprem as carências de alguns setores da economia nacional, com predominância nos segmentos secundários do mercado de trabalho. São segmentos onde em maior número estão os brasileiros, ou seja, no setor de serviços, construção civil e agricultura, os quais, segundo informa a pesquisa, há o risco de subutilização da capacidade produtiva instalada, em caso de ausência de trabalhadores imigrantes.

Dentre as principais conclusões do referido estudo, a mão-de-obra imigrante supre a redução e desinteresse dos portugueses pelo setor secundário.

Essa importante conclusão do estudo deveria ser levada em consideração pelas autoridades portuguesas, considerando, ainda, que a manutenção de elevado número de imigrantes não-documentados representa perda de receitas, ou seja, contribuições que deixam de influir positivamente no VAB nacional.

A realidade cobra das autoridades a adoção de providências, especialmente, legislativas e sociais, a fim de agilizar a política de imigração, inclusive para evitar desgastes perante o conjunto das Nações, haja vista a ocorrência de casos de violação de direitos humanos, face a exploração da mão-de-obra imigrante não-documentada, vítimas de assédio e discriminação.

O trabalhador imigrante leva na bagagem valores sociais, culturais, religiosos. São pessoas, antes de serem trabalhadores e fator de produção que, visíveis ou não, sob o enfoque a permanência regularizada, contribuem para a criação de riquezas a serem compartilhadas por todos no país que o acolhe.

As contribuições para o sistema previdenciário recolhidas dos empregadores e dos trabalhadores, documentados ou não, são superiores aos custos que representam, conforme referido na pesquisa. A utilização dos serviços pelos imigrantes é limitada, portanto, baratos para o Estado, com o diferencial de que nem todos usufruirão de benefícios no futuro, haja vista que não são poucos os que pretendem apenas trabalhar, fazer poupança e retornar ao país de origem.

Importantes as recomendações do estudo Viagens de Ulisses para as instâncias competentes do Estado português na área de imigração, que reconhece alguns dos entraves para a efetiva inclusão dos imigrantes na sociedade portuguesa. Cite-se, o burocrático e demorado processo administrativo para a concessão de vistos; a falta de incentivo do Estado para que empresários utilizem mão-de-obra imigrante nos setores em crise pelo desinteresse dos trabalhadores portugueses; a falta de domínio da língua portuguesa – onde o Estado não terá custos em relação aos brasileiros – que prejudica a eficiência nas relações de trabalho; necessidade de reconhecer a formação acadêmica e profissional, o que representará ganho de produtividade para o país.

Dentre as recomendações consta a correta divulgação das questões relativas à imigração pelos meios de comunicação, o que contribuirá para reduzir possíveis tensões sociais. Esta recomendação cabe, inclusive, em relação ao Brasil no sentido de melhorar a imagem dos brasileiros para que sejam reconhecidos como trabalhadores e ordeiros, evitar alimentar o estereótipo de que a mulher brasileira só é profissional no rebolado e que está associada ao comércio do sexo, enquanto o homem estereotipado no sentido de que só se destaca no futebol e na música.

O estudo ainda confirma a hipótese de que, além de burocrático e demorado o processo administrativo para a concessão de vistos, também precisa o Estado rever os critérios de entrada e regularização de novos imigrantes, face a probabilidade de serem intransponíveis as dificuldades de harmonização dos processos entre as representações diplomáticas de Portugal no exterior. Além da necessidade de estabelecer acordos bilaterais com os países mais representativos no fluxo de imigrantes – a exemplo do Acordo entre Brasil e Portugal sobre Contratação Recíproca de Nacionais – a fim de acelerar e solucionar o processo de imigração e de inserção no trabalho.

Alguns acordos bilaterais já foram assinados, a exemplo do acima referido, cujos resultados não têm sido alvissareiros, conforme sempre noticiado pela Casa do Brasil de Lisboa e outras fontes, o que se pode atribuir aos mesmos motivos acima mencionados. Acrescente-se a necessidade de mais vontade política e diplomática de seus signatários.

É uma realidade que causa preocupação. Destaque-se a dificuldade de se obter informações mais ricas em detalhes, haja vista que os dados oficiais quando não defasados, desconhecem a realidade dos fluxos migratórios, especialmente sua dimensão e as condições do trabalho clandestino. A deficiência das informações mais completas dificulta dimensionar o contingente de brasileiros regularizados, os em vias de regularização e os que se encontram na clandestinidade.

Difícil dimensionar a importância dos imigrantes brasileiros e seu impacto no mercado de trabalho, haja vista que se noticia ser relevante a presença dos imigrantes no mercado informal, a exemplo do trabalho doméstico, em que as avaliações do Estado carecem de informações devido a falta de controles.

A globalização da economia provocou surpreendente alteração nas relações de trabalho, especialmente no contexto empresarial, a fim de alcançar mais produtividade, rentabilidade, em um universo cada vez mais competitivo, em que as empresas precisam produzir mais e com menor custo, por uma questão de sobrevivência. Nesse cenário ocorre a desregulamentação dos direitos trabalhistas, o desemprego, o subemprego e, também, o tráfico clandestino de mão-de-obra, migração ilegal.

O processo migratório tem sua carga natural de estresse, porque envolve o desgaste para se efetivar a integração do migrante na sociedade, com a adaptação de culturas e valores. A situação do migrante ilegal é mais problemática, porque além do desgaste da integração, preliminarmente, ainda tem de conviver com uma infinidade de problemas decorrentes de sua condição marginalizada.

A globalização dividiu o mundo acentuando a exclusão social e, no contexto empresarial e das relações trabalhistas, de um lado quem tem poder para a tomada de decisões, enquanto no outro pólo, as pessoas que sofrem com os resultados, independente de serem trabalhadores qualificados ou não, documentados ou não.

Os migrantes não documentados, desprovidos da proteção legal e sempre sobressaltados pela constante ameaça de serem denunciados às autoridades, tornam-se vulneráveis à exploração e humilhações. Integram as subclasses locais, marginalizados por não serem trabalhadores tradicionais, pois não têm contrato de trabalho e exercem atividades sem qualificação, pouco remuneradas, normalmente aquelas rejeitadas pelo trabalhador nacional.

Os grupos se definem de conformidade com suas características, por locais que se adaptem mais facilmente, formando suas redes locais, compatíveis com as funções e hierarquias estabelecidas.

Aos imigrantes não documentados resta a localização nos guetos.

É lamentável o desrespeito à condição humana e a violação de direitos. E, enquanto as autoridades dos países envolvidos – imigrado e imigrante – não enxergarem o imigrante como pessoa, independente de encontrar-se documentado ou não, torna-se difícil o exercício de direitos, notadamente, perante a legislação do país receptor. Nem mesmo as remessas de divisas que alimentam a balança de pagamentos do país de origem e a geração de riqueza para o país imigrado, são capazes de sensibilizar as autoridades e tornar os imigrantes visíveis não como coisas ou cifras.

Diz-se muito que a gestão dos fluxos migratórios significam um grande desafio para os Estados na era da globalização. Entretanto, não são os migrantes apenas causadores de problemas sociais, mas também representam força de trabalho ativo e produtora de riquezas. Ademais, em razão do envelhecimento da população dos países desenvolvidos – por excelência, destinatários de fluxos migratórios – em geral, sofrendo as conseqüências de políticas anteriores de baixa de natalidade, as contribuições dos trabalhadores migrantes são essenciais para a sustentabilidade dos sistemas previdenciários desses países. E diga-se: o migrante passa a contribuir, sustentar o sistema previdenciário, porém, em número reduzido desfrutará desse sistema.

Os países de origem se beneficiam com as remessas em dinheiro feitas pelos seus nacionais que migraram para outros países, inclusive sob a forma de investimentos, ajudando a equilibrar a balança de pagamentos, além do fato que a saída de tantas pessoas que enveredam nos fluxos migratórios como forma de buscar melhores condições de vida, fugir do desemprego e da falta de oportunidades, aliviando, conseqüentemente, a tensão social no país originário.

A migração da mão-de-obra qualificada é prejudicial aos países em desenvolvimento, que perdem talentos nos quais investiram em formação educacional e qualificação profissional, cujo aproveitamento será do país de destino, que não investiu um centavo para desfrutar do resultado. Não deixa de ser uma releitura do processo de colonização, porque atualmente o Brasil não sofre, como nos tempos coloniais, a sangria de riquezas como o pau-brasil, metais e pedras preciosas, mas perde talentos.

São erigidos muros simbólicos legais, burocráticos e políticos, que restringem a imigração e dificultam a regularização dos que já imigraram e não são trabalhadores qualificados. Estes trabalhadores são excluídos socialmente no país de origem e sofrem o agravamento da exclusão no país de destino. Entretanto, são necessários, pois o Estado deles não pode prescindir para fazer o trabalho desprezado pelos seus trabalhadores nacionais ou comunitários.

O que precisa ser feito pelos governos no Brasil é aproveitar o conquistado equilíbrio em sua economia, atualmente ocupando as maiores do planeta, e reverter em qualificação de trabalhadores e geração de empregos, a fim de reduzir a desigualdade e exclusão sociais e evitar que os nacionais fujam para aventurar melhores condições de vida em outros países. Investimento em educação e melhor distribuição de rendas são fundamentais!

As limitações verificadas na legislação portuguesa são reproduções de diretrizes definidas para o âmbito da União Européia, que não tem medido esforços no sentido de manter a segurança da Comunidade, inclusive, sem nenhum disfarce, estabelecer um regime de reserva de mercado, dando-se prioridade aos nacionais dos países-membros na ocupação do mercado de trabalho.

As regulamentações limitativas da imigração não têm se revelado consistentes e resultantes em benefício para a sociedade que acolhe o imigrante, especialmente, porque ignoram que a almejada integração reflete em vantagens para o país.

Está exposta a contradição da globalização, especialmente, no que diz respeito à suposição de uma livre circulação de pessoas.

Neste contexto há muito discurso que não corresponde à prática, no que tange ao respeito dos direitos humanos e ao trabalho dos migrantes.

Para os brasileiros que ingressaram em Portugal até a assinatura do Acordo entre a República Federativa do Brasil e a República Portuguesa sobre Contratação Recíproca de Nacionais, apesar dos entraves e incompreensível demora dos processos de regularização de permanência, ainda há expectativa de regularização. Entretanto, aos que ingressaram em data posterior a este mecanismo de regularização extraordinária, resta o medo e a esperança.

A legislação portuguesa, em consonância com as premissas da União Européia, é limitadora no sentido de impor sérios requisitos para que algum trabalhador estrangeiro possa obter trabalho em Portugal. A prioridade tem o trabalhador português e o trabalhador oriundo de Estado-membro da União Européia, na ocupação de vaga de trabalho. E isto pela via da permanência regular, que dirá a situação daqueles que se encontram de forma irregular no território.

Não há como atribuir apenas às limitações verificadas na legislação portuguesa quanto à imigração e, conseqüentemente, à livre circulação de pessoas, como responsáveis pelos dissabores dos brasileiros em Portugal que lutam para alcançar a legalização da permanência no país. A legislação portuguesa não poderia ser muito diferente, considerando as imposições contidas nas diretivas da União Européia, nos tratados e, com destaque, no Acordo de Schengen.

o Acordo de Shengen não contraria o Tratado da União Européia, porque este não obsta o desenvolvimento de cooperação mais próxima entre os Estados-membros.

Como se observa, o Acordo não tem a conotação expressamente imperativa, entretanto, invoca os Estados-membros a considerarem as questões nele suscitadas, como de interesse comum, o que, inevitavelmente, implica na adequação da legislação interna às diretrizes do Acordo. Este invoca dos países o estabelecimento de regras aplicáveis à passagem de pessoas nas fronteiras externas, bem como sobre o controle dessa passagem, como também, uma política de imigração e condições de entrada e circulação dos nacionais dos países terceiros nos territórios dos Estados-membros.

O Acordo de Schengen destaca a preocupação em combater as atividades das organizações criminosas transnacionais, inclusive, as atividades relacionadas ao tráfico em geral e, em especial, a questão da segurança contra as atividades terroristas.

Como constatado no estudo, não há como ignorar que a situação em Portugal se agrava em razão da burocracia estatal, inclusive, criticada por autoridades portuguesas e por doutrinadores que se debruçam para analisar o problema da imigração.

No estudo foi destacada a previsão contida no artigo 6º, nº 2 do Acordo, no sentido de preservar aqueles nacionais que se encontram no território do outro Estado contratante, assegurando-lhes atendimento quanto à solicitação de visto, porém sob a condição de que estejam em situação legal e permanência regularizada. Assim, aqueles que ingressaram no país de forma irregular ou mesmo os que tenham ingressado na forma legal, mas encontram-se em permanência irregular, portanto, trabalhando como indocumentado, não têm garantia de que a situação seja legalizada tão-somente pela vigência do Acordo. Terão de submeter-se às normas que tratam das condições para concessão de vistos, inclusive, correr o risco de expulsão pelo fato de estarem com a permanência irregular.

De um modo geral, a legislação portuguesa chega a reconhecer tratamento igualitário ao estrangeiro em relação ao cidadão português ou comunitário, mas desde que esteja legalmente residente ou autorizado a permanecer em Portugal. Como observado na pesquisa, a título de exemplo, deve-se reportar ao artigo 2º do Decreto-Lei nº 27/2005, citado no item 2.3, que definiu ao Alto Comissariado para a Imigração e Minorias Étnicas o serviço de coordenação e integração dos Centros de Apoio ao Imigrante.

Lamentável especificar que de dignidade devem gozar apenas os legalmente residentes ou autorizados a permanecer. Com respeito, mas dignidade deve existir independente de documentação.

Diante do exposto, à exegese do previsto no Acordo, a luta das associações de imigrantes brasileiros requer muita negociação e, certamente, uma possível participação diplomática por parte do governo brasileiro, haja vista que o Acordo não contempla os nacionais dos dois países que ingressaram em seus territórios após a assinatura desse documento de regularização extraordinária. E, como acentuado, a situação fica mais grave em relação aos nacionais que migraram e se mantém na clandestinidade.

Ressalte-se que em Portugal encontra-se em vigor uma Nova Lei de Estrangeiros, a Lei nº 23/2007, de 04 de julho de 2007, que ainda na fase de tramitação do Projeto de Lei nº 322/06, que lhe deu origem, desde que foi colocado em discussão pública, gerou muita polêmica, haja vista que não tratava das questões pendentes, isto é, a definição quanto aos estrangeiros que se encontravam em situação irregular no país. Como mencionado na pesquisa, o Projeto de Lei previa, excepcionalmente, a concessão de autorização de residência àquele trabalhador que não dispunha de visto de residência, desde que tivesse entrado e permanecido legalmente em Portugal, e preenchido as demais condições. Permaneceu a possibilidade de regularizar casos excepcionais justificáveis sem, contudo, criar mecanismos de regularização extraordinária de imigrantes ilegais. E, assim ficou mantido pela Lei nº 23/2007.

A Lei nº 23/2007 substituiu o regime de concessão de visto de trabalho por um outro para obtenção de autorização de residência, com o intuito de exercício de uma atividade profissional subordinada. A concessão do visto passou a depender da prévia ponderação de dois aspectos: sobre as ofertas de emprego não preenchidas por cidadãos nacionais, nem por cidadãos originários de Estados-membros da União Européia, bem como o potencial de mão-de-obra estrangeira com a qualificação profissional adequada. Passou a permitir, ainda, a entrada legal, não apenas daqueles estrangeiros que possuam contrato de trabalho, mas também de candidatos a empregos não preenchidos pela preferência nacional ou comunitária e que possuam qualificações adequadas ao preenchimento de oportunidades de emprego existentes, desde que possuam uma manifestação de interesse de entidade patronal interessada.

O sistema português é burocrático nada facilitando a concessão dos vistos. Entretanto, avanço ocorreu com a publicação da Lei nº 23/2007, que veio reorganizar e reduzir a variedade de vistos, como pretendia a exposição do texto do Projeto de Lei 322/2006.

Outro dificultador para a obtenção de visto de trabalho, como mencionado anteriormente, é a exigência do requisito que o candidato à imigração possua contrato de trabalho assinado no exterior com alguma entidade patronal portuguesa, o que ainda implica na intervenção de várias entidades portuguesas como a Representação Consular, o Serviço de Estrangeiros e Fronteiras – S.E.F., a Inspeção-Geral do Trabalho – I.G.T. e o Instituto de Emprego e Formação Profissional – I.E.F.P.

Não interessa ao governo brasileiro gerar um contencioso com Portugal, entretanto, nota-se que o Acordo de Contratação Recíproca formalizado pelo Presidente Luiz Inácio, em julho de 2003, não tem sido suficiente para atender a expectativa de regularização de permanência dos brasileiros que se encontram em Portugal. Nota-se que alguns avanços acontecem quando o governo brasileiro mantém o discurso, como demonstrado por ocasião da visita do primeiro-ministro Sócrates, ao Brasil, em agosto de 2006. Naquela oportunidade, apesar de não querer o dossiê 'imigrantes brasileiros em Portugal', na agenda de discussões com o Presidente Luiz Inácio, a questão foi abordada e, inesperadamente, houve um ato de boa vontade do primeiro-ministro José Sócrates, a fim de, por um prazo de 90 dias, ser concedida a autorização de residência para os brasileiros identificados pelo Alto Comissariado para a Imigração e Minorias Étnicas – ACIME.

Esta autorização extraordinária socorreu aqueles que, segundo a reportagem mencionada no item 3.3.3, assinada pela jornalista Estela Silva, no jornal Correio da Manhã, de 10 de agosto de 2006, "são casos identificados de pessoas que não obtém autorização de residência por não terem contrato de trabalho e o círculo fecha-se porque não conseguem contrato de trabalho por lhes ser exigida autorização de residência".

Ademais, como mencionado no trabalho, chegou-se ao ponto de criar esta intransponível situação de que para a concessão da autorização de residência, exige-se que o interessado apresente provas de que possui contrato de trabalho, entretanto, pela legislação de imigração vigente, este interessado não alcança um contrato de trabalho, porque não tem como comprovar ser detentor de autorização de residência. A saída de emergência para socorrer estas situações, levou o primeiro-ministro José Sócrates a anunciar o SIMPLEX como forma de desbloqueio. Se já não bastasse a burocracia e a morosidade de tramitação dos processos administrativos de regularização de estrangeiros, além das elevadas taxas que implicaram em não conclusão de muitos processos.

No geral, a Nova Lei de Estrangeiros, a Lei nº 23/2007, de 04 de julho de 2007, possibilita a regularização dos imigrantes ilegais que se encontrem trabalhando e descontando para o Fisco e Seguridade Social, por um período superior a 90 dias. Esta medida não socorre a todos, haja vista que se aplica àqueles imigrantes que chegaram a Portugal em condições de proteção pelo Acordo formalizado entre Portugal e Brasil sobre contratação recíproca de nacionais.

Outras formas de regularização são os acordos bilaterais, a exemplo do Acordo entre Brasil e Portugal sobre contratação recíproca de nacionais. Contudo, ocorre destacar que são limitativos, especialmente no sentido de que podem funcionar como potencializadores de conflitos em relação aos nacionais de outros países que não dispõem do mesmo tratamento.

E frise-se que este não é um problema apenas relacionado ao Brasil e Portugal, mas ocorrente em todo o mundo, especialmente envolvendo países como Japão, Estados Unidos e espaço da União Européia, que figuram na preferência de destino dos fluxos migratórios.

A possibilidade de uma anistia é sempre uma esperança para que os imigrantes saiam da clandestinidade, se libertem da exploração a que estão submetidos e tenham acesso às condições mínimas para o exercício da cidadania.

Os fluxos migratórios produzem sensíveis efeitos nos países originários da migração, assim como por onde eles transitam e, finalmente, onde escolheram para viver com suas famílias. Administrar com eficiência as migrações consiste em um grande desafio a ser enfrentado pelo mundo neste início de século, o que requer, sobretudo, efetividade no exercício da cooperação jurídica internacional.

Muito interessante a ação conjunta da França e dos Estados Unidos para que na Rodada Marrakech do GATT, em 1994, houvesse a inclusão formal de um tópico relativo a cláusula social na agenda da Organização Mundial do Comércio, em resumo, o emprego do dumping social no comércio internacional. Saliente-se que esta discussão sofreu influência pelo fato de que parte da Comunidade Européia ter adotado a Carta dos Direitos Sociais Básicos dos Trabalhadores, em 1989.

Sob outra ótica, em outro pólo da mesa de discussões, ou melhor, das barreiras comerciais, encontram-se os interesses dos países em desenvolvimento. Não interessa a discussão sobre a cláusula social em sua forma mais imprecisa como se restringisse a uma questão protecionista no relacionamento entre ricos e pobres, porque não há esclarecimentos sobre os reais interesses que capitaneiam a idéia da cláusula social.

Este tipo de cláusula interessa aos movimentos sociais e ao próprio sentido de respeito ao trabalho humano. Considera-se válida tal proposta, desde que objeto de ampla discussão e destituída de suposto caráter protecionista da parte de seus idealizadores países desenvolvidos, na ansiedade de criar barreiras contra os países não industrializados que representam ameaça na competitividade em alguns setores da economia.

A proposta, para merecer mais credibilidade e reduzir as desconfianças quanto ao seu real objetivo, deve evitar a centralização em pontos como o combate ao trabalho infantil ou ao trabalho escravo, porque deve ser mais ampla para que cumpra os seus reais objetivos, no sentido de procurar, também, reprimir os abusos cometidos contra os direitos humanos em geral, pensando no combate à prática de exploração do trabalhador imigrante. Isto porque as maiores críticas quanto à ocorrência de exploração inescrupulosa praticada contra os trabalhadores imigrantes, dá-se de forma mais agressiva, especialmente, nos países mais desenvolvidos destinatários dos fluxos migratórios.

Será mais crível a suposta boa intenção das potências mundiais na formulação de cláusula social nas relações no âmbito da Organização Mundial do Comércio, se a discussão for mais abrangente, a fim de fazer respeitar os direitos fundamentais, dentre eles, reprimir as violações de direitos humanos cometidas contra os trabalhadores imigrantes.

As boas intenções dos países desenvolvidos e, como já frisado, destinatários dos fluxos migratórios, antes de formularem cláusula social no âmbito do comércio internacional, poderia ter como ponto de partida a ratificação da Convenção Internacional sobre a Proteção dos Direitos de Todos os Trabalhadores Migrantes e dos Membros das suas Famílias.

Diante da realidade exposta, torna-se difícil o Acordo de Contratações Recíprocas entre Brasil e Portugal apresentar os resultados almejados. Não apenas pelos imperativos da legislação portuguesa e da União Européia, limitadoras em termos de reserva de mercado para seus nacionais, como também, pela burocracia imperante.

Nem tudo são sombras. É mais tranqüilizador quando lideranças políticas de expressão internacional emitem opiniões de cunho realista global, sem perder o eixo do pensamento humanitário. É necessário o equilíbrio entre o econômico e o social.

Utópico imaginar que a globalização transformou o mundo sob o simplista argumento que reduziu fronteiras e aproximou os povos, porque o que se acentua é a desigualdade social, ante a divisão entre países globalizantes e globalizados. Por isso convive-se com as discussões em torno de fóruns econômicos e sociais, em contraponto.

O problema econômico não afeta apenas o universo da economia.

É necessário que a cooperação internacional funcione no sentido de humanizar a globalização, no sentido de conciliar os imperativos da competitividade econômica com mecanismos que proporcionem mais justiça social, a fim de que haja eqüidade na distribuição dos benefícios decorrentes da liberalização do comércio mundial. É preciso minimizar o custo social das transformações.

REFERÊNCIAS

Acordo entre a República Portuguesa e a República Federativa do Brasil sobre contratação recíproca de nacionais. *Diário Oficial,* Brasília, DF, nº 141, 24 jul. 2003.

Acordo de adesão da República Portuguesa à Convenção de aplicação do acordo de Schengen de 14 de junho de 1985 entre os governos dos estados da União Económica Benelux, da República Federal da Alemanha e da República Francesa relativo à Supressão Gradual dos Controlos nas Fronteiras Comuns, assinada em Schengen a 19 de junho de 1990, À qual aderiu a República Italiana pelo Acordo assinado em Paris a 27 de novembro de 1990. Disponível em: < http://www.cidadevirtual.pt/cpr/asilo1/scheng.html>. Acesso em: 27 jan. 2007.

Alto Comissariado para a Imigração e Minorias Étnicas – ACIME. Associações: novo presidente da Casa do Brasil promete mudar a imagem da mulher brasileira. 2007. Disponível em: <http://www.acime.gov.pt/modules,php?name=News&file=article&sid=1703> . Acesso em: 26 jan. 2007.

Alto Comissariado para a Imigração e Minorias Étnicas – ACIME. *Religião*: Bento XVI apelou à protecção de imigrantes. Publicado em 15 jan 2007. Disponível em <http://www.acime.gov.pt/modules.php?name=News&file=article&sid=1686>. Acesso em: 18 jan 2007.

Alto Comissariado para a Imigração e Minorias Étnicas – ACIME. *Serviço de Estrangeiros e Fronteiras – SEF.* Disponível em: <www.acime.gov.pt>. Acesso em: 23 ago. 2006

Alto Comissariado para a Imigração e Minorias Étnicas – ACIME. Recenseamento Geral da População 2001. Disponível em: <www.acime.gov.pt>. Acesso em: 23 ago. 2006.

Anan K. Mensagem por ocasião do Dia Internacional dos Migrantes, em 18 dez 2003. *Centro de Informação das Nações Unidas em Portugal.* Disponível em: <http://www.onuportugal.pe>. Acesso em: 18 jan. 2007.

Assembléia Geral das Nações Unidas. *Declaração Universal dos Direitos do Homem.* Disponível em: <http://www.dhnet.org.br/direitos/deconu/textos/integra.htm>. Acesso em: 27 já. 2007.

Assembléia Geral das Nações Unidas. Resolução nº 45/158, de 18 de dezembro de 1990. *Convenção Internacional sobre a Proteção dos Direitos de Todos os Trabalhadores Migrantes e dos Membros das suas Famílias.* Disponível em: <http://www.december18.net;UNconventionPortuguese.pdf >. Acesso em: 22 fev. 2007.

Assembléia Geral das Nações Unidas. Resolução nº 2.106-A (XX), de 21 dez. 1965. Convenção Internacional sobre a Eliminação de Todas as Formas de Discriminação Racial. 1965. Disponível em: <http://www.dhnet.org.br/direitos/sip/onu/discrimina/lex81.htm>. Acesso em: 25 jan. 2007.

ASSEMBLÉIA GERAL DAS NAÇÕES UNIDAS. Resolução nº 2.200-A (XXI), de 16 dez. 1966. *Pacto internacional dos direitos econômicos, culturais e sociais.* Genebra, 1966. Disponível em: <http://www.direitoshumanos.usp.br/counter/Onu/Sist_glob_trat/texto/texto_2.html>. Acesso em: 25 jan. 2007.

BACELLAR FILHO, Romeu Felipe. Coordenador. Elementos de direito internacional público. 1ª ed. São Paulo: Editora Manole, 2003.

BAÇO, J. A. Brasileiros em Portugal: volta pra tua terra, pá!. *Observatório da Imprensa*, a. 11, n. 318, mar. 2005. Disponível em: <http://observatorio.ultimosegundo.ig.com.br/artigos.asp?cod=318CID002> Acesso em: 22 fev. 2007

BALDAIA, P. Imigração tem de ser regulada. *Jornal de Notícias*, Lisboa, 09 ago. 2006. Disponível em: <http://jn.sapo.pt/2006/08/09/primeiro_plano/>. Acesso em: 31 jan. 2007

BBC BRASIL. *Brasileiras são vítimas de assédio em Portugal.* Disponível em: <http://www.bbc.co.uk/portuguese/reporterbbc/story/2006/08/060810_domesticasportugal assediom1.shtml >. Acesso em: 22 fev. 2007.

BBC BRASIL. *De Portugal*: remessa de brasileiros chega a R$ 1,2 bi. 26 maio. 2006. Disponível em: <http://www.bbc.co.uk/portuguese/reporterbbc/story/2006/05/060526_portugalbrasilremessasba.shtml>. Acesso em: 18 set. 2006

BISPO LAURINDO GUIZZARDI. Imigrantes. *Embaixada de Portugal*: notícias. Disponível em <http://www.embaixadadeportugal.org.br/destaques/detalhe.php?cod_noticia=45>. Acesso em: 08 jan. 2007.

BOBBIO, N. *A era dos direitos.* Rio de Janeiro: Campus, 1992. p. 70.

BONAVIDES, Paulo. *Curso de direito constitucional.* 8ª ed. São Paulo, Malheiros, 1999.

BACOCCINA, D. Portugal vai facilitar legalização de estrangeiros. *Terra*: viver no exterior. Disponível em: <http://noticias.terra.com.br/mundo/vivernoexterior/interna/0,,0I1092727-EI1292,00.html>. Acesso em: 23 out. 2006.

BOBBIO, Norberto. *A era dos direitos.* 1ed. Rio de Janeiro: Editora Campus, 1992.

BOBBIO, Norberto. *Teoria do ordenamento jurídico.* 10 ed. Brasília: Editora UNB.1999

BOSON, Gerson. *Direito internacional público.* 1º vol., 1ª ed. Belo Horizonte: Livraria Bernardo Álvares Editora. 1958.

BRASIL. Anteprojeto de lei. Consulta Pública, de 01 de setembro de 2005. Dispõe sobe o ingresso, permanência e saída dos estrangeiros do território nacional, a concessão da naturalização, cria o Conselho Nacional de Migração, define crimes e dá outras providências. *Diário Oficial da União*, Poder Executivo, Brasília, DF, 01 dez. 2005. Seção I.

BRASIL. Constituição Federal (1988), de 5 de outubro de 1988. *Diário Oficial da União*, Poder Legislativo. Brasília, DF, 5 dez. 1988. Anexo, p. 1.

BRASIL. Decreto nº 591, de 6 de julho de 1992. Pacto internacional sobre direitos econômicos, sociais e culturais. Promulgação. Adotado pela XXI Sessão da Assembléia-Geral das Nações Unidas, em 19/12/1966. *Diário Oficial da União*, Poder Executivo, Brasília, DF, 07 jul. 1992. Disponível em: <http://www.planalto.gov.br/ccivil/decreto/1990-1994/D0591.htm>, Acesso em: 25 jan. 2007.

BRASIL. Decreto nº 5.948, de 26 outubro de 2006. Aprova a política nacional de enfrentamento ao tráfico de pessoas e institui grupo de trabalho interministerial com o objetivo de elaborar proposta do Pano Nacional d Enfrentamento ao Tráfico de Pessoas – Pnetp. *Diário Oficial da União*, Poder Executivo, Brasília, DF, 27 out. 2006. p. 9 Disponível em: <http://www.planalto.gov.br/ccivil_03/_ato2004-2006/2006/Decreto/D5948.htm>. Acesso em: 1 nov. 2006.

Brasil. Decreto-lei nº 5.452, de 1 de maio de 1943. Aprova a consolidação das leis do trabalho. *Diário Oficial da União*, Poder Executivo, Brasília, DF, 09 ago. 1943.

Brasil. Ministério da Justiça. Departamento de Polícia Federal. *Operações 2005*: castanhola. Disponível em: <http://www.dpf.gov.br/DCS/Resumo_OP_2005.htm# Castanhola> . Acesso em: 15 fev. 2007.

Brasil. Ministério da Justiça. Departamento de Polícia Federal. *Operações 2005*: bye bye Brasil. Disponível em: <http://www.dpf.gov.br/DCS/Resumo_OP_2005.htm#Bye% 20Bye%20Brasil> Acesso em: 15 fev. 2007.

Brasil. Ministério da Justiça. Departamento de Polícia Federal. *Operações 2005*: babilônia. Disponível em: <http://www.dpf.gov.br/DCS/Resumo_OP_2005.htm#Babilônia>. Acesso em: 15 fev. 2007.

Brasil. Ministério da Justiça. Departamento de Polícia Federal. *Operações 2005*: caraxué. Disponível em: <http://www.dpf.gov.br/DCS/Resumo_OP_2005.htm>. Acesso em: 15 fev. 2007.

Brasil. Ministério da Justiça. Departamento de Polícia Federal. *Operações 2005*: lusa. Disponível em: <http://www.dpf.gov.br/DCS/Resumo_OP_2005.htm>. Acesso em: 15 fev. 2007.

Brasil. Ministério da Justiça. Departamento de Polícia Federal. *Operações 2005*: castela e madri. Disponível em: <http://www.dpf.gov.br/DCS/Resumo_OP_2005.htm>. Acesso em: 15 fev. 2007

Brasil. Ministério da Justiça. Escritório de Prevenção e Combate ao Tráfico de Seres Humanos do Estado de São Paulo. *Indícios de tráfico de pessoas no universo de deportadas e não admitidas que regressam ao Brasil via o aeroporto de Guarulhos.* São Paulo, 2005. p. 21-22. Disponível em: <http://www.mj.gov.br/trafico/servicos/ publicacoes/Relatorio%20Guarulhos%20%20%20Mulheres%20Deportadas.pdf> Acesso em: 22 fev. 2007.

Brasil. Ministério da Justiça. Departamento de Polícia Federal. *Operações 2005*: mediador III. Disponível em: <http://www.dpf.gov.br/DCS/Resumo_OP_2005.htm>. Acesso em: 15 fev. 2007.

Brasil. Ministério da Justiça. Departamento de Polícia Federal. *Operações 2005*: tarô. Disponível em: <http://www.dpf.gov.br/DCS/Resumo_OP_2005.htm>. Acesso em: 15 fev. 2007.

Brasil. Ministério da Justiça. Departamento de Polícia Federal. *Operações 2005*: sodoma. Disponível em: <http://www.dpf.gov.br/DCS/Resumo_OP_2005.htm>. Acesso em: 15 fev. 2007.

Brasil. Ministério da Justiça. Política nacional une esforços no combate ao tráfico de pessoas no Brasil. *Agência MJ de notícias.* Disponível em: <http://www.mj.gov.br/ noticias/especiais/2006/novembro/mtesp141106-tsh.htm >.Acesso em: 14 fev. 2007

Brasil. Novo Código Civil: texto comparado. 1. ed. São Paulo: Harbra, 2003.

Brasil. Presidência da República. Política nacional de enfrentamento ao tráfico de pessoas é aprovada. *Notícias.* Úlitmas notícias. Disponível em: <http://www.presidencia.gov.br/ noticias/ultimas_noticias/pol_trafpess/>. Acesso em: 1 nov. 2006.

Cádima, Francisco Rui. Representações (Imagens) dos imigrantes e das minorias étnicas na imprensa. Estudo realizado pelo OBERCOM paa o ACIME com o apoio da FCT – Fundação para a Ciência e Tecnologia, Lisboa: 2003.

Canotilho, J. J. G. *Direito constitucional e teoria da constituição*. 7. ed. Coimbra: Almedina, 2003.

Canotilho, J. J. G. Enquadramento jurídico da imigração. In: Congresso Imigração em Portugal: Diversidade, Cidadania, Integração, 1, 2003, Lisboa. *Anais*... Lisboa: ACIME, 2003. p. 159-160.

Carvalho, L. X. de. *Impactos e reflexos do trabalho imigrante nas empresas portuguesas*: uma visão qualitativa. Lisboa: Observatório da Imigração, 2006. p. 73. Disponível em: < http://www.oi.acime.gov.pt >. Acesso em 15 set. 2006

Catharino, J. M. *Neoliberalismo e seqüela*. São Paulo: LTr, 1997. p. 42.

Castells, M. *A sociedade em rede*. 7. ed. São Paulo: Paz e Terra, 2003. p. 137. (A era da informação:economia, sociedade e cultura, v. 1).

Castells, M. *O fim do milênio*. 7. ed. São Paulo: Paz e Terra, 2003. 559 p. (A era da informação:economia, sociedade e cultura, v. 3).

Castells, M. *O poder da identidade*. 7. ed. São Paulo: Paz e Terra, 2003. 550 p. (A era da informação:economia, sociedade e cultura, v. 2).

Castles, Stephen e Miller, Mark J. *The age of migration* – International Population Movements in the modern world, 3rd ed. Houndmills, Palgrave Macmillan, 2003

Catharino, José Martins. *Neoliberalismo e seqüela*. São Paulo: LTr, 1997

Catharino, José Martins. *O poder da identidade*. Tradução de Klauss Brandini Gerhardt. Vol. 2, 3 ed. São Paulo: Ed. Paz e Terra, 2002.

Comissão das Comunidades Européias. Carta dos Direitos Fundamentais da União Européia. *Jornal Oficial das Comunidades Européias*, 2000/C. 364/01, 18 dez 2000.

Comissão das Comunidades Européias. Decisão nº 93/569/CEE, de 22 de outubro de 1993. Relativa à execução do Regulamento (CEE) nº 1612/68 do Conselho, relativo à livre circulação dos trabalhadores no interior da Comunidade, particularmente no que respeita a uma rede designada Eures (European Employment Services). *Jornal Oficial*, n. L274, 06 nov. 1993. p. 32-42. Disponível em: <http://eur-lex.europa.eu/LexUriServ/LexUriServ.do?uri=CELEX:31993D0569:PT:HTML>. Acesso em: 12 mar. 2007.

Comissão das Comunidades Européias. Decisão nº 2003/8/CE, de 23 de dezembro de 2002. *Jornal Oficial*, n. L5/16, 10 jan. 2003. Disponível em: <http://eur-lex.europa.eu/LexUriServ/LexUriServ.do?uri=CELEX:32003D008:PT:HTML>. Acesso em: 12 mar. 2007.

Conselho das Comunidades Européias. Decisão nº 2003/86/CE, de 22 de setembro de 2003. Del derecho a la reagrupación familiar. *Diario Oficial de las Comunidades Europeas*, n. 251, 3 out. 2003. p. 12-18. Disponível em: <http://sid.usal.es/mostrarficha.asp_Q_ID_E_5885_A_fichero_E_3.3.2>. Acesso em: 05 dez. 2007.

Conselho das Comunidades Européias. Decisão nº 2003/109/CE, de 25 de novembro de 2003. Objetiva igualar as legislações dos Estados-Membros quanto à concessão do estatuto, inclusive, fixando as condições de residência no território de um Estado diferente daquele que concedeu o estatuto ao nacional de Estado não membro. *Diário de la Union Europea*, n. L16/44, 26 jan. 2004. Disponível em: <http://eur-lex.europa.eu/LexUriServ/site/es/oj/2004/l_016/l_01620040123es00440053.pdf>. Acesso em: 05 dez. 2007.

Conselho das Comunidades Européias. Decisão nº 2004/867/CE, de 13 de dezembro de 2004. Altera a decisão 2002/463/CE, que adota um programa de ação de cooperação administrativa em matéria de fronteiras externas, vistos, asilo e imigração, o denominado programa ARGO, a respeito da política migratória comunitária a, ao trânsito e à residência irregulares. *Jornal Oficial*, n. L371, 18 dez. 2004. Disponível em: <http://eur-lex.europa.eu/smartapi/cgi/sga_doc?smartapi!celexplus!prod!DocNumber&type_doc=Decision&an_doc=2004&nu_doc=867&lg=pt >. Acesso em: 05 dez. 2007.

Conselho das Comunidades Européias. *Decisão-Quadro nº 2002/946/JAI*, de 28 de novembro de 2002. Relativa ao reforço do quadro penal para a prevenção do auxílio à entrada, ao trânsito e à residência irregulares. Disponível em: <http://www.dgsi.pt/gdep.nsf/0/63af34794cffcb4c802570c20039543f?OpenDocument>. Acesso em: 05 dez. 2007.

Conselho das Comunidades Européias. Directiva 68/360/CEE do Conselho, de 15 de Outubro de 1968, relativa à supressão das restrições à deslocação e permanência dos trabalhadores dos Estados-Membros e suas famílias na Comunidade. *Jornal Oficial*, n. L 257, 19 out. 1968. p. 0013 – 0016. Disponível em: <http://eur-lex.europa.eu/LexUriServ/LexUriServ.do?uri=CELEX:31968L0360:PT:HTML>. Acesso em: 27 jan. 2007.

Conselho das Comunidades Européias. Directiva nº 84/98/CEE, de 21 de dezembro de 1988. Relativa a um sistema geral de reconhecimento dos diplomas de ensino superior que sancionam formações profissionais com uma duração mínima de três anos. *Jornal Oficial*, n L 19, 24 jan.1989. p. 16-23. Disponível em: <http://eur-lex.europa.eu/LexUriServ/LexUriServ.do?uri=CELEX:31989L0048:PT:HTML > Acesso em: 05 fev. 2007.

Conselho das Comunidades Européias. Directiva nº 92/51/CEE, de 18 de junho de 1992. Reativa a um segundo sistema geral de reconhecimento das formações profissionais, que completa a Directiva 89/48/CEE. *Jornal Oficial*, n L 17, 25 jan.1995. p. 20. Disponível em: <http://eur-ex.europa.eu/smartapi/cgi/sga_doc?smartapi!celexplus!prod!DocNumber&type_doc=Directive&an_doc=1992&nu_doc=51&lg=pt> Acesso em: 05 fev. 2007.

Conselho das Comunidades Européias. Directiva nº 2000/42/CE, de 29 de junho de 2000. Que aplica o princípio da igualdade de tratamento entre as pessoas, sem distinção de origem racial ou étnica. *Jornal Oficial*, n. L 180, 19 jul. 2000. p. 0022. *Jornal Oficial*, n. L 180, 19 jul, 2000. p 022-026. Disponível em <http://eur-lex.europa.eu/LexUriServ/LexUriServ.do?uri=CELEX:32000L0043:PT:HTML> Acesso em: 21 fev. 2007.

Conselho das Comunidades Européias. Directiva nº 2000/78/CE, de 27 de novembro de 2000. Estabelece um quadro geral de igualdade de tratamento no emprego e na actividade profissional. *Jornal Oficial*, n. L 303/16, 02 dez. 2000. Disponível em: <http://www.acime.gov.pt/docs/Legislacao/LEuropeia/Directivas_emprego.pdf> Acesso em: 21 fev.2007.

Conselho das Comunidades Européias. Directiva nº 2001/40/CE, de 28 de maio de 2001. Relativa ao reconhecimento mútuo de decisões de afastamento de nacionais de países terceiros. *Jornal Oficial*, n. L 149, 02 jun. 2001. Disponível em: <http://eur-lex.europa.eu/LexUriServ/LexUriServ.do?uri=CELEX:32001L0040:PT:NOT> Acesso em: 21 fev. 2007.

Conselho das Comunidades Européias. Directiva nº 2002/90/CE, de 28 de novembro de 2002. Relativa à definição do auxílio à entrada, ao trânsito e à residência irregulares. *Jornal Oficial*, n. L 328/17, 28 nov. 2002. Disponível em: <http://eur-lex.europa.eu/LexUriServ/site/pt/oj/2002/l_328/l_32820021205pt00170018.pdf> Acesso em: 21 fev.2007

CONSELHO DAS COMUNIDADES EUROPÉIAS. Directiva nº 2004/81/CE, de 29 de abril de 2004. Relativa ao título de residência concedido aos nacionais de países terceiros que sejam vítimas do tráfico de seres humanos ou objecto de uma acção de auxílio à imigração ilegal, e que cooperem com as autoridades competentes. *Jornal Oficial*, n. L 261, 6 ago. 2004. p. 3. Disponível em: <http://eur-lex.europa.eu/LexUriServ/LexUriServ.do?uri=CELEX:32004L0081:PT:NOT > Acesso em: 21 fev. 2007.

CONSELHO DAS COMUNIDADES EUROPÉIAS. Directiva nº 2004/83/CE, de 29 de abril de 2004. Estabelece normas mínimas relativas às condições a preencher por nacionais de países terceiros ou apátridas para poderem beneficiar do estatuto de refugiado ou de pessoa que, por outros motivos, necessite de protecção internacional, bem como relativas ao respectivo estatuto, e relativas ao conteúdo da protecção concedida. *Jornal Oficial,* n. L 304, 30 set. 2004. p. 12-23. Disponível em: <http://eur-lex.europa.eu/LexUriServ/LexUriServ.do?uri=CELEX:32004L0083:PT:NOT> Acesso em: 22 fev. 2007.

CONSELHO DAS COMUNIDADES EUROPÉIAS. Directiva nº 2004/82/CE, de 29 de abril de 2004. Relativa à obrigação de comunicação de dados dos passageiros pelas transportadoras. *Jornal Oficial*, n. L 261, 6 ago. 2004. p. 24-27. Disponível em: <http://eur-lex.europa.eu/LexUriServ/LexUriServ.do?uri=CELEX:32004L0082:PT:NOT>. Acesso em 22 fev. 2007.

CONSELHO DAS COMUNIDADES EUROPÉIAS. Directiva 2004/114/CE, de 13 de dezembro de 2004. Relativa às condições de admissão de nacionais de países terceiros para efeitos de estudos, de intercâmbio de estudantes, de formação não remunerada ou de voluntariado. *Jornal Oficial,* n. L 375/12, 13 dez. 2004. Disponível em: <http://eur-lex.europa.eu/LexUriServ/site/pt/oj/2004/l_375/l_37520041223pt00120018.pdf>. Acesso em: 05 fev. 2007.

CONSELHO DAS COMUNIDADES EUROPÉIAS. Regulamento (CE) nº 539/2001, de 15 de março de 2001. Fixa a lista dos países terceiros cujos nacionais estão sujeitos à obrigação de visto para transporem as fronteiras externas e a lista dos países terceiros cujos nacionais estão isentos dessa obrigação. *Jornal Oficial*, n. L 81, 21 mar. 2001. Disponível em: <http://eur-lex.europa.eu/LexUriServ/site/pt/oj/2003/l_069/l_06920030313pt00100011.pdf>. Acesso em: 22 fev. 2007.

CONSELHO DAS COMUNIDADES EUROPÉIAS. Regulamento 1030/2002, de 13 de junho de 2002. Estabelece um modelo uniforme de título de residência para os nacionais de países terceiros. *Jornal Oficial*, n. L 157, 15 jun. 2002. Disponível em: <http://eur-lex.europa.eu/LexUriServ/LexUriServ.do?uri=CELEX:32002R1030:PT:NOT> Acesso em: 21 fev. 2007

CONSELHO DAS COMUNIDADES EUROPÉIAS. Regulamento nº 1612/68, de 15 de outubro de 1968. Livre circulação dos trabalhadores. Disponível em: <http://eur-lex.europa.eu/LexUriServ/LexUriServ.do?uri=CELEX:31968L0360:PT:HTML>. Acesso em: 27 jan. 2007.

CONSELHO DAS COMUNIDADES EUROPÉIAS. Regulamento (CE) nº 2133/2004, de 13 de dezembro de 2004. Relativo à obrigação de as autoridades competentes dos Estados-Membros procederem à aposição sistemática de carimbo nos documentos de viagem dos nacionais de países terceiros na passagem das fronteiras externas dos Estados-Membros e que altera, para o efeito, as disposições da Convenção de Aplicação do Acordo de Schengen e do Manual Comum. *Jornal Oficial*, n. L 369/5, 16 dez. 2004. Disponível em: <http://eur-lex.europa.eu/LexUriServ/site/pt/oj/2004/l_369/l_36920041216pt00050010.pdf>. Acesso em: 22 fev. 2007.

Conselho da Europa. *Convenção Européia relativa ao Estatuto Jurídico do Trabalhador Migrante.* Estrasburgo, 24 nov. 1977. Disponível em: <http://www.dhnet.org.br/direitos/sip/euro/principaisinstrumentos/9.htm>. Acesso em: 23 jan. 2007.

Conselho Europeu de Amsterdã. *Tratado de Amsterdã:* concretização do princípio da livre circulação. Amsterdã, Holanda. 1997. Disponível em: <http://www.historiasiglo20.org/europortug/tamsterdao.htm>. Acesso em: 27 jan. 2007.

Cruz, P. T. da. Comentários à intervenção de Gomes Canotilho. In: Congresso Imigração em Portugal: Diversidade, Cidadania, Integração, 1, 2003, Lisboa. *Anais*... Lisboa: ACIME, 2003. p. p. 165-166.

Europa. Comissão Européia. *EURES: o portal europeu da mobilidade professional.* Disponível em: <http://ec.europa.eu/eures/main.jsp?catId=2579&acro=faq&lang=pt>. Acesso em: 27 jan. 2007

Europa. European Comission. Employment and social affairs. Action against discrimination, civil society. *Relatório anual 2006.* Disponível em http://ec.europa.eu/employment_social/fundamental_rights/legis/lgdirect_en.htm - acesso em 29 set. 2006.

Ferreira, E. S.; Rato, H.; Mortágua, M. J. *Viagens de Ulisses*: efeitos da imigração na economia portuguesa. Lisboa: Observatório da Imigração, 2004. p. 39-40. Disponível em: <www.oi.acime.gov.pt>. Acesso em: 15 set. 2006.

Gaspar, J. Reflexão sobre o regime jurídico da concessão de autorização de permanência (antes do relatório de oportunidades). *Revista do Ministério Público:* estudos, Lisboa, a. 23, n. 89, p. 170, jan/mar, 2002.

Gil, Antônio Carlos. Como elaborar projetos de pesquisa. 4 ed. São Paulo: Editora Atlas, 2002.

Godoy, A. S. de M. *Direito constitucional comparado.* Porto Alegre: Sérgio Antônio Fabris Editos, 2006. p. 178

Henriques, Antônio et al. Monografia no curso de direito. 2ª ed. São Paulo: Editora Atlas. 2000.

Ianni, Octávio. A era do globalismo. São Paulo: Civilização Brasileira, 1996.

Irmã Rita Milesi. *Vaticano lança Documento sobre Migrações*: a caridade de Cristo para com os migrantes. Brasília: Centro Scalabriniano de Estudos Migratórios. Instituto Migrações e Direitos Humanos. Pastoral dos Brasileiros no Exterior (CNBB), 2004. Disponível em: <http://www.migrante.org.br/artigo_vaticano_migracoes.doc>. Acesso em: 27 jan. 2007.

Jerónimo, P. Os direitos das minorias no ordenamento jurídico português: breve incursão pelos meandros do multiculturalismo. *Scientia Iuridica – Revista de Direito Comparado Português e Brasileiro.* Braga, t. L, n. 290, p. 75, maio/ago. 2001.

Kelsen, Hans. Teoria pura do direito. Tradução de Dr. João Baptista Machado. 4 ed. – Armênio Amado – Editor, Sucesso, Coimbra – Portugal, 1976.

Lança, F. Programa contém 235 medidas: as 20 medidas em destaque no Simplex 2007. *Jornal de Negócios*, Lisboa, 26 jan. 2007. Disponível em: <http://www.negocios.pt/default.asp?Session=&SqlPage=Content_Economia&CpContentId=289726>. Acesso em: 31 jan. 2007

Leite, Eduardo de Oliveira. A monografia jurídica. 2ª ed. Porto Alegre: Sérgio Antônio Fabris Editor. 1987.

Silva, E. 6500 brasileiros vão ter acesso a uma autorização especial de residência. Simplex anunciado para imigrantes. *Correio da Manhã*, Lisboa, 10 ago. 2006. Caderno de Política. Disponível em: <http://correiomanha.pt/noticia.asp?id=210997&ideselect=90&idCanal=90&p=200>. Acesso em: 31 jan. 2007

SILVA, L. I. L. da. Migrações, o desafio global. *Lá Nación*, Buenos Aires, 13 nov. 2006. Disponível em: <http://www.migrante.org.br/migracoesdesafioglobal.doc>. Acesso em: 26 jan. 2007.

MACÊDO, Manoel Moacir Costa. Metodologia científica aplicada. Brasília: Scala Gráfica e Editora, 2005.

MACHADO, I. J. de R. *Estereótipos e preconceito na experiência dos imigrantes brasileiros no Porto, Portugal*. Disponível em: <http://www.ufscar.br/~igor/public/travessian.pdf> Acesso em: 23 ago. 2006.

MACHADO, Igor José de Renó. Artigo Estado-nação, identidade para o mercado e representações de nação. Revista de Antropologia, vol. 47, n. 1, São Paulo, 2004.

MACHADO, I. J. de R. Implicações da imigração estimulada por redes ilegais de aliciamento: o caso dos brasileiros em Portugal, *Socius Working Papers*, Universidade Técnica de Lisboa, n. 3, p. 2, 2005. Disponível em: <http://www.oi.acime.gov.pt;modules.php?name=news&file=article&sid=880>. Acesso em: 26 set. 2006

MARTINS, Alexandre Cotovio. Diagnóstico sobre a situação social dos imigrantes no Concelho de Portalegre. Câmara Municipal de Portalegre, 2006.

MARQUES, R. *Portugal deve ratificar a Convenção da ONU*. Disponível em <http://www.agencia.eclesia.pt/instituicao/pub/23/noticia.asp?jornalid=23¬iciaid=26611>. Acesso em: 26 jan. 2007

MEDEIROS, Antônio Paulo Cachapuz de. O poder legislativo e os tratados internacionais. Porto Alegre: L&PM Editores/Instituto dos Advogados do Rio Grande do Sul, 1983.

NASCIMENTO, A. M. [Coord.]. *A transição do direito do trabalho no Brasil*: estudos em homenagem a Eduardo Gabriel Saad. São Paulo: LTr, 1999. p. 15.

NAÇÕES UNIDAS. Resolução nº 2.200-A (XXI), de 16 dez. 1966. *Pacto internacional dos direitos econômicos, culturais e sociais*. Genebra, 1966. Disponível em: <http://www.direitoshumanos.usp.br/counter/Onu/Sist_glob_trat/texto/texto_2.html>. Acesso em: 25 jan. 2007.

NUNES, A. J. A. et al. A Europa e o estrangeiro: talo(s) ou Cristo? In: ______. *A inclusão do outro*. Coimbra: Coimbra, 2002. p. 68-69.

OBRA CATÓLICA PORTUGUESA DE MIGRAÇÕES. *Associações de Imigrantes Reúnem-se com Presidente da República*. 11 out. 2006. Disponível em: < http://www.agencia.ecclesia.pt/instituicao/pub/23/noticia.asp?jornalid=23¬iciaid=31918 >. Acesso em: 26 jan. 2007

OBSERVATÓRIO DA COMUNICAÇÃO – OBERCOM; FUNDAÇÃO PARA CIÊNCIA E TECNOLOGIA. *Representações (imagens) dos imigrantes e das minorias étnicas na imprensa*. Lisboa, fev. 2003. p. 24-25. Disponível em: <http://www.acime.gov.pt>. Acesso em: 17 jan. 2007.

ORGANIZAÇÃO INTERNACIONAL DO TRABALHO. Convenção nº 29: abolição do trabalho forçado.In: CONFERÊNCIA INTERNACIONAL DO TRABALHO, 32, 1949, Genebra. Disponível em: <http://www.ilo.org/ilolex/cgi-lex/convds.pl?C097>. Acesso em: 07 ago. 2006.

ORGANIZAÇÃO INTERNACIONAL DO TRABALHO. Convenção nº 97: convenção sobre os trabalhadores migrantes. In: CONFERÊNCIA INTERNACIONAL DO TRABALHO, 14, 1930, Genebra. Disponível em: <http://www.ilo.org/public/portugue/region/ampro/brasilia/info/download/convencao29.pdf>. Acesso em: 07 ago. 2006.

ORGANIZAÇÃO INTERNACIONAL DO TRABALHO. Convenção nº 105: abolição do trabalho forçado.In: CONFERÊNCIA INTERNACIONAL DO TRABALHO, 40, 1957, Genebra. Disponível em: < http://www.ilo.org/ilolex/portug/docs/C105.htm>. Acesso em: 07 ago. 2006.

Organização Internacional do Trabalho. Convenção nº 111: discriminação em matéria de emprego e ocupação. In: Conferência Internacional do Trabalho, 42, 1958, Genebra. Disponível em: <http://www.ilo.org/public/portugue/region/ampro/brasilia/info/download/convencao111.pdf>. Acesso em: 18 jan. 2007.

Organização Internacional do Trabalho. Convenção nº 117: sobre política social (normas e objetivos básicos). In: Conferência Internacional do Trabalho, 46, 1962, Genebra. Disponível em: < http://training.itcilo.it/actrav/ils_pt/guia&decl/guianitoit.pdf>. Acesso em: 18 jan. 2007

Organização Internacional do Trabalho. Convenção nº 143: migrações em condições abusivas e à promoção da igualdade de oportunidades e de tratamento dos trabalhadores migrantes. In: Conferência Internacional do Trabalho, 60, 1975, Genebra. Disponível em: < http://www.ilo.org/ilolex/portug/docs/C143.htm >. Acesso em: 18 jan. 2007

Organização Internacional do Trabalho. Declaração da Organização Internacional do Trabalho. In: Conferência Geral, 86, 1998, Genebra. *Declaração da*...Genebra: OIT, 1998

Organização Internacional do Trabalho. *Declaração de Filadélfia.* In: Conferência Internacional do Trabalho, 26, 1944, Filadélfia. Disponível em: <http://www.oitbrasil.org.br/info/download/constituicao_oit.pdf>. Acesso em: 24 jan. 2007. (Anexo da Constituição da Organização Internacional do Trabalho).

Padilla, Beatriz. Redes sociales de los brasileños recién llegados a Portugal: solidariedad étnica o empatia étnica?, SOCIUS Working Papers, ISEG/UTL, n. 2 - Observatório da Imigração, Lisboa: 2005.

Papa João XXIII. *Carta encíclica do Papa João XXIII*: pacem in terris. 1963. Disponível em: <http://www.vatican.va/holy_father/john_xxiii/encyclicals/documents/hf_j-xxiii_enc_110>. Acesso em: 07 ago. 2006.

Papa João Paulo II. *Carta Encíclica do Papa João Paulo II*: laborem exercens, 1981. Disponível em: <http://www.vatican.va/holy_father/john_paul_ii/encyclicals/documents/hf_jp-ii_enc_14091981_labore...>. Acesso em: 12 fev. 2007.

Pereira, J. A. C. Direito à emigração e imigração com direitos. *Revista do Ministério* Público, Lisboa, a. 23, n. 90, p. 115-116, abr/jun, 2002.

Pfetsch, F. R. *A União européia*: histórias, instituições, processos.Tradução de Estevão C. de Rezende Martins. Brasília: Universidade de Brasília: Imprensa Oficial, 2001. p. 246. (Coleção Relações Internacionais).

Pinto, D. *JornalismoPortoNet*: expulsões de imigrantes debatida nos Açores. Disponível em: <http:jpn.icicom.up.pt/2006/04/07/expulsões_de_imigrantes_debatida_nos_acores.html>. Acesso em: 31 jan. 2007

Pinto, A. V. Uma visão positiva da imigração. *Boletim Informativo do Alto Comissariado para a Imigração e Minorias Étnicas*, Lisboa, n. 17, abr. 2004. Editorial.

Piovesan, F. Direitos humanos e globalização. In: Sundfeld, C. A.; Vieira, O. V. (Coords). *Direito global.* São Paulo: Malheiros, 1999. p. 199-200.

Portal Casa do Brasil de Lisboa. *Associações de imigrantes brasileiros repudiam as declarações de responsáveis do Sindicato de Profissionais de Polícia.* Disponível em: <http://www.casadobrasil.info/article.php3?id_article=91>. Acesso em: 27 set. 2006.

Portal Casa do Brasil de Lisboa. *Declaração de 25 de novembro de 2005.* Disponível em: <http://www.casadobrasil.pt>. Acesso em: 27 nov. 2006.

PORTUGAL. Carta das Nações Unidas. *Diário da República* I Série-A, nº 117/91, 22 maio 1991

PORTUGAL. Constituição (1976). *Constituição da República Portuguesa. Lei do Tribunal Constitucional.* Coordenação J. J.Gomes Canotilho e Vital Moreira. 8. ed. Coimbra: Coimbra, 2005. 16.

PORTUGAL. *Constituição da República Portuguesa.* 7. revisão constitucional. 2005. Disponível em: <http://www.portugal.gov.pt/Portal/PT/Portugal/Sistema_Politico/Constituicao>. Acesso em: 24 jan. 2007.

PORTUGAL. Decreto n° 162/78, de 27 de dezembro de 1978. Convenção Européia Relativa ao estatuto Jurídico do trabalhador Migrante. Disponível em:< http://www.gddc.pt/cooperacao/materia-civil-comercial/ce/ce-93-dec.html>. Acesso em: 27 jan. 2007.

PORTUGAL. Decreto- Lei nº 4/2001, de 10 de janeiro de 2001. Altera o Decreto-Lei n.º 244/98, de 8 de Agosto, que regula as condições de entrada, permanência, saída e afastamento de estrangeiros do território nacional. *Diário da República*, n. 8 SÉRIE I-A, 10 jan. 2001. p. 99-127.

PORTUGAL. Decreto- Lei º 34/2003, de 25 de fevereiro de 2003. Altera o regime jurídico da entrada, permanência, saída e afastamento de estrangeiros do território nacional. *Diário da República*, I S-A, n. 47, 25 fev. 2003. p. 1338.

PORTUGAL. Lei nº 20/98, de 12 de maio de 1998. Estabelece a regulamentação do trabalho de estrangeiros em território português. *Diário da República*, n. 109/98, Séria I-A, 12 maio 1998. p. 2172-2173.

PORTUGAL. Lei nº 27, de 08 de setembro de 2000. *Diário da República*, n. 8 SÉRIE I-A, 10 set. 2000.

PORTUGAL. Lei nº 45/78, de 11 de julho de 1978. *Diário Oficial da República*, 11 jul. 1978. Disponível em: http://www.gddc.pt/direitos-humanos/textos-internacionais-dh/tidhuniversais/cidh-dudh-psocial.html. Acesso em: 25 jan. 2007.

PORTUGAL. Lei nº 52/78, de 25 de julho de 1978. *Diário Oficial da República*, 12 dez. 1978. Disponível em: <http://www.dgert.msst.gov.pt/Conteudos%20de%20ambito%20geral/OIT/legislacao_oit/conv_143_lei_52_78.htm>. Acesso em: 25 jan. 2007.

PORTUGAL. Lei nº 134/99, de 28 de agosto de 1999. *Diário da República*, n. 201/99, Série I-A, 28 ago. 1999. p. 5945 – 5947.

PORTUGAL. Lei nº 23/2007, de 04 de julho de 2007. Aprova o regime jurídico de entrada, permanência, saída e afastamento de estrangeiros do território nacional. *Diário da República*, 1ª série – nº 127, 04 jul. 2007.

PROTOCOLO adicional à Convenção das Nações Unidas contra a criminalidade organizada transnacional relativo à prevenção, à repressão e à punição do tráfico de Pessoas, em especial de mulheres e crianças. Disponível em: <http://www.gddc.pt/cooperacao/materia-penal/textos-mpenal/onu/protocolotr%E1ficopt.pdf>. Acesso em: 27 jan. 2007.

PROVEDOR DE JUSTIÇA. Na defesa do cidadão. *Migrações*: o caso português: enquadramento normativo geral e actuação do Provedor de Justiça: primeiro relatório sobre Direitos Humanos na Federação Ibero-Americana de Ombudsman (FIO). Disponível em: <http://www.provedor-jus.pt>. Acesso em: 20 jul. 2006

RANGEL, V. M. *Direito e relações internacionais*. 5. ed. São Paulo: Revista dos Tribunais, 1997.

REZEK, J. F. *Direito dos tratados*. Rio de Janeiro: Forense, 1984.

REZEK, J. F. *Direito internacional público*: curso elementar. 2. ed. São Paulo: Saraiva, 1991.

RIBEIRO, J. S. Igualdade no trabalho de estrangeiros. In: CONGRESSO NACIONAL DE DIREITO DO TRABALHO, 5, 2002, Coimbra. *Memórias*... Coimbral: Almedina, 2003. p. 248-249.

RICUPERO, R. *O Brasil e o dilema da globalização*. 2. ed. São Paulo: SENAC, 2001. p. 29.

RUSSOMANO, G. M. C. M. A extradição no Direito Internacional e no Direito Brasileiro. São Paulo: Revista dos Tribunais, 1981.

SILVA. J. A. F. da. *As relações de trabalho na União Européia*: breves reflexões: temas laborais luso-brasileiros. Coordenação Auta Madeira. São Paulo: LTr, 2006. p. 158-159.

SILVA, J. A. F. da. Curso de direito constitucional positivo. 12. ed. São Paulo: Malheiros, 1996.

SILVA, L. I. L. da. Migrações, o desafio global. Lá Nación, Buenos Aires, 13 nov. 2006. Disponível em: <http://www.migrante.org.br/migracoesdesafioglobal.doc>. Acesso em: 26 jan. 2007.

STRECK. L. L. Jurisdição constitucional e hermenêutica: uma nova crítica do direito. 2. ed. Rio de Janeiro: Forense, 2004.

STRENGER, I. Direito processual internacional. São Paulo: LTr, 2003.

SÜSSEKIND, A. Direito Constitucional do Trabalho. 3. ed. ampl. Atual. Rio de Janeiro: Renovar, 2004. p. 311

TÉCHIO, K. Imigrantes brasileiros não documentados: uma análise comparativa entre Lisboa e Madri. *Socius Working Papers*, Universidade Técnica de Lisboa, n. 1/2006, p. 8. Disponível em: <http://pascal.iseg.utl.pt/~socius/publicacoes/wp/wp200601.pdf>. Acesso em: 26 set. 2006.

TORRES, M. O estatuto constitucional dos estrangeiros. *Scientia Jurídica*: Revista de Direito Comparado Português e Brasileiro, Braga, t L, n. 290, p. 25, mai/ago, 2001.

TRATADO de amizade, cooperação e consulta entre a República Federativa do Brasil e a República Portuguesa. Porto Seguro, 22 abr. 2000. Disponível em: <http://www.gddc.pt/cooperacao/instrumentos-bilaterais/rar-83-dr-287-2000.html>. Acesso em: 20 out. 2006.

TRATADO de Maastricht. Institui a União Européia. Maastricht, Holanda Disponível em:<http://dupond.ci.uc.pt/CDEUC/TUEVRINT.HTM>. Acesso em: 31 jan. 2007.

TRATADO de Roma. Institui a comunidade [econômica] européia (TCE). Roma, Itália. Disponível em:< http://dupond.ci.uc.pt/CDEUC/TRVRINT.HTM>. Acesso em: 27 jan. 2007.

UNGER, R. M. *O direito e o futuro da democracia*. Tradução de Caio Farah Rodriguez e Marcio Soares Grandchamp, com consultoria do autor. São Paulo: Boitempo, 2004. p. 54

VARESE, L. Derrubar muros, e não levantá-los. *Folha de São Paulo*, São Paulo, 03 de novembro de 2006. Disponível em: <http://www1.folha.uol.com.br/fsp/opiniao/fz0311200608.htm>. Acesso em: 27 dez. 2006.

VIEIRA, L. dos S. Pesquisa e monografia jurídica na era da informática. Brasília: Brasília Jurídica, 2003.

VIGNALI, H. A. O atributo da soberania. Brasília: Senado Federal. Estudos da Integração, 1995. v.9.

GLOSSÁRIO[281]

Anistia: Entende-se por anistia, o perdão e/ou a definição por parte do Estado de uma ação jurídica que possibilita aos estrangeiros que residem no país de forma irregular ou ilegal a regularizarem, sem penalidades, sua situação, isto é, sua permanência no país. A possibilidade de concessão de uma anistia aos estrangeiros é sempre vista pelos imigrantes como uma esperança de sair da clandestinidade.

Emigração: Movimento de saída de pessoas ou grupos humanos de uma região, de um país, para estabelecer-se em outro, em caráter definitivo ou por período de tempo relativamente longo. Além das causas econômicas, outras podem influenciar no desencadeamento de movimentos emigratórios, tais como questões políticas, religiosas, raciais ou ambientais.

Imigração – movimento de pessoas ou de grupos humanos, provenientes de outras áreas, que entram em determinado país, com o intuito de permanecer definitivamente ou por período de tempo relativamente longo. Significa entrar num país estrangeiro para nele viver.

Indocumentado – termo aplicado aos trabalhadores migrantes pela Convenção Internacional sobre a Proteção dos Direitos de todos os Trabalhadores Migrantes e seus Familiares, aprovada pela ONU, em 18 de dezembro de 1990, define a categoria "migrantes indocumentados ou em situação irregular", como "aqueles que não foram autorizados a ingressar, permanecer e a exercer uma atividade remunerada no Estado, de acordo com as leis desse Estado e os acordos internacionais em que esse Estado seja parte". O termo indocumentado pode também se referir a situação de parte da população de um país que, devido à burocracia, falta de recursos, desinformação, não se documentou, sequer possui certidão de nascimento e outros documentos fundamentais para a vida civil e política.

Migração clandestina – a expressão se refere àquelas pessoas que, independentemente da razão da migração, ingressam ilegalmente, sem portar qualquer visto ou permissão, em um país diverso de sua nacionalidade ou residência legal.

Migração ilegal – é aquela em que se encontra um estrangeiro em um país em condições não condizentes com a legislação, embora não signifique que necessariamente tenha entrado de forma clandestina.

Xenofobia – aversão a pessoas e coisas estrangeiras.

---

[281] Instituto Migrações e Direitos Humanos – Disponível em http://www.migrante.org.br/glossário.htm – acesso em 26 jan 2007

SUMÁRIO